U0102825

教育部人文社会科学重点研究基地湖南师范大学道德文化研究中心
中国特色社会主义道德文化省部共建协同创新中心重大项目
"中国道德话语研究"（20JDZD01）研究成果

湖南省"十四五"时期社科重大学术和文化研究专项项目
"中国道德话语的历史变迁与当代价值研究"（21ZDA07）研究成果

佛家道德话语

黄泰轲 ◎ 著

光明日报 出版社

图书在版编目（CIP）数据

佛家道德话语 / 黄泰轲著 . -- 北京：光明日报出

版社，2023.3

ISBN 978 - 7 - 5194 - 7158 - 3

Ⅰ.①佛… Ⅱ.①黄… Ⅲ.①佛教—研究 Ⅳ.

①B948

中国国家版本馆 CIP 数据核字（2023）第 186382 号

佛家道德话语

FOJIA DAODE HUAYU

著　　者：黄泰轲

责任编辑：宋　悦　　　　　　　责任校对：刘兴华　龚彩虹

封面设计：中联华文　　　　　　责任印制：曹　净

出版发行：光明日报出版社

地　　址：北京市西城区永安路 106 号，100050

电　　话：010 - 63169890（咨询），010 - 63131930（邮购）

传　　真：010 - 63131930

网　　址：http：//book. gmw. cn

E - mail：gmrbcbs@ gmw. cn

法律顾问：北京市兰台律师事务所龚柳方律师

印　　刷：三河市华东印刷有限公司

装　　订：三河市华东印刷有限公司

本书如有破损、缺页、装订错误，请与本社联系调换，电话：010 - 63131930

开　　本：170mm×240mm

字　　数：251 千字　　　　　　印　　张：17. 5

版　　次：2024 年 1 月第 1 版　　印　　次：2024 年 1 月第 1 次印刷

书　　号：ISBN 978 - 7 - 5194 - 7158 - 3

定　　价：95. 00 元

走进中国道德话语世界
感受中国道德文化魅力

——"中国道德话语研究丛书"序

向玉乔

习近平总书记说:"国无德不兴,人无德不立。必须加强全社会的思想道德建设,激发人们形成善良的道德意愿、道德情感,培育正确的道德判断和道德责任,提高道德实践能力尤其是自觉践行能力,引导人们向往和追求讲道德、尊道德、守道德的生活,形成向上的力量、向善的力量。只要中华民族一代接着一代追求美好崇高的道德境界,我们的民族就永远充满希望。"① 推进中国道德文化建设、不断塑造中国道德文化新优势是中国特色社会主义建设事业的内在要求。

中国道德文化是中华文化的精髓。它是在中华民族道德生活史中逐步形成的,具体表现为中华民族的道德思维、道德认知、道德信念、道德情感、道德意志、道德行为、道德记忆、道德语言等得以展现的历史过程。中国道德文化在历史中形成,在现实中发展,是一个动态发展的体系。

中国道德话语是中国道德文化的重要组成部分,其重要性不容忽视。中华民族从古至今的道德生活都是通过中国道德话语得到表达的。中国道德话语不仅将中华民族道德生活的内容描述出来,而且将它内含的伦理意

---

① 中共中央文献研究室编. 习近平关于社会主义文化建设论述摘编 [M]. 北京:中央文献出版社,2017:137.

义表达出来。它是一个集描述性功能和规范性功能于一体的符号系统。

构成中国道德话语的要素有语音、文字、词语、语法、修辞等。研究中国道德话语主要是研究汉语语音、汉语文字、汉语词语等要素所具有的道德性质及其得到表达的方式、途径等。由于中国道德话语的构成要素极其复杂，对它的研究必然是一条复杂路径。

中国哲学家很早就开始关注和研究中国道德话语。孔子与其学生对话的时候发表了很多关于道德语言的论断。他在《论语》中提出了"非礼勿言""名正言顺""敏于事而慎于言""人之将死，其言也善"等观点，反对"巧言令色""道听涂（途）说""人而无信"等言语行为。老子也关注和研究中国道德话语。他在《道德经》中提出了"圣人处无为之事，行不言之教""言善信"等著名论断。有关中国道德话语的论述常见于中国哲学经典之中。

令人震惊的是，我国伦理学界迄今还没有系统研究中国道德话语的理论成果。其原因之一可能是，中华民族每天说着中国道德话语，因而很容易将它变成"日用而不知"的东西。我们常常将"上善若水""从善如流""言而有信"等道德话语挂在嘴巴上，达到"习惯成自然"的程度，很容易忽视它们作为中国道德话语存在的事实。

长期忽视中国道德话语是我国伦理学研究的一个严重不足。中国道德话语是中华民族道德生活的表达系统，对中国道德文化发挥着强有力的建构作用。中华民族道德生活史的书写必须依靠中国道德话语，中国道德文化的建构也必须借助中国道德话语。语言是维系道德生活和展现人类道德思维的重要工具。如果没有中国道德话语，中华民族道德生活史和中国道德文化发展史是难以想象的。由于长期忽视中国道德话语研究，我国伦理学一直显得不够完善。

湖南师范大学道德文化研究院秉承"德业双修、学贯中西、博通今古、服务现实"的院训，坚持弘扬理论与实践并重的学科和学术发展理念，紧密对接弘扬中华优秀传统文化、建设社会主义文化强国、繁荣发展中国哲学社会科学、建设生态文明、推进国家治理体系和治理能力现代化等国家重大战略，坚决落实立德树人根本任务，坚持守正创新的学术发展路线，努力为中国特色社会主义建设事业提供理论和实践支持。

研究院依托教育部人文社会科学重点研究基地——道德文化研究中心、中国特色社会主义道德文化省部共建协同创新中心、湖南省专业特色智库等高端平台，长期致力于伦理学理论研究和道德实践探索，在中国伦理思想史、外国伦理思想史、伦理学基础理论、应用伦理学等研究方向上奋力推进，在研究马克思主义伦理思想及其中国化成果、中国共产党的道德精神谱系、中华民族道德生活史、中华民族爱国主义发展史、美国伦理思想史、后现代西方伦理学、生态伦理学、道德记忆理论、家庭伦理学、共享伦理、财富伦理、网络伦理、人工智能道德决策、公民道德建设等领域形成自己的优势和特色。

研究中国道德话语是教育部人文社会科学重点研究基地——道德文化研究中心和中国特色社会主义道德文化省部共建协同创新中心立项的一个重大项目，也是湖南省"十四五"时期社科重大学术和文化研究专项项目。项目由本人领衔，研究团队成员有道德文化研究院副院长文贤庆教授、黄泰轲副教授、刘永春博士，中南大学公共管理学院袁超副教授。此次推出的"中国道德话语研究丛书"是项目研究的重要成果。

"中国道德话语研究丛书"由五部专著构成。本人撰写《中国道德话语》，文贤庆撰写《道家道德话语》，刘永春撰写《儒家道德话语》，黄泰轲撰写《佛家道德话语》，袁超撰写《中国道德话语的当代发展》。

《中国道德话语》是一部概论式的著作，内容涵盖中国道德话语的特定内涵、历史变迁、构成要素、概念体系、伦理表意功能、伦理叙事模式、理论化发展空间、当代发展状况、道德评价体系、民族特色等，在研究思路上体现了历时性考察与共时性探究、宏观性审视与微观性探察、理论性研究与实践性探索的统一。

《儒家道德话语》聚焦于研究儒家道德话语的基本面貌和主要特色。著作主要从儒家道德话语的历史变迁、汉语表意、概念体系、言语道德、道德叙事几个方面做了比较深入系统的研究，将儒家道德话语主要归结为一个人本主义道德话语体系。

《佛家道德话语》的研究主题是佛家道德话语的系列重要问题。著作分析了佛家道德话语的历史变迁、整体构建以及佛家道德话语与儒家道德话语、道家道德话语的交锋交融，在此基础上探讨了佛家道德话语的日常应用、叙事模式、自我规范、时代价值等重要问题。

《道家道德话语》重点研究道家道德话语的精义和特色。著作对道家独特的形而上学话语体系、实践认识论话语体系、人性论话语体系、工夫论话语体系、境界论话语体系等问题进行了深入探讨，对道家极富特色的道德叙事模式进行了重点分析。

《中国道德话语的当代发展》侧重于研究中国道德话语的当代发展状况。受到经济全球化、人工智能技术快速发展、网络空间日益扩大等因素的深刻影响，中国道德话语在当代出现了很多新状况、新情况。对中国道德话语的当代发展状况展开研究，不仅能够揭示中国道德话语的最新发展动态，而且能够为建构中国特色社会主义道德话语体系提供理论和实践启示。

"中国道德话语"是一个具有中国特征、中国特色、中国特质的道德话语体系。它主要反映中华民族的道德思维、道德认知、道德信念、道德情感、道德意志、道德行为、道德记忆等。中华民族借助中国道德话语表达中国伦理精神、中国伦理价值和中国伦理智慧。要了解和研究中国伦理精神、中国伦理价值和中国伦理智慧，研究中国道德话语是一个必要而有效的途径。

中国道德话语是中国道德文化的直接现实。透过中国道德话语，中华民族可以领略中国道德文化的独特神韵和魅力，并且可以增强文化自信。习近平总书记说："文化是一个国家、一个民族的灵魂。历史和现实都表明，一个抛弃了或者背叛了自己历史文化的民族，不仅不可能发展起来，而且很可能上演一幕幕历史悲剧。"① 研究中国道德话语是推动中华民族增强文化自信的重要途径。这是一项具有重大理论意义和现实价值的工作，因为它事关社会主义中国能否行稳致远的问题。"坚定文化自信，是事关

---

① 中共中央文献研究室编. 习近平关于社会主义文化建设论述摘编 [M]. 北京：中央文献出版社，2017：16.

国运兴衰、事关文化安全、事关民族精神独立性的大问题。"① 中华民族可以从中国道德话语中找到文化自信的强大动力。

一个国家的发展状况首先会通过生活于其中的人所说的语言反映出来。中华民族历经艰难险阻，实现了站起来和富起来的价值目标，目前已经迎来强起来的光明前程。中国的强大需要通过经济实力、军事实力来体现，但最重要的是要通过"精神实力"来体现。在实现"强起来"奋斗目标的过程中，中华民族应该展现强大的精神。强大精神是内在的，但它可以通过中华民族的语言表现出来。拥有强大精神的中华民族，能够在使用语言方面彰显出坚定的自信，能够用得体的语言表达自己的思想、情感态度、价值观念、行为方式等。

日渐强大的中国需要有与之相匹配的中国道德话语。中华民族具有源远流长、博大精深的道德文化传统，拥有高超卓越、与时俱进的伦理智慧。在推进中国道德话语的当代发展方面，当代中华民族既应该立足自身的道德语言史和国情，又应该适应新时代的现实需要；既应该避免犯道德语言自卑的错误，又应该避免犯道德语言自负的错误。中华民族历来坚持弘扬自立、自信、自强而又戒骄戒躁、谨言慎行的传统美德。

"中国道德话语研究丛书"研究团队希望在研究中国道德话语方面做一些探索性工作。我们的探索一定存在这样或那样的不足，但我们的愿望是善良的。我们深刻认识到了推进中国道德话语研究的重大理论意义和现实价值，因而积极投身于与之相关的探索性研究工作之中。举步投足，面对诸多挑战和困难，这让我们有时会产生诚惶诚恐的感觉，但考虑到探索工作的意义和价值，我们又增强了前进的勇气和决心。趋步前行，砥砺前行，奋力前行，真诚期待学界同仁的批评指正。

是为序。

2022 年 6 月 16 日于岳麓山下景德楼

---

① 中共中央文献研究室编. 习近平关于社会主义文化建设论述摘编［M］. 北京：中央文献出版社，2017：16.

目 录
CONTENTS

导 论

海德格尔说："语言是存在的家……人通过他的语言居于在的宣告和召唤中。"① 我们对某人之理解往往从其言说开始，即所谓"谈吐气质"。中华民族是礼仪之邦，人们在日常生活中尤其注意"语言"与"道德"的关系。我们有那么多的谦辞、敬辞，就是用来表现一个人的"彬彬有礼"。《礼记》中讲"言语之美，穆穆皇皇。"穆穆者，音声和气，有教养的样子；皇皇者，容止端正优美的样子。这里是说，言语之美，在于谦恭、和气、文雅。换句话说，我们可以在仪容、言谈、举止之间看出一个人是否知礼懂礼。故而《礼记》特别强调"不失足于人，不失色于人，不失言于人。"

语言不仅能反映人的思维能力，也能反映人的道德品质。不仅儒家这样看，佛教也这样看。在佛教里，说话是一种很实际的修行表现。"口吐莲花"是道行深厚的表现，而"妄语""两舌""恶口""绮语"则是"十恶"中的四恶，菩萨常以布施、爱语、利行、同事之"四摄法"来度众。这里的"爱语"即是以慈悲、柔软、正知正见的语言，让听闻者心生欢喜进而契入佛道。《生经》中讲："当学善言柔和之辞，当作巧辞方便之语，是诸佛教。"这里就引出了一个研究课题：佛教是用怎样的话语以及怎样运用话语引导众生契入佛道进而成就喜乐生命的？

---

① 海德格尔. 人，诗意地安居 [M]. 郜元宝，译. 上海：上海远东出版社，2011：76.

一、人之德性生命的价值优先性

人是灵肉合一的存在，有自然生命，亦有精神生命。因此，人在生存生活中至少面临着两个问题的困扰：一是自然生命方面的满足；二是精神生命方面的安顿。前者如吃饱穿暖的问题，后者如活得有韵味、有意义、有价值的问题。为了精神生命的安乐，人们需要在吃饱穿暖的基础上去从事艺术的、哲学的、宗教的活动。在中国人这里，这些活动有一个共同的聚焦，那就是德性的跃动与增长。对中国人而言，德性生命是否畅达是精神生命是否安乐的关键所在。假如德性不趋好向善、停滞不前甚至于堕落亡匿了，就是德性生命不畅达的表现，我们的精神就会为之苦恼不已。基于此，我们有时候也用德性生命来指称精神生命。人们在日常生活中也多是从"道德"的角度去把握"精神"这一话语概念的，比如"崇高的精神境界""团结协作的精神""吃苦耐劳的精神"，等等。在中国人的意识里，只要仁心涌动，"仰不愧于天，俯不怍于人"，就是德性生命的畅达，精神也随之安乐、满足。

食色，性也。人不能不吃不喝，但是也不能像动物一样只求吃喝。因此，自然生命的满足与德性生命的满足（即德性不能堕落，并且还要不断成长，要趋圣趋仁，要跃动不已、生生不息）都很重要，舍弃任何一方面都不行。不过我们还是认为，自然生命方面的需求能较为容易地得以满足（欲壑难填就另当别论了），德性生命方面的需求不太容易得以满足。中国地大物博，江河湖海纵横分布，农业文明发展较早，加之百姓勤于稼穑的传统，使得人们基本生活问题的解决不是一件非常困难的事情。"五亩之宅，树之以桑，五十者可以衣帛矣。鸡豚狗彘之畜，无失其时，七十者可以食肉矣。百亩之田，勿夺其时，数口之家可以无饥矣。"① 依孟子言，只要上天风调雨顺、政府与民生息、百姓勤于耕种，一般的生存应该不会成为问题。饭饱衣暖，身体得以安顿后，人们就会考虑德性生命的畅达问题（甚至有时候即便饿着肚子也要思考这个问题）。"无故寻仇觅恨，有时似

---

① 孟子.孟子 [M]. 万丽华等，译注. 北京：中华书局，2006：5.

傻如狂"，贾宝玉的生活可谓锦衣玉食，但其在精神上仍不得安生，左也不是，右也不是，折腾来折腾去，仍有空虚感，总无满足感。我们认为，人的这种空虚和不满足即需要德性追求来充实。否则的话，"饱食终日，无所用心，难矣哉"①，人会为他像动物一样未能跃升生命层次而感到烦闷、苦恼、羞耻。

吃饭两碗三碗就饱，穿衣两件三件就暖。但是德性，绝不是有两年三年的追求就可以满足。求道无止境。孟子曰："可欲之谓善，有诸己之谓信，充实之谓美，充实而有光辉之谓大，大而化之之谓圣，圣而不可知之之谓神。"② 孔子曰："若圣与仁，则吾岂敢！抑为之不厌，诲人不倦，则可谓云尔已矣！"③ 由此可见人之德性追求的多层复杂性和难以满足性。即便是孔子，也不敢妄称"圣"与"仁"，还想假以数年以学《易》，至死都还叹一口气。

德性生命的追求不仅难以满足，而且很多人还意识到，德性生命更事关人的本质及幸福，更具有价值优先性。被誉为"当代新儒学的集大成者"的牟宗三先生认为，自然生命过不好，这恐是能力问题、时运问题所致，我们不会在此处"揪心"（因为能力也好、时运也好，皆是不可强求的），但是如果我们的德性生命过不好，我们就会感到难过、羞耻、罪恶，我们有一种"自作孽"的感觉，以上心理使我们惴惴不安、揪心不已，并且，这种不安和揪心很容易凸出而为人所意识到、为人所不容易摆脱，在这样的情况下，"对于德行加以反省以求如何成德而使心安"自然就成了人的首要的问题，"而且那亦是最易为人所首先意识到"的问题。牟宗三认为"人所首先最关心的是他自己的德行、自己的人品"，因而要强调"德行的优先性"。④ 这种"优先性"在德性生命与自然生命起冲突的时候或许能够体现得更为明显。两者起了冲突，比如，实在是精力难以兼顾两者的时候，中国人往往是"忧道不忧贫""谋道不谋食"，更为激烈的冲突

---

① 孔子. 论语 [M]. 张燕婴等，译注. 北京：中华书局，2012：275.
② 孟子. 孟子 [M]. 万丽华等，译注. 北京：中华书局，2006：331.
③ 孔子. 论语 [M]. 张燕婴等，译注. 北京：中华书局，2012：101.
④ 牟宗三. 现象与物自身 [M]. 长春：吉林出版集团，2015：21.

是两者必须去其一，中国人最推崇的就是"杀身成仁""舍生取义"，最反对、最不齿的就是"见利忘义"。

我们可以从多个方面来理解为什么要强调人之德性生命的价值优先性。首先，道德是立身之本，事关人禽之别。德国哲学家康德说："人属于感觉世界；人的理性当然有一个无可否定的感性层面的使命，即照顾感性的关切……但是，人毕竟不是那种彻头彻尾的动物……倘若理性仅仅有利于人达到本能在动物那里所达到的目的，那么在价值方面这就完全没有使人升华到纯粹的动物性之上。"① 中国人认为，人无德不立，只有在德上才能透出人之为人的本质。常怀有德之心必成君子，德之不修便是庸人，道德堕落至无底线就是禽兽。衣冠禽兽、禽兽不如等是对道德败坏之人的痛骂，每一个中国人都唯恐避之不及。其次，德性生命的发展可以弥补自然生命之缺憾感并增进生命的快乐感。有时候，即便物质生活条件艰苦些，自然生命的某些需求未能得以解决，中国人也不以为意，反而还能乐在其中，"一箪食，一瓢饮，在陋巷。人不堪其忧，回也不改其乐"②。甚至于还认为"劳其筋骨，饿其体肤，苦其心志，空乏其身"是对一个人成就大事的必要磨炼。再次，德性生命畅达，自然生命也会随之得到照应，功名富贵会不求自来。中国人认为，只要加强自身的道德修养，好日子定会到来，此所谓"善有善报"，所谓"修其天爵，而人爵从之"；反之，德性生命不畅达，即便拥有功名富贵，也会很容易丢失，此即"智及而不能仁守"。在许多中国人看来，一个人的富贵乃至生死皆是命定，上天是否眷顾某人，全凭其德，"以德配天"才能享有福气，逆天而为则必遭天谴。

德性生命很重要，但还面临一个问题，即人对其德性生命特别容易忘记修持。相比较而言，自然生命之满足不容易忘记，德性生命之滋养容易忘记。饿时饭，冷时衣，我们记得牢牢的或者说根本不需要刻意去记住，因为这是生命的本能，自然也成了生活的习惯。但是，人们却不太容易做到"不可须臾离道"，很少有人能像呵护其自然生命一样去呵护其德性生

① 康德. 实践理性批判 [M]. 韩水法，译. 北京：商务印书馆，2010：66.
② 孔子. 论语 [M]. 张燕婴等，译注. 北京：中华书局，2012：75.

命，正可谓"未见好德如好色者也"。孟子曾有一个很形象的比喻，他说有的人鸡丢了会很着急地找，但是"心"丢了却没有发觉。

以上为就中国人的一般生活体验谈生命。纵观以上所论，在中国人看来，德性生命更为根本、更显重要、更难达到、更易失去，所以我们需要投入更多的精力。这种认识使得中国人有在不忽略自然生命的同时更加重视德性生命的传统。故而牟宗三先生说中国哲学文化以"生命"为中心，是"生命的学问"。他还特别强调："这里所说的生命，不是生物学研究的自然生命（Natural Life），而是道德实践中的生命。在道德的理想主义看来，自然生命或情欲生命只是生命的负面，在正面的精神生命之下，而与动物的生命落在同一层次。"① 在他看来，中国的圣人的学问，必先说"正德"，再说"利用"与"厚生"，必由德性的实践，以达到政治、经济的实践，这样的学问才是"真学问"。

以上所讲，即对人之道德生命的看重，是中国人的生命情趣或生活美学最主要的特征，我们主要是站在这个特征上考察佛教道德话语的。

二、佛教道德话语与人之德性生命的安顿

一般而言，对自然生命的关照，主要体现在医学、生物、物理、化学等自然科学以及经济、政治等社会活动上，而对德性生命的关照，主要体现在文学艺术、哲学宗教等领域。世界上的宗教，不能说它们不涉及科学、经济等活动，但这绝不是主要的，它们的话语重心一般都在灵魂的安顿上，在德性的提护上。在价值排序上，佛教是绝对承认人之德性生命重于自然生命的。舍身饲虎、割肉贸鸽等佛教故事即诠释了"德性生命的价值优先性"。

"苦谛"是佛教"四谛"之首。佛教话语围绕"苦谛"而展开。这个苦自然包括肉体上的苦和精神上的苦。不过，后者才是佛教话语的言说重点。这不难理解，因为肉体之苦往往表现于、维系于或根源于精神之苦。比如肉体上的疾病之苦，现代医学、生理学对其产生及去除自然有一套说

---

① 牟宗三. 中国哲学的特质 [M]. 上海：上海古籍出版社，1997：11.

辞,但是在佛教看来,它根源于心迷、心乱而根治于心悟、心安,而心迷心安的关键就在于是否见德。佛教言:"从痴有爱,则我病生""何谓病本?谓有攀缘""今我此病,皆从前世妄想颠倒诸烦恼生……既知病本,即除我想及众生想,当起法想。"如何离"我见"除"我想"?"谓不念内外诸法,行于平等。"①《药师经》亦云:"应生无垢浊心,无怒害心,于一切有情,起利益安乐,慈、悲、喜、舍,平等之心……一切皆遂:求长寿得长寿。""灾难起时,所谓人众疾疫难,他国侵逼难,自界叛逆难,星宿变怪难,日月薄蚀难,非时风雨难,过时不雨难……尔时应于一切有情,起慈悲心……由此善根,及彼如来本愿力故,令其国界即得安稳,风雨顺时,谷稼成熟,一切有情,无病欢乐。"依佛教以上所言可知,人起我执心、差别心则心迷则心乱,心迷心乱则疾病生,而生无我心、平等心、慈悲心则是心安病愈、体康寿长的关键。

佛教讲三界轮回之苦。三界者,指欲界、色界、无色界。欲界,指具有淫欲、情欲、色欲、食欲等欲望的有情众生所居住的世界。色界,为离欲界之食、色二欲而尚离不开物质身体的众生所居。无色界,为离食色等欲,亦无固定物质形体的众生所居。一般人身处欲界,在这里,自然生命总有欲求不满之苦,因而要上进一层到色界,修禅之人或圣贤之人就在色界,这里虽无食色欲望之苦,却还有物质身体的束缚之苦("色"有"变障""质障"的含义),因而再要上进一层到无色界,这里满是精神,一般人或许认为很好了,但还是有苦存在,比如精神堕入了外道,比如精神"穷空不穷理"(未寻得究竟或真谛),"若从无想诸外道天穷空不归,迷漏无闻,便入轮转"。② 也就是说,到了这一界,仍然免不了寿尽死后重回欲界、色界,仍不免受轮回之苦。

可以进一步理解三界含义如下:"欲即是'贪求',色即是'物质',无色即是'精神'。贪求是不能脱离物质与精神的。但是因为贪求的缘故,物质与精神的本体不能显露,同时它的作用都受贪求的限制了,这便是欲

---

① 赖永海. 佛教十三经:维摩诘经 [M]. 北京:中华书局,2013:103.
② 赖永海. 佛教十三经:楞严经 [M]. 北京:中华书局,2013:385.

界。物质与精神可以脱离贪求而独立，但是物质又不能脱离精神，同时精神受物质的限制，这便是色界。精神脱离贪求与物质而独立，那便是无色界。在世间人认为到此地位便是极点，而佛教认为其仍是三界之一界，仍受生死轮回之苦。必须超出三界，脱离精神的范围，方是究竟。"①

由此观之，在佛教看来，德性生命的安顿甚是麻烦。首先，人心惟危，它总是被肉欲干扰，被肉身束缚。其次，它难以一劳永逸、一步登天，过了一山还有一山，上了一个境界还有一个境界。再次，在求道悟道的过程中，又怕被外道牵引了去，又怕囿于某一点上死而不活，比如"钝阿罗汉"这种，只得小善而未见圆善、至善。

为了对治这些情况，安顿人的德性生命，引导众生离苦得乐，佛教展开了自身道德言说。对此，我们可以大致把握以下几点：首先，让众生明修道之因。使众生意识到如果"德之不修，学之不讲"，则容易耽于肉欲享受，导致无穷的苦痛。佛教讲"财色招苦"："佛言：'财色于人，人之不舍；譬如刀刃有蜜，不足一餐之美。小儿舔之，则有割舌之患'。"② 这是说，贪恋财色，人皆如此，不仅不能触摸生命的本质，反而还让人沉沦，以致未能意识到身边逼近的重重危险。其次，让众生起修道之志。使众生明白"舍爱得道""割爱去贪"的道理。佛陀讲："受道法者，去世资财，乞求取足。日中一食，树下一宿，慎勿再矣！使人愚蔽者，爱与欲也。""人以爱欲交错，心中浊兴，故不见道。汝等沙门，当舍爱欲；爱欲垢尽，道可见矣。"③ 这是启示众生要将人之自然生命的需求降低到最低程度，以腾出更多的时间和精力去滋养德性生命。再次，让众生明修道之法。如"八正道"：正见，正确的见解，指对四谛等佛教教义的正确认识；正思，正确的思考，指对四谛等佛教教义的正确思维；正语，正确的语言，指符合佛教教义的语言；正业，正确的行为，指不杀生、不偷盗、不邪淫等；正命，正确的生活，指符合佛教戒律规定的生活方式；正精进，正确的努力，指按照佛教的修持方法，止恶修善，精进不懈；正念，正确

① 周叔迦．周叔迦大德文汇［M］．北京：华夏出版社，2012：555．
② 赖永海．佛教十三经：四十二章经［M］．北京：中华书局，2013：49．
③ 赖永海．佛教十三经：四十二章经［M］．北京：中华书局，2013：15，38．

的意念，指明记四谛等佛教教义；正定，正确的禅定，指修习佛教的禅定，心专注一境，消除杂念，洞察四谛之理。最后，让众生知修道之果。这里又有两层意思：一是知晓平日修道的种种益处，比如无病无灾、健康长寿等；一是修道最终得到的果位。

佛教常将贪嗔痴比喻为火，众生因欲火而生痛苦。"三界无安，犹如火宅，众苦充满，甚可怖畏。"① 佛教劝导人们要通过修道熄灭欲火、跳出三界，证得涅槃这一至善果位，摆脱一切烦扰痛苦，所谓"世尊令我等出于三界得涅槃证"。② "人类的一个普遍的价值取向，即是追求生命的超越，以摆脱感性欲望的束缚，实现人的意志自由。不仅是婆罗门教与佛教有此主张，它也几乎是全部伦理学所设定的普遍的人生理想。这也就是涅槃学所要解决的课题。原始佛教对涅槃的理解，主要是指通过修行灭除烦恼，达到伦理和心理的平和宁静。"③

涅槃的境地是怎样的？概而言之，它远离苦痛，得到大自由、大自在、大解脱、大快乐。当然，作为一个重要概念，小乘大乘在讲涅槃上还是有明显区别的。小乘佛教一般将涅槃描述为人"灰身灭智，捐形绝虑；内无机照之勤，外息大患之本；超然与群有永分，浑尔与太虚同体，寂焉无闻，怕尔无兆，冥冥长往，莫知所之。其犹灯尽火灭，膏明俱竭"④ 的状态，认为涅槃是个体彻底脱离不净世间而获得永远解脱的一种自在境界。但是大乘佛教认为，众生之解脱，重点不在出世间，而是在认识世间诸法之"实相"（性空），所谓"诸法实相即是涅槃""世间性空即是出世间"。大乘佛教强调涅槃不离世间、他人，利乐有情菩萨行，这里就有大快乐。"（大乘佛教）认识到个人的解脱（涅槃）是离不开世间的，而且应把个人的解脱与众生的解脱联系起来，不仅要'自利'，而且要'利他'。不再追求那种离群索居式的远离尘世的修持方式，重视以佛教的慈悲精神为怀，积极投身于有益于民众的各种慈善活动。努力利乐有情，造

---

① 赖永海. 佛教十三经：法华经 [M]. 北京：中华书局，2013：132.
② 赖永海. 佛教十三经：法华经 [M]. 北京：中华书局，2013：150.
③ 单正齐. 佛教涅槃思想之演变 [J]. 青海社会科学，2004（1）.
④ 僧肇. 肇论校释 [M]. 张春波，校释. 北京：中华书局，2010，188.

福社会，把各种善事看作修成正果、趋向涅槃（解脱）的重要途径。这在中国近现代的佛教发展中有明显的表现。"①

在佛教看来，只有证得涅槃，才是生命的圆成与圆善，生命才能得到最终安顿——获得真正的常、乐、我、净。达涅槃境界之觉悟为永远不变之觉悟，谓之常；其境界无苦而安乐，谓之乐；自由自在，毫无拘束，谓之我；无烦恼之染污，谓之净，此即大乘佛教的"涅槃四德"。"我昔所造诸恶业，皆由无始贪嗔痴，从身语意之所生，一切我今皆忏悔。十方一切诸众生，二乘有学及无学，一切如来与菩萨，所有功德皆随喜……诸佛若欲示涅槃，我悉至诚而劝请，唯愿久住刹尘劫，利乐一切诸众生……十方所有诸众生，愿离忧患常安乐，获得甚深正法利，灭除烦恼尽无余。"② 简而言之，要想证得涅槃，就要自己先起善心、发力修行，最终度己度人，成就庄严国土。佛教言说，指引人们相信的，无非就是"诸恶莫作，诸善奉行，自净其意，是诸佛教"③。

三、佛教道德话语对中国人道德生活的影响

自汉末佛教东传以来，佛教在中国生根发芽、开花结果，对中国人的生活影响甚大。仅从道德生活来看，影响之一就是，我们今日所使用的一些道德语汇，考其源头，皆与佛教有关。随随便便一列举就有：忍辱、供养、放生、面壁、自觉、觉悟、信仰、恩爱；勇猛精进、大慈大悲、功德无量、弃暗投明、菩萨心肠；善有善报恶有恶报、放下屠刀立地成佛、苦海无边回头是岸，等等。大量涌入汉语语汇库的道德语汇使中国人对道德生活的认知和把握更加精准深入。比如，佛教的"十恶""十善""八正道""八戒""八苦"等道德语汇，使中国人对善恶有了更加详细、更加具体的认知。举例来说，我们一般人认为花言巧语不算什么恶，但是佛教认为"绮语"是"十恶"之一，这深化了我们对"恶"的认知。再比如，

---

① 姚卫群. 佛教的"涅槃"与"世间"观念的转变 [J]. 宗教学研究, 1998 (2).

② 宣化法师. 普贤行愿品浅释 [M]. 北京：宗教文化出版社, 2008：149-166.

③ 印顺. 中国禅宗史 [M]. 南昌：江西人民出版社, 1990：282.

"惭愧"一词是我们日常生活中使用的高频词。它来源于佛教。很多人将其理解为因错误言行而羞愧、而不好意思。佛教讲"惭愧":惭,意为对自己所犯过错自觉羞耻;愧,意谓在别人面前因犯有过错而感羞耻,害怕被责罚、议论等。《涅槃经》卷十九云:"惭者内自羞耻,愧者发露向人;惭者羞人,愧者羞天,是名惭愧。"并称惭愧为能救众生的二大善法,有制止人作恶的积极作用。《佛遗教经》说:"惭如铁钩,能制人非法。是故比丘,常当惭耻,无得暂替,若离惭耻,则失诸功德。有愧之人,则有善法;若无愧者,与诸禽兽无相异也。"以上佛教的深刻诠释帮助中国人深化了对"惭愧"的认知。

道德语汇后面体现的是道德观念、道德智慧。佛教道德语汇帮助中国人形成一些道德观念、道德智慧以应对道德生活的复杂性。比如"现世报""前世作孽""一报还一报""善有善报,恶有恶报"等道德话语,使中国人树立了一种善恶报应观,进而树立了一种造福由我、造孽由我的观念,而这种观念又在"自力""自由自在""自作自受""自觉""自欺欺人"等佛教道德语汇中得到进一步强化。再比如"无缘"一词来源于佛教。佛教认为,任何事物只有在具备特定的条件时,才能产生和发展,称为"缘起"。如果不具备形成某事物的特定条件,就称为"无缘"。据说,佛也不能度化与佛法无缘的人。"无缘"已成为今日中国人的常用词。强扭的瓜不甜、捆绑不成夫妻、男女朋友最终不能走到一起,我们往往不会细究其因或强行黏合,有时候仅以"无缘"视之,这是一种相互尊重而又自我释怀的智慧。佛教使中国人在维系人际关系上形成一种"随缘"的观念。"没有缘分""缘分未到""珍惜缘分""缘分已尽""广结善缘""化缘",可以说,在如何维系人际关系上,佛教给予了我们许多智慧。再比如,佛教讲"割爱"。在佛教中,"爱"是"贪欲"的别名,位列贪、嗔、痴"三毒"之首。有"爱"便有"嗔",爱嗔相激,增长惑乱。因此,《楞伽经》卷三指出:"生老病死,忧悲苦恼,如是诸患,皆从爱起。""爱"实为生死轮回中的"惑因"。《大集经》卷三说:"离爱恚故,一切世间供养恭敬。"《大智度论》卷二八说:"断诸爱系,直趋涅槃。"佛教认为,世俗的爱,只是虚妄、不净、自私的"贪爱",只有断爱、离爱、割爱，才能兴起真实、清净、无私的慈悲，去普度一切众生。佛教的上述认识，使中国人形成一种豁达的"舍得观"：为了最大程度保全现有利益或者为了获得更长远的利益，必须舍弃某些所欢喜的东西或所拥有的好处。

道德观念的后面是道德行为、道德实践。佛教的一些道德观念使中国人重视实行一些自利利他的道德行为、道德实践。这是佛教道德话语对中国人道德生活的另一影响。比如，佛教有"救人一命，胜造七级浮屠"的观念，这使中国人能主动出手救人危难，尤其是在攸关他人性命的关键时刻，佛教的布施观、善报观对中国人在日常生活中践行助人行为也有相当的促进作用。再比如，佛教"不杀生"的观念和戒律使中国人积极践行护生、放生的道德行为。还有，佛教"戒定慧"的观念对中国人"斋戒""素食""坐禅"等修行行为产生了重要影响。

此外，佛教在道德情感培育上对中国人亦有积极影响。佛教讲"慈悲为怀""大慈大悲""众生平等""普度众生"。这在一定程度上助推中国人形成了慈爱、慈悲、慈善的道德情感、情怀。很多中国人或许并不懂护生、放生后面的佛教教义，但是佛教倡导的慈悲心已变成他最深沉的道德情感，从而促使他去践行一些道德行为。

综上，佛教道德话语在道德认知、道德情感、道德观念、道德行为实践等多个方面对中国人的道德生活产生了积极影响。上述这些方面可以统而合之地放在道德教育上讲。佛教文化自传入中国以来，在中国社会中的影响力不断增大，尤其是在中国民间得到了广泛的传播。在某种程度上，它承担了对中国百姓重要的道德教化作用。

在中国古代社会，并不是人人都有接受学校教育的机会，而佛教积德行善、孝亲爱国、勇猛精进等方面的道德故事，伴随戏剧、评书、小说等百姓喜闻乐见的艺术形式广泛传播，给予了人们最为基本的道德教育。此外，在民间社会，寺庙不仅是人们礼佛的场所，也是人们节日聚集的场所，还是人们接受道德教育的场所。《东京梦华录》中有关于"相国寺内万姓交易"的记载："相国寺每月五次开放，万姓交易……大殿两廊，皆国朝名公笔迹，左壁画炽盛光佛降九鬼百戏，右壁佛降鬼子母揭盂，殿庭供献乐部马队之类。大殿朵廊，皆壁隐楼殿人物，莫非精妙"。① 由此可见，寺庙一个月五次开放，不仅给众生买卖交易提供了方便，而且还给众生看书画、听戏曲，接受道德教育、洗涤灵魂提供了方便，让众生知晓邪不压正、恶有恶报的道理。事实上，只看中国寺庙的名称，如慈恩寺、报恩寺、兴国寺、净慈寺、光孝寺等，就知道其潜移默化地引领百姓道德价值的用意。

关于佛教对中国人的道德教化作用，我们可以举鲁迅的例子。鲁迅的故乡佛教气氛浓厚，他在其文章中也经常提到他小时候听佛教故事的事。鲁迅从一出生，家里就忙着向菩萨"记名"，表示他是"出家人"，在其一岁时，父亲抱着他去长庆寺，拜主持和尚为师，师傅赐名"长庚"，还给其两件"法宝"——百衲衣和牛绳。小时候，他经常听长工们讲佛教故事，参加一些佛教仪式，读一些经书。这些小时候的经历，对鲁迅的道德成长影响巨大。比如，"祖母讲述的'水漫金山'的白蛇娘娘的故事。白蛇娘娘被法海和尚镇压在雷峰塔下，鲁迅很为白蛇娘娘抱不平，怪法海太多事。'和尚本应该只管自己念经。白蛇自迷许仙，许仙自娶妖怪，和别人有什么相干呢？他偏要放下经卷，横来招是搬非，大约是怀着嫉妒罢——那简直是一定的。'鲁迅那时听了这个故事后唯一的希望，就是盼望雷峰塔倒掉，让被压在塔下的白蛇娘娘出来。"② 鲁迅后来见不得世间种种不公平的慈悲心肠和批判种种不公的金刚怒目，其实和其小时候的经历是密不可分的。后来，鲁迅在《纪念先师章太炎先生》中还提到了"用宗教发起信心，增进国民的道德"。

不仅如此，佛教还对深受中华传统文化影响的海外华侨华人群体也起到了道德教化作用。"在整个东南亚，华人的数量虽然只是少数，但却掌握了这些国家的主要经济。由于华人聪明能干，吃苦耐劳，勤俭节约，因而能取得今天经济上的成就。在宗教信仰方面，他们大多数仍然信仰中国的汉传大乘佛教，恪守中国传统文化和道德规范。在上殿、诵经、作法

---

① 孟元老. 东京梦华录［M］. 北京：文化艺术出版社，1998：20.
② 郑欣淼. 鲁迅与宗教文化［M］. 西安：陕西人民教育出版社，1996：43-44.

事、上早课等诸方面，都与中国寺庙一样。在中国传统文化和佛教道德教化的熏陶下，华人社会在所在国大都遵纪守法，给人们留下了良好的印象。"① 可以说，作为中华优秀传统文化的一部分，佛教文化中积极的道德话语，对中国人的道德生活产生了诸多正面影响。

四、本书的内容结构

佛教文化博大精深，其话语指涉教理、艺术、医药、逻辑等诸多方面，对人类的文明发展做出了重大贡献。但是，道德言说始终是佛教话语的重心所在。本书主要围绕发展历程、整体架构、三教交流、道德语汇、道德叙事、话语道德、规范转型、时代价值等多个维度对佛教道德话语作一个比较系统的考察，以明晰其生成规律、主要内容、鲜明特色、作用影响等。全书正文共九章。内容安排如下：

第一章讲佛教道德话语的历史变迁。从汉末到清末，是佛教文化在中国封建社会发展的历史阶段。随着佛教本身在中国的传播，其道德话语也经历了传入与发展——鼎盛与辉煌——衰败与延续这样的历史阶段。梳理上述历史阶段佛教道德话语的变迁情况，不仅有助于我们从整体上把握佛教道德话语的源流，而且还有助于我们理解佛教道德话语发展变迁与中国社会发展变迁间的紧密联系。

第二章讲佛教道德话语的整体建构。倘若说第一章是要整体把握佛教道德话语的"源远流长"的话，那么，第二章是要整体把握佛教道德话语的"博大精深"。我们拟从逻辑起点、终极追求、支撑支柱三个方面分析佛教道德话语的整体建构，帮助人们较为方便地把握佛教道德话语的整体面貌。佛教道德话语自然是讲善恶，但是，佛教所讲的善恶有什么精美之处、合理之处及特色之处呢？这是本章要回答的问题。

第三章讲儒释道道德话语的交锋交融。佛教道德话语由域外传入，在中土发扬光大，在其发展的过程中，势必与中国本土的儒道两家的道德话语有所交锋。这种交锋使得三者能够互相批评也能够互相学习，但最终三

---

① 李恕豪. 净宗大德：昌臻法师的一生 [M]. 成都：巴蜀书社，2018：300.

者和谐共在、交融互生，共同铸就了中华传统道德话语的精彩。在这一章中，我们主要分析佛教道德话语对儒道两家产生的冲击、儒道两家对佛教道德话语的批判、儒释道三家道德话语的融合等方面的问题。探讨上述问题，有助于我们更加深入地把握佛教道德话语的话语特色、话语局限以及面对批评后进行的话语调整等内容。

第四章主要从道德语汇的角度考察佛教道德话语。语汇是语言的基本单位。我们说一些语汇，比如阿弥陀佛、众生平等、慈悲为怀、五体投地、醍醐灌顶等，一听就知道源于佛教，这些语汇对中国人的道德生活产生了重要影响。本章主要考察佛教文化对汉语语汇的丰富情况，进入到我们日常生活中的佛教道德语汇，以及这些道德语汇在中国人道德生活中的具体应用和作用影响。与前面几章是从宏观的角度考察佛教道德话语不同，本章是从微观的角度，具体来说是从若干有代表性的语汇应用分析的角度来考察佛教道德话语。这样从小处着眼，有助于我们更具体、更细致地对佛教道德话语进行理解。

第五章主要从道德叙事的角度考察佛教道德话语。本章是对上一章研究的自然推进。"语汇"的一个很重要的功用就是"叙事"，对佛教道德话语研究的一个重要方面就是研究佛教道德叙事，况且佛教有很丰富的道德叙事资源。道德叙事与个体德性成长有着怎样的关系？佛教道德叙事有哪些方面的主要内容？佛教道德叙事依托哪些表现形式及这种依托能产生怎样的教化效果？这是本章所思考的主要问题。

第六章讲佛教艺术中的道德话语。正如前面所言，佛教话语渗透到了许多的领域，其中包括艺术领域。人们经常说"文以载道""画中有禅"，还有学者研究"艺术伦理"，由此可知艺术中也有许多道德蕴含。本章主要从音乐、绘画、建筑等艺术形式中考察佛教道德话语，比如，考察佛教壁画中的道德话语、考察佛教殿堂布置布局中的道德话语。从逻辑上看，亦可以将本章内容视为对上一章的补充推进，即佛教借助音乐、绘画、建筑等多元形式展开的道德叙事。

第七章讲佛教话语道德。"道德话语"与"话语道德"是紧密相连的两个概念。最简单的理解就是，要想说道德话语，就必须遵守话语道德。

相较一般的言语交际要求而言，佛教尤其重视"口德"，而且在这方面有大量的言说及启示。本章主要挖掘、分析佛教中的"口德"思想资源。内容包括口业及其善恶果报、善语及其道德要求，以及辩论、谏过、玩笑等话语行为中的道德问题。

第八章讲佛教道德话语在当代的重振、规范与转型。第一章主要讲佛教道德话语在漫长的中国封建社会的历史变迁，尚未涉及佛教道德话语在20世纪以来的发展状况。我们独辟一章对此进行补缺。20世纪尤其是新中国成立后，佛教道德话语在自我净化、研究创新、传承传播等各方面呈现出转疲为兴、与时俱进的发展气象。本章对此做一整体把握，涉及的主要问题有：佛教道德话语在20世纪以来的重振、佛教道德话语的规范以及佛教道德话语的转型。

第九章考察佛教道德话语的时代价值。佛教道德话语具有强大的生命力，体现之一就是它对现代人所遭遇的诸多发展问题有自身独到的慧见与对治。本章首先扫描现代人的生存境况，接着从佛教道德话语的视角分析上述境况生成的原因，再继续从佛教道德话语那里汲取智慧，启示现代人纾解所面临的生存发展困境。整体来看，佛教道德话语在维系灵肉关系、己他关系、天人关系的平衡上有自己独到的见识与功用，对破解现代人所面临的身心健康问题、人际关系问题、社会和谐问题、国际和平问题、生态环境问题等均有十分重要的启示价值。

佛教问世已有两千五百多年，早在印度就有比较成熟的发展，传入中国及在中国发展的情况也比较复杂。比如在中国，佛教形成三大系，即汉传佛教（汉语系）、藏传佛教（藏语系）和云南地区上座部佛教（巴利语系），而汉传佛教一般又有净土宗、天台宗、三论宗、禅宗、华严宗、律宗、密宗和唯识宗等八大宗派，即便是中国人听得较多的禅宗，亦有"五家七宗"之分。以上历史和分派表明佛教文化精深复杂。囿于著者的精力、学力、能力，本书虽以佛教道德话语为研究对象，但主要涉及的还是汉传佛教的道德话语，并且也仅仅只是作一整体上的概观，对佛教道德话语逻辑等细节性、专门性的问题尚不能顾及。这一点是要实事求是地予以交代的。

第一章　佛教道德话语的历史变迁

有人说，佛教起始于印度但花开他乡，意思是佛教在印度兴起发展，但大约到公元 12 世纪时就已消失，反而在中国、东南亚、日本等地区发扬光大。这是对世界佛教文化一个较为准确的整体认识。在中国，佛教发展硕果累累，儒释道鼎足而三，现已融汇成为中国传统文化的主流。季羡林说佛教文化"几乎影响了中华文化的各个方面，给它增添了新的活力，促其发展，助其成长……不研究佛教对中国文化的影响，就无法写出真正的中国文化史、中国哲学史，甚至中国历史……弄不清印度文化、印度佛教，就弄不清我们自己的家底"①。由此可见佛教文化在中国的地位和影响。

当然，这个地位和影响也不是一朝一夕形成的。事实上，从汉末佛教文化东传以来，其在中国的发展也是坎坷不断，"经历了试探、适应、发展、改变、渗透、融合许许多多阶段，最终成为中国文化、中国思想的一部分"②。职是之故，我们可以大致按照传入与发展——鼎盛与辉煌——衰落与转型这样的历史分期来把握佛教文化在中国的历史变迁。

佛教话语涉及诸多方面的内容，但其中最主要的是道德方面的内容。至少可以说，佛教话语传入中国后，中国人最为看重的还是其道德话语体系。这是因为中国人讲求"人无德不立，业无德不兴，国无德不威"，极

---

① 季羡林. 季羡林学术著作选集：佛教［M］. 北京：新世界出版社，2016：1-4.
② 季羡林. 季羡林学术著作选集：佛教［M］. 北京：新世界出版社，2016：3.

其重视道德生活。经济生活也好，政治生活也罢，它们都离不开道德，都围绕着道德在转。"在中国几千年的历史发展进程中，人们最重视伦理道德，它占据着特别重要的地位。甚至可以说伦理道德已经成为中国古代精神文化的中心。"①

作为佛教文化的重要组成部分，佛教道德话语是与佛教文化的发展变迁同频共振的，自然也经历了一个传入与发展——鼎盛与辉煌——衰落与转型的历史阶段。具体来说，因为提供了一个令人向往的新的道德图景模式，在战乱的魏晋南北朝时期，佛教道德话语开始在中原大地立足生根、传播开去。因为受到统治者政策的大力扶持、一大批博学之士的推波助澜、强有力的世俗经济支持等，佛教道德话语在隋唐宋时期开始批量生产及深度学术化，广泛渗入普通百姓的日常生活当中，产生了极大的社会影响，进入鼎盛发展期，又因为受到统治者政策限制、佛教人才的凋零及西方文化的冲击等影响，佛教道德话语在明清时期开始衰败。探究佛教道德话语的历史变迁过程，不仅有助于我们把握佛教道德话语的源流，而且还有助于我们看到佛教道德话语与中国社会的紧密联系，此外，还能为促进佛教道德话语的健康发展提供一些启示和借鉴。

第一节　佛教道德话语的传入与发展

止恶修善以往生极乐是佛教道德话语的重心。中国社会是一个"道德的形上学"（牟宗三先生语，意用"道德"的眼光看待世界一切）的社会，两者对道德的共同推崇，使得佛教道德话语初传中土时并没有遭到水火不容式的激烈反抗，相反，其对身处乱世之苦的中国人还极具诱惑力。可以说，中国人对道德生活的看重为佛教道德话语在中国的传播提供了一个文化环境。而汉末魏晋南北朝时期社会动荡、民生艰苦为佛教道德话语在中国的发展渗透提供了一个相对适宜的社会土壤环境。

① 陈瑛. 中国古代道德生活史［M］. 北京：中国社会科学出版社，2012：1.

佛教是由古印度迦毗罗卫国（今尼泊尔境内）王子乔达摩·悉达多所创。《法华文句》有言："西竺言佛陀，此言觉者、知者，对迷名知，对愚名觉。"由此可见，"佛"的基本意思是"觉"。"觉有二义：一觉察，名觉，如人觉贼。二觉悟，名觉，如人睡寤；觉察之觉，乃对烦恼障，烦恼侵害事等如贼；唯圣觉知不为其害，故名为觉。涅槃经云：如人觉贼，贼无能为，佛亦如是。觉悟之觉，乃对所知障，无明昏寝事等如睡，圣慧一起，朗然大悟，如睡得寤，故名为觉。"① 简而言之，佛是大智慧者，这个智慧即体现在能明察"害事"与"事理"上。

除了"觉"以外，"佛者，就德以立其名"②。佛者的德就在于其大慈大悲、度己度人。佛祖"以帝王的家业，显赫的身世，并非因为出身微贱，从艰难困苦中体验到人生的悲哀，而超然自拔于尘俗之外。与众不同的是他在与生俱来安富尊荣的境遇中，却幡然觉悟，不仅为了自己，同时更发愿而为一切众生，寻求永恒解脱之道，并且毅然决然地弃王业而不为，以慈悲济度众生的宏愿，为觉行万有的应化，终于创建了代表究竟真理的伟大佛教。这种圣哲精神，真是难能可贵，所以值得我们的赞叹和崇敬！"③

由上可知，佛者是觉者、智者、德者。而"觉"或"智"也是一种"德"。佛教讲智、恩、断"三德"。从"智德"看，佛陀是大智慧者，破一切无知，看形形色色，体现真理，得大光明；从"恩德"看，佛陀是大慈悲者，广施恩泽，救济、教化一切众生；从"断德"看，佛陀是大解脱者，能够断除一切烦恼，功圆果满，无畏前行。对此"三德"的具体阐释，我们可以参照理解如下："一恩德，谓如来乘大愿力，救护众生，犹如赤子，是为恩德。二断德，断德亦名解脱，谓如来断除一切烦恼惑业，净尽无余，是为断德。三智德，智即智慧，谓如来以平等智慧，照了一切诸法，圆融无碍，是为智德。"④ 以此"三德"，佛陀完成了人生最高的德

---

① 白云禅师. 佛法哲学概论［M］. 北京：宗教文化出版社，2006：2-3.
② 白云禅师. 佛法哲学概论［M］. 北京：宗教文化出版社，2006：2.
③ 南怀瑾. 中国佛教发展史略［M］. 上海：复旦大学出版社，2016：32-33.
④ 释一如. 三藏法数［M］. 杭州：浙江古籍出版社，1991：67.

行，才能成为佛陀。所以，我们整体可以从"大德"的角度来理解"佛"，整体可以从"德语"的角度来理解"佛语"。

正因为蕴含着大彻大悟、大慈大悲的迷人色彩，佛教文化自创立后便受到上自王公贵族下至平民百姓的欢迎，并自印度传播开去，由周边国家再到亚非其他国家再到欧美，在许多地区扎根繁衍。从世界宗教文化的视角看，佛教历经两千五百多年的发展，今日已成为世界三大宗教之一，教徒已逾5亿，遍及世界各地，具有广泛的社会影响力。世界上很多接近佛教的人认识到"佛教道路的目的与所有那些巨大的精神传统一样，都是要帮助我们成为更好的人类存在者"①。

缘于中印两个文明古国较早的交流，佛教很早就传入了中国。"2000多年前，我们的先辈筚路蓝缕，穿越草原沙漠，开辟出联通亚欧非的陆上丝绸之路……古丝绸之路不仅是一条通商易货之道，更是一条知识交流之路……沿着古丝绸之路，佛教、伊斯兰教及阿拉伯的天文、历法、医药传入中国……比如，佛教源自印度，在中国发扬光大，在东南亚得到传承。"② 不过，佛教传入中国的准确时间较难考订。有传秦始皇时沙门室利房等十八人携带佛经到咸阳城却遭拘捕下狱的故事，也有传汉武帝派霍去病攻打西域缴获一尊金人（即佛像）的故事，还有传汉哀帝时大月氏王使臣伊存向中国博士弟子景卢口授《浮屠经》的故事。关于佛教东来的各种说法，最有名的还是"夜梦金人"的故事。东汉永平十年（公元67年），汉明帝做了一个梦，梦见一个金色神人飞在殿前，第二天他便就此询问群臣，有人言及此乃西方号称"佛"的神人。于是，明帝便遣使中郎将蔡愔等十八人西行求经。蔡愔等人走到大月氏国，恰遇迦叶摩腾、竺法兰两位法师，他们便将后者邀至洛阳，安置在白马寺并且译出《四十二章经》。中国佛教界一般认为这是佛教文化传入中国的开始。自此后，史籍可证可考的西域沙门东来传教的例子就越来越多。如汉桓帝时的安世高，汉灵帝

---

① 让-弗朗索瓦·勒维尔，马谛厄·里卡尔. 和尚与哲学家：佛教与西方思想的对话 [M]. 陆元昶，译. 南京：江苏人民出版社，2005：307.

② 习近平. 论把握新发展阶段、贯彻新发展理念、构建新发展格局 [M]. 北京：中央文献出版社，2021：166-168.

时的竺佛朗，东吴时的康僧会、支谦，曹魏时的昙柯迦罗与昙谛等。

《四十二章经》是"佛的语录"，是中国最早译出的佛教经典，因为经文为短短的四十二段，故称为《四十二章经》。单看章名：断欲绝求、割爱去贪、善恶并明、忍恶无嗔、恶还本身、喜施获福、念戒近道、教诲无差，等等，即可知《四十二章经》所言所语的道德色彩。我们现以《四十二章经》为例，来看看佛教最初传入的道德话语。

第四章"善恶并明"。佛言："众生以十事为善，亦以十事为恶。何等为十？身三、口四、意三。身三者：杀、盗、淫。口四者：两舌、恶口、妄言、绮语。意三者：嫉、恚、痴。如是十事，不顺圣道，名'十恶行'。是恶若止，名'十善行耳'。"

第五章"转重令轻"。佛言："人有众过，而不自悔，顿息其心。罪来赴身，如水归海，渐成深广。若人有过，自解知非，改恶行善，罪自消灭。如病得汗，渐有痊损耳。"

第十二章"举难劝修"。佛言："人有二十难，贫穷布施难，豪贵学道难，弃命必死难，得睹佛经难，生值佛世难，忍色忍欲难，见好不求难，被辱不嗔难，有势不临难，触事无心难，广学博究难，除灭我慢难，不轻未学难，心行平等难，不说是非难，会善知识难，见性学道难，随化度人难，睹境不动难，善解方便难。"

第三十六章"辗转获胜"。佛言："人离恶道，得为人难；既得为人，去女即男难。既得为男，六根完具难；六根既具，生中国难；既生中国，值佛世难；既值佛世，遇道者难；既得遇道，兴信心难；既兴信心，发菩提心难；既发菩提心，无修无证难。"

第四十一章"直心出欲"。佛言："夫为道者，如牛负重。行深泥中，疲极不敢左右顾视；出离淤泥，乃可苏息。沙门当观情欲，甚于淤泥。直心念道，可免苦矣。"

以上言说，主要是告诉人们什么是善，什么是恶，以及在日常生活中如何戒欲——弃恶——行善——得福（免苦）。而且，还承认人们安于享乐疏于修行的心理或事实，反复提醒人们戒欲行善不是一件容易的事情，要免苦得福，必须发大誓愿，如逆水行舟般勉励前行。

除"念等本空""假真并观""推我本空""我空怖灭""达世如幻"等章节谈空论幻外，《四十二章经》其他的篇幅基本上都在谈善论恶，而且，其谈论善恶的话语表达方式与中国儒家、道家的方式高度相似。"《四十二章经》整体文本题材和体裁在很大程度上与《老子》和《孝经》有很多相似之处……语言形式的表达主要以归化的形式，特别是以道教和道家的语言词汇系统为主，留下了明显的东汉时期的中国语言表达特征……从文字表达的字数和章节段落的大小长短上看，《老子》《孝经》和《四十二章经》也十分接近……语言表达句式整齐，形成排比可以说是语言表达的一个特色。"①

中国传统文化是一种伦理型文化，《四十二章经》这种言说内容及方式并没有让中国人产生陌生感或疏远感，相反，他们把佛教话语视为中国固有的黄老之学、神仙方术及图书谶纬之类的"余绪"或"变异"。佛教道德话语也因之而依附中国传统文化而谋生存、谋发展。

当然，《四十二章经》的言说内容和言说方式有"刻意选择"的味道，即是为了使佛教文化进入中国并扎根中土而有意为之。不过，我们也能够从上面的引文中看出它对中国人原有道德认知的冲击。比如，它大大拓展了中国人对"恶"的认识："痴"也是恶，"愚"也是恶，"绮语"也是恶，这是中国人前所未闻或体悟不深的。在中国人的日常道德生活中，痴情种子、能说会道等，甚至还会被极大地认可乃至称赞。还有，比如第二十三章"妻子甚狱"中佛言："人系于妻子舍宅，甚于牢狱。牢狱有散释之期，妻子无远离之念。情爱于色，岂惮驱驰？虽有虎口之患，心存甘伏，投泥自溺，故曰凡夫；透得此门，出尘罗汉。"这里将妻子、儿女、家庭比作束缚自身得道成圣的"牢狱"，这种观点对重视家庭温暖、天伦之乐的中国人而言实在是一个不小的冲击。

中国人极为看重天伦之乐，并且，还乐在和谐的人际关系之中。《论语·学而》劈头就谈"乐"字："有朋自远方来，不亦乐乎？"《论语·先

---

① 傅惠生. 论《四十二章经》译文的历史经典性 [J]. 华东师范大学学报（哲学社会科学版），2014（6）.

进》中孔子自谓"其为人也，发愤忘食，乐以忘忧，不知老之将至云尔。"不过孔子更乐见举国同乐、老少同乐，所谓"莫春者，春服既成，冠者五六人，童子六七人，浴乎沂，风乎舞雩，咏而归。"《孟子·尽心上》亦云"三乐"："父母俱存，兄弟无故，一乐也；仰不愧于天，俯不怍于人，二乐也；得天下英才而教育之，三乐也。"以孔孟为代表的儒家文化反复说"乐"。"这种精神不只是儒家的教义，更重要的是它已经成为中国人的普遍意识或潜意识，成为一种文化——心理结构或民族性格。中国人很少存在真正彻底的悲观主义，他们总愿意乐观地眺望未来……这也许就是中国乐感文化（以身心与宇宙自然合一为依归）与西方罪感文化（以灵魂归依上帝）的不同所在吧？"①

《四十二章经》将天伦之乐视为一种牢狱之苦，这与佛教对人生的整体认识是分不开的。"苦"是佛教把握人生的一个核心词汇。如东晋时期翻译出来的《中阿含经》中有对人生乃苦的具体描述："诸贤，云何苦圣谛？谓生苦、老苦、病苦、死苦、怨憎会苦、爱别离苦、所求不得苦、略五盛阴苦。"这其中，怨憎会苦、爱别离苦就是指人际关系之苦。天天与怨恨的人低头不见抬头见实在是苦，与相亲相爱的人不能相厮相守也是一种苦——不过在佛教看来，即便真的天天厮守亦有束缚之苦。此外，还有生老病死之苦，各种求不得之苦，构成人身的色、受、想、行、识等五蕴各自炽盛及其相互作用炽盛而产生的一切身心痛苦。

汉末及魏晋南北朝时期，朝局腐败，战争频仍，中国社会持续动荡，百姓苦不堪言。我们可以从《古诗十九首》中看出那个时代人们的苦闷心理。比如：行行重行行，与君生别离；荡子行不归，空床难独守；人生天地间，忽如远行客；极宴娱心意，戚戚何所迫；上有弦歌声，音响一何悲；一弹再三叹，慷慨有余哀；同心而离居，忧伤以终老；终日不成章，泣涕零如雨；生年不满百，常怀千岁忧；人生非金石，岂能长寿考；人生寄一世，奄忽若飙尘；凉风率已厉，游子寒无衣；浩浩阴阳移，年命如朝露；人生忽如寄，寿无金石固；出郭门直视，但见丘与坟；白杨多悲风，

---

① 李泽厚. 中国古代思想史论［M］. 北京：生活·读书·新知三联书店，2017：289.

萧萧愁杀人；不念携手好，弃我如遗迹；愁多知夜长，仰观众星列；忧愁不能寐，揽衣起徘徊。从以上文字中，我们可以读出漂泊、别离、病老、贫寒、背弃、愁闷之苦。可以说，愁苦是《古诗十九首》的主基调，这也是当时人们生活状况的真实写照。

在社会持续动荡、百姓生活凄苦的时代背景下，大家反复感叹的是生命短暂、人生坎坷、欢乐少有、悲苦良多。人们少见儒家所谓的生活之乐，和谐的人际关系更是难以达成；相反，像"八王之乱"这类历史事件，恰恰是亲人朋友同僚之间反目成仇、互相杀戮。社会现实使说生命之苦的佛教倒是说到了老百姓的心坎上去。人们在倾听道德话语上已悄然有了一个新变化："往昔太平盛世的道德观、价值观已被战乱频仍、人命危浅的乱世现实冲到了九霄云外，铁一般呈现在人们眼前的唯有充满苦难的人生和不可抗拒的死亡。如此迫在眉睫、息息相关的命题终于促成了人们对自身价值的审视和觉醒。对命如朝露的感慨唱叹，对生死存亡的伤感关注，尽管表面上显得消沉、悲观和颓废，但在它的深层恰恰潜藏着对人生、生命、命运、生活的强烈眷恋和欲求……上述对人生、生活的眷恋与追求，是与怀疑和否定旧传统、旧观念、旧价值、旧风俗同时并存的。只有在否定传统思想观念的条件下，人才能重新思索、认识、把握自己生命、人生的价值。"[①] 可以说，社会的持续动荡、人们挥之不去的生活苦闷感以及对旧道德信仰的不断怀疑、对能安抚自我身心痛苦的新道德学说的渴望，一起催动了佛教道德话语在中国的传播与发展。

佛教道德话语的魅力还在于，它不仅讲到了生命本苦，还告诉人们如何通过修行自我救苦救难。比如，佛教讲"八正道"可以帮助人们化解人生的痛苦。"'八正道'是以四谛之理指导的修行方法。经中说，'正见'就是心中系念四谛，在修行中以四谛之理来择法和观察。'正志'就是心中系念四谛，在修行中深入细致地检查自己的意识，断除贪、嗔、痴等意识方面的恶业，使观行能不断深入进行。'正语'就是心中系念四谛，在修行中断除妄言、两舌、恶口、绮语等语言方面的恶业，保持善的语业。

---

① 石观海. 中国文学简史 ［M］. 武汉：武汉大学出版社，2007：65.

'正业'就是心中系念四谛，在修行中断除杀、盗、淫等行为方面的恶业。'正命'就是心中系念四谛，在修行中坚持正当合法的谋生方式。'正方便'就是心中系念四谛，在修行中一门深入，绝不松懈。'正念'就是心中系念四谛，在修行中念念不忘四谛之理，念念不忘所应修之法。'正定'就是心中系念四谛，在修行中使心寂静而不散乱，保持禅定状态，并使定功不断深入。"① "八正道"是自己使自己正，大有自己的命运自己把握的意味，这种话语在动荡不安的社会怎不叫人喜欢听？

　　上述这样能照应老百姓生活实际的道德话语，自汉末传入，便在中国社会不断渗透、不断发展。据元人觉岸《释氏稽古略》记载，西晋时，洛阳、长安两京等地，有寺庙180多座，僧尼3700余人。这说明佛教在中国社会已有一定规模，并以政治城市为中心，站稳了脚跟。

　　当然，使佛教道德话语在中国传播、发展的还是一批高僧大德努力经营的结果。魏晋南北朝时期涌现出了许多高僧大德。这里重点说一说鸠摩罗什、道生、慧远三人。鸠摩罗什是世界著名佛学家，后秦弘始三年（公元401年）入长安，后与弟子译成《妙法莲华经》《佛说阿弥陀经》《中论》《百论》等，所译经论影响巨大，为佛教文化在中国的传播做出了贡献。道生是鸠摩罗什著名弟子之一，其最有名的观点是"众生皆有佛性""阐提之人皆得成佛"。"阐提之人"指那些断了善根的众生，有佛经讲，这类人不善亲友、不听说教、不信因果，实难得救。道生根据众生平等原理否定此说，提出"众生皆有佛性""阐提之人皆得成佛"的观点，这一观点不仅让普通人尤其是那些对自身缺乏信心的人听得欢喜，就是山中的那些石头，也听得频频点头。"师被摈南还，入虎丘山，聚石为徒，讲涅槃经，至阐提处则说有佛性，且曰：'如我所说契佛心否？'群石皆为点头。旬日，学众云集。"② 这就是佛教中特别有名的"顽石点头"的故事来历。慧远是与道生同期但又年长道生的高僧，亦是道生的老师，正是他派遣道生去向鸠摩罗什问学。慧远是中国净土宗的初祖，创建了口念"阿

---

①　林国良. 佛典选读［M］. 桂林：广西师范大学出版社，2006：110.
②　志磐. 佛祖统纪校注：中［M］. 释道法，校注. 上海：上海古籍出版社，2012：553.

弥陀佛"四字圣号即可往生西方极乐世界的净土理论和简便易行的修行方法。这给身处苦难的人们带来了无穷的希望。"阿弥陀佛"的影响今天犹在。"一句'阿弥陀佛',已经变成中国社会的流行口语,不管是精心修持或脱口的称引,到处都可听到国人所说的阿弥陀佛了。"①

正是上述高僧大德使得身处苦难现实的中国人对"苦谛""罪业""阿弥陀佛""净土""极乐"等佛教道德话语痴迷不已。这些佛教话语逐渐深入中国人的日常生活中。比如上面讲的"阿弥陀佛",不仅念诵的人多,念诵的方法多,更重要的是,人们于念诵此号中所感悟到的道德蕴意也多。有人对此有过详细的总结:"有高声念,把全身精力都灌注于一句佛号上,若金石声,若鸣天鼓声。有默念,唇动而无声,万德洪名在念者心识之中清楚明白,不失不散凝成一片,此法宜于卧时、病时及任何时间场所。有金刚念,念佛声音不大不小,念佛者口念心听,以金喻其密实,以刚喻其坚固,金刚念法不易为外境渗入且破一切杂念。有觉照念,此法一边念佛一边反照自身,久之凝成一片,我心佛心,我身佛身金光圆满,甚或山河大地顿失所在,四大假身也无处可落,能得此境者,报身未谢已证寂光,凡夫之身预佛之境,当然此法如前述之实相、观相念佛法,非中、下根器者可操。另外还有追顶念,即用不大不小之声将字与字之间联系得紧深绵密,这种不留空隙杂念无法进入效力极大。礼拜念,即念佛时一边顶礼,一边念佛,一句一拜,或不拘句数边念边拜,身口合一,加之意中思佛,但此念佛法效益虽大,耗力亦多,此法宜偶尔兼用。记十念,念佛时以念珠计数,或用三、三、三、一别,或用三、二、三、二别,十句念毕即过一珠,如此不但要念佛,还要计数,此法是可以对治杂念的方便法门。另外还有定课念、四威仪念、十口气念等等诸念佛法门。要之,念佛专心,达到佛我一片之际便到了念不念皆念,无非相续不断,念到心如铜墙铁壁、风吹不入杂念没有,论者云念而不念、不念而念,这才是真念佛。"②

————————

①　南怀瑾. 中国佛教发展史略［M］. 上海:复旦大学出版社,1996:77-78.
②　陈云君. 生活禅启示录［M］. 北京:宗教文化出版社,2018:262.

上述文字表明，所谓往生极乐，也不是有口无心地念念佛号那么简单，而是念佛后面蕴含的道德追求或境界追求给人带来快乐。比如，念佛让人全神贯注、心地澄明、不留杂念、志愿坚定、自感具足。正如印光法师所言："以阿弥陀佛所证之菩提觉道，即阿弥陀佛一句万德洪名，包摄净尽。念佛众生，果能恳到执持忆念。则以弥陀果德，熏染自己业识妄心。熏之久久，业尽情空。心与佛合，心与道合。全众生心，成如来藏。"① 佛教道德话语即是如此告诉人们如何靠自力、如何发菩提心、如何起菩萨行去苦得乐。

总而言之，佛教道德话语自传入中国后，即在魏晋南北朝时期获得了一个发展期，这种发展使其在中国逐渐扎下根来，此后，佛教文化在中国繁荣的景象亦逐渐超过其母国印度。"战争及政治的影响，使佛教文化在不论民间或知识阶层（包括朝廷和士大夫）中都有一种被吸纳接受的潜在内因。从民间的信仰而言，因连年战争，民不聊生，饥馑苦难无以解脱。正在此时，佛教思想大量涌入，生前身后，善恶业力，促成三世因果的报应和天堂地狱间六道轮回的传说，使人们更相信命运的安排是由于前生业力的造就。乱离之中，佛教可给人以身心的自慰，佛与菩萨的原义，就变得与传统神祇的信仰相同了。就士族官宦而言，因'佛法省欲去奢，恶杀非争斗，当民生涂炭，天下扰乱，佛法诚对治之良药，安心之要术。''佛法'不仅顺应了统治者的需要，且满足了当时士族阶层寻觅新思想的需要，他们所崇奉的《易经》《老子》《庄子》所谓'三玄'之学，恰与佛教'般若性空'学说相遇，一拍即合，遁世奉佛，名士为然。基于以上原因，才使佛教在中国遍为传播，终致故国寂灭，中土倡行，由此而构成中国传统文化不可分割的一部分。"②

---

① 释印光. 印光法师文钞全集：第 4 册 [M]. 北京：团结出版社，2013：1853.

② 陈建裕，李振明. 中国传统文化概要 [M]. 武汉：崇文书局，2006：113-114.

第二节　佛教道德话语的鼎盛与辉煌

唐宋统治者的社会统治政策及文化政策整体上是开明宽容的，这为佛教道德话语的进一步兴盛奠定了良好的社会文化环境。有唐一代，对中国佛教发展历史而言，最值得大书特书的就是其开宗立派。唐宋时期，佛教道德话语也呈现出鲜明的特点：派别化、学理化、生活化。假如说，在汉魏时期，佛教道德话语对儒道道德话语还有些傍依的话，那么，在唐宋时期，它已经完全能够和儒道道德话语分庭抗礼了。事实上，即便是那些对佛教道德话语颇有微词的儒家士子或道家名士，其思想中也难免有些佛教道德话语影响的成分。至于百姓，在日常生活及专门的一些节日活动中，受佛教道德话语的影响更是潜移默化。

从整个中国历史看，佛教在隋唐时期进入了发展的鼎盛期。这有几个方面的原因。首先是封建统治者大多对佛教采取扶持至少是宽容政策，有的还在经济上对出家者予以生活保障，这导致出家者众多，佛教地位不断提高。如隋文帝杨坚时期，听任信徒出家，他在位 20 年间，全国度僧尼 23 万，立寺 3792 所，写经 46 藏 13286 卷，造佛像 106560 座；再如唐太宗晚年时期，曾一次剃度出家者达 18500 余人。[①] 终唐之世，把佛教推向顶点的是武则天。她利用佛教编撰神话为自己夺取李唐政权大造舆论，并且在当皇帝后立即宣布把佛教提升到道教之上。这种扬佛抑道的举措，带有鲜明的打击李氏宗室的政治意图。晚唐宪宗也是一位佞佛的皇帝，他曾派僧侣从凤翔法门寺迎佛骨至宫中奉养，并送京师各寺院礼敬，在全国掀起了一股宗教狂热，这才有了后来韩愈的《谏迎佛骨表》。

不仅是作为最高统治者的帝王对佛教采取扶植态度，那些作为社会文化精英的一般士人贵族也大多醉心于佛教文化，经常谈空论佛。如唐初重

---

①　张怀承. 无我与涅槃：佛家伦理道德精粹 [M]. 长沙：湖南大学出版社，1999：19-20.

臣萧瑀"专心释氏，尝修梵行，每见沙门、大德，尝与之论难及苦空，思之所涉，必谐微旨"。① 他曾采集十多家注解，融合自己的见解，为《法华经》撰疏。他的家族中有近二十人出家。在一般的士人中，王维可以说是崇佛的典型。王维字摩诘，他的名字就是由于其母亲崇佛而取典于佛教典籍《维摩诘经》。其《叹白发》诗"人生几许伤心事，不向空门何处销"说明佛教已成为他的精神寄托。对佛教的这种信仰影响了王维的日常生活。他平常断荤腥，吃素食，不穿华美的衣服，斋中除了茶铛、药臼、经案、绳床，没有别的摆设，在京师，每天饭名僧十数，以玄谈为乐事，退朝后，便焚香独坐，专事坐禅诵经，妻亡，亦不再娶，三十年独居一室，临终之际，还给平生亲故写信，内容多是敦促鼓励亲朋好友奉行佛法、修养身心。与王维齐名的著名诗人孟浩然对佛教文化亦是痴迷不已。比如其《腊月八日于剡县石城寺礼拜》一诗曰："石壁开金像，香山倚铁围。下生弥勒见，回向一心归。竹柏禅庭古，楼台世界稀。夕岚增气色，馀照发光辉。讲席邀谈柄，泉堂施浴衣。愿承功德水，从此濯尘机。"这首诗中的"腊月八日""礼拜""香山""铁围""弥勒""回向""一心""世界""讲席""谈柄""泉堂""功德水""尘机"等，皆是佛教话语。

在隋唐崇佛的社会风气中，可以说几乎找不到一个对佛教文化一无所知的士大夫。即使是对佛教持否定态度的人，比如韩愈、李翱等，以及身上有鲜明的"仙风道骨"气息的人，比如李白，他们也是了解佛教文化的。"唐代士大夫崇佛非常普遍，形成社会风气。李白和李翱这两类人，在这一社会风气的制约下，都不同程度地受到佛教的影响。反佛的韩愈也不得不与佛教产生一些瓜葛。这都说明，士大夫的崇佛，是唐代社会的常态。"② 上有所好，下必效焉。皇亲贵族、文人雅士在日常生活、诗词歌赋中礼佛敬佛，必然会有力推动佛教话语在社会中的流传。

另外，在隋唐时期，佛经翻译、研究工作规模宏大，成果众多，这为佛教文化的兴盛繁荣创造了又一个良好条件。玄奘回国译经是隋唐时期中

① 王钦若，等. 删府元龟：卷821［M］. 南京：凤凰出版社，2006：9557.
② 郭绍林. 唐代士大夫与佛教［M］. 西安：三秦出版社，2006：8.

国佛教史上的一件大事。有资料表明，玄奘从印度共带回佛经 520 筴，657部，从贞观十九年（公元 645 年）玄奘回国到麟德元年（公元 664 年）玄奘去世，经玄奘主持，共译经 75 部，1335 卷。① 隋唐时期，因为政府的大力支持，印度佛教大乘要典基本上都被翻译成了中文。唐代译场组织较以前任何时期都要完备，而且规模大，分工十分严密，一般设有译主、证义、证文、书字、笔受、缀文、参译、刊定、润文、梵呗十部，每部均有主持人专司其职，这就从根本上保证了佛经翻译的高水平，加之唐代的经济发达，江山一统，帝王几乎尽集全国佛教英才参加译场，这就从另一个侧面为佛经的翻译提供了十分有利的条件。因此，唐代的佛经翻译，在保证高质量的基础上，其数量之多，也远非前代可比。与佛经翻译事业同步发展进步的还有对佛典的研究工作，隋唐时期，有一大批与佛教有关的文献目录、佛典注疏、义理诠释的论著问世。

另外，佛教自身的"立派分宗"也是推动隋唐时期佛教文化兴盛繁荣的重要力量。佛教从两汉之际传入中国，经历魏晋南北朝数百年积累，到隋唐时期，进入大创造、大发展阶段。一时间，具有中国特色的天台宗、三论宗、唯识宗、华严宗、禅宗、净土宗、密宗等多宗并起。"隋唐二代是中国佛教的鼎盛期，也是佛教中国化的成熟期。这时期出现之佛教诸宗派，大多另辟蹊径，自造家风，以'六经注我'的精神，'说己心中所行之法门'。天台宗以'性具善恶'的佛性理论和'止观并重'的修行方法，一改佛教关于佛性至善的传统说法和南义北禅的分裂局面，建立了第一个具有中国特色的统一的佛教宗派；其'五时''八教'说更是别出心裁、自成系统，以自家的理解，对释迦一代的说法重新编排。天台宗之不依经教精神，使得有人责备它改变了印度佛教的本来面目。华严宗在糅合百家、兼收并蓄方面比天台宗走得更远。它以'圆融无碍'的理论为法宝，调和了中土佛教史上'众生有性'说和'一分无性'说的尖锐对立，使它们各得其所；根据《大乘起信论》的'心造诸如来'及'一心二门'等思想，改变了《华严经》以'法性清净'为基础说一切诸法乃至众生与

---

① 闫小芬，邹同庆，范振国. 玄奘集编年校注［M］. 开封：河南大学出版社，2012：337.

佛的平等无碍，从而使中土佛性论的'唯心'倾向更加明显，为以'心'为宗本的禅宗的产生与发展铺平了道路。而作为中土佛教之代表的禅宗，更是全抛印度佛教之源头，而直探心海，由超佛之祖师禅，而越祖的分灯禅，把传统之佛教与佛教之传统扫除殆尽。至此，印度佛教的中国化，已发展成中国化的佛教。"①

隋唐时期佛教文化整体繁荣发展的局面亦带来了这一时期佛教道德话语的兴盛，这有多个方面的表现。一是佛教道德话语大量产出。当然，这和佛经的翻译、编撰、研究分不开的。这些新翻新编的佛经要想被中国人接受、理解，就必须找到一个"接榫点"，这个点就是伦理道德，所以佛教以伦理道德为重要的突破口，从这里将其思想义理倾注出来，故而它们在伦理道德方面有大量的言说，甚至可以将它们视为"修身指南"。这方面最有代表性的例子就是《坛经》。它读起来很像一本"劝善箴言"，告诉人们如何在日常生活中强化道德修养。"《坛经》，反映了佛教文化由专业性要求极强的基础理论研究向接地气、重践行、易操作的应用型理论研究转型的时代特征。这其中，偏重于大众在生活中易于落实的道德向善成为其影响后世较大的一个方面。可以说《坛经》更加鲜明地把道德建设作为推进佛教大众化的切入点。"② 二是佛教道德话语表现多样。除了蕴藏在佛经中外，在文学作品、音乐绘画、建筑艺术中都有佛教道德言说，我们在后面的相关章节再就此方面的情况进行详细讨论。三是士大夫有意识地利用佛教道德话语进行道德教化。这里可以说说唐代诗人白居易的情况。白居易不仅是唐代写诗最多的诗人（其中佛教诗篇自然不少），而且其诗还有一大特点，就是通俗易懂，据传必须连老太婆都听懂了他才满意。因为其诗的上述特点，白居易被誉为唐代的"广大教化主"："他的诗中的教化之所以'广大'，除了新乐府运动的现实主义精神（即儒家教化传统）以外，还包括闲适、杂律诗中的道教思想以及浓厚的佛教思想，而佛教思想中又含有禅宗南北宗、净土宗、华严宗、律宗等各色成分。因此，各个阶

---

① 赖永海. 中国佛教文化论 [M]. 北京：中国青年出版社, 1999：54-55.
② 王国棉. 当代道德建设视域下的《坛经》[J]. 五台山研究, 2018 (2).

层不同信仰的人都能从白居易的诗中得到自己所需的教化。"① 由此可见，以白居易为代表的封建士大夫阶层对百姓的教化较多地利用了佛教道德话语。

当然，隋唐佛教道德话语兴盛最值得我们注意的一个表现就是它的理论化、学术化，或者说，在讨论道德话题时更加显逻辑、显深度。这与隋唐佛教分宗别派及精研佛理是分不开的。"（它们）都奉一部或几部汉译佛经或论书为基本经典，除用中国传统的注释经典的方法（章疏）来阐释教义理论外，还利用专论、语录、偈颂等多种文体阐述各宗主张。各宗教义体系中，吸收了中国传统儒、道文化中的思想因素，对各宗的宗教哲学、修行解脱论做了系统的论述，其中对宇宙本体论和人自身的心性论做出独具特色的论证。"②

有关这方面的情况，我们可以选取天台宗的《观音玄义·卷上》作一个大致的了解："问：缘、了既具性德善，亦有性德恶否？答：具。问：阐提与佛断何等善恶？答：阐提断修善尽，但性善在；佛断修恶尽，但性恶在。问：性德善恶，何不可断？答：性之善恶，但是善恶之法门。性不可改，历三世无谁能毁，复不可断坏。譬如魔虽烧经，何能令性善法门尽？纵令佛烧恶谱，亦不能令恶法门尽。如秦焚典坑儒，岂能令善恶断尽耶？问：阐提不断性善，还能令修善起。佛不断性恶，还令修恶起耶？答：阐提既不断性善，以不断故，还为善所染；修善得起，广治诸恶。佛虽不断性恶，而能达于恶；以达恶故，于恶自在，故不为恶所染，修恶不得起，故佛永无复恶。以自在故，广用诸恶法门，化度众生。终日用之，终日不染，不染故不起，哪得以阐提为例耶？若阐提能达此善恶，则不复名为一阐提也。"

前面第一节所言《四十二章经》是佛教东传初期的道德话语，内容以戒欲劝修为主，篇幅简短，很多问题尚没有展开讨论。《观音玄义》中的这一段则不然，不仅篇幅长了许多，而且讨论善恶问题还很细致、深入，

---

① 周裕锴. 中国禅宗与诗歌 [M]. 上海：复旦大学出版社，2017：80.
② 杨曾文. 中国佛教基础知识 [M]. 北京：宗教文化出版社，1999：47.

更让人印象深刻的是，其还说出了自己比较有新意的道德观点。比如"佛不断性恶"，这可谓是石破天惊之语，此种语言、观点是佛教其他宗派没有或少见的，但是天台宗却有这样的言说和自信。

天台宗这样说，自有其理由和用心。佛"性恶"但是不"修恶"，因为佛能通达（谓看透）"恶"，他知道"善"也好"恶"也罢，一切都是"空"，所以他对于"恶"已经获得超越、获得解脱，或者说，他对一切恶能自在，不会受恶的影响而生恶；另一方面，由于佛有"性恶"，所以他能够"广用诸恶法门普度众生"，比如化身为人来度众生时，显示人的贪欲等"恶"，这样显得"接地气"。"佛是不做任何恶事的大善者，但在理体上内蕴着其他九界的属性，故不断性恶。由于佛有性恶，所以能了解极恶之人作恶犯罪的心情，从而产生应机救济的能力，所以，性恶正是佛陀下地狱度众生所凭借的条件。从大乘菩萨行的悲愿来看，要拯救末法时代的众生，若只知善而不知恶的所谓圣人君子，是不能救济恶人的，由此亦可知智顗为何提出'即贪欲而修佛道'的命题。"① 说佛性有恶，可以直面一个别人经常诘问的问题：性恶若断，普现色身，从何而立？"依此一佛性有恶之义，可使吾人知佛心之常护念在吾人之恶，并知此佛心，乃恒可以恶事成其化度之业者。而吾人于其所遭遇之恶事，亦即皆可视为佛之所以成就其对吾人之化度以观之。然尤要者，则在由此以知吾人之一切修恶，在为佛所护念时，亦与此佛之恶性相即而不二。亦如吾人之善性与佛之修善之相即而不二。此便使吾人之恶及善性与佛之善及恶性，互相涵具，成一圆，以相即而不二。而将此义连于一念三千之说，则是众生之九界，摄得佛界，而佛界亦摄众生界。九界众生心念，以佛界为体；佛之心念，亦以众生界为体。二者亦相互为用；更可本即假即空即中之三谛，以圆观之，以共显一不可思议之法界妙境……以成此佛性亦有恶，固为天台教义之一大发展，不可轻心忽之者也。"② 简而言之，说佛性恶，更可凸显佛对众生的亲近爱护和不离不弃，也可激发众生对成佛的自觉自信。

① 智者大师. 摩诃止观［M］. 王雷泉，释译. 北京：东方出版社，2018：339.
② 唐君毅. 唐君毅全集：第21卷［M］. 北京：九州出版社，2016：312.

　　从上面的分析可以看出，在隋唐时期，佛教道德话语不断创新，并且意蕴深刻，极其自信。这种创新不仅在逻辑上自圆其说，而且还能接洽现实，较好地观照并回答了人们现实修行中的种种疑惑。比如：真的是"性本善"吗？那人为什么还会作恶呢？作恶的人还能获得救赎吗？性善性恶如果是天赋予人的，我们又怎么能斩断呢？如果人有性恶而佛无性恶，那佛与众生为什么不平等呢？如果说佛有性恶这又该如何理解呢？既然佛性中有恶那佛为什么不作恶呢？天台宗有关"如来不断性恶""性具善恶"的创新性道德话语较好地回答了上述系列问题。这种道德话语的理论创新不仅丰富了佛教的佛性学说，还被儒家学者所认可、吸收。比如唐代李翱的《复性书》中的"性善情恶"说，很明显就受到了天台宗性具善恶学说的影响。上一节讲到，佛教道德话语初入中土时需攀附儒道，现在它对儒家伦理言说产生影响，这也从侧面反映出隋唐时期佛教道德话语的兴盛状况。

　　隋唐佛教的辉煌还延续到了宋代。有宋一代，佛教在宗教界可以说一直唱主角，一个显著的数字证明便是僧尼的数量大规模增长。宋朝建国时，各地僧徒不过6.8万人，太宗时增加到24万人，真宗时全国僧徒增加到近40万人，其中尼姑有6万多人。① 在宋代，尽管一些儒学士子排斥佛教，但其影响有限。一者是他们的思想仍旧受到佛教思想影响甚多；二者是当时的统治者对佛教多有庇护，对他们的反佛言论也多有呵斥。太祖时，河南进士李蔼作《灭邪集》反佛，赵匡胤斥责他诽毁佛教、诳惑百姓，将他流配沙门岛；真宗还专为佛教写了《崇释论》。

　　倘若说，在唐代，佛教道德话语的一个重要的显著特点就是高度的学术化、学理化，那么，有宋一代，佛教道德话语的一大突出特点就是广泛的民间化、生活化。宋代佛教道德语言对普通百姓的影响，已经渗入他们日常的生活之中，一些普通百姓的婚丧嫁娶都少不了佛教仪式。"宋人利用佛教法事追悼亲属亡灵似乎是较为普遍的现象。在北宋都城东京，'道

---

　　① 《中华上下五千年》编委会. 中华上下五千年：第4卷［M］. 北京：中国书店出版社，2011：1834-1835.

士、僧人罗立会聚，候人请唤，谓之罗斋。'即道士、僧人集中在固定的场所等待市民的召唤前去作法事，这种情况表明，'罗斋'已然是非常普遍的现象。南宋都城临安府的也基本相同，'杭州市肆有丧之家，命僧为佛事。'城市如此，乡村地区也无例外。"①

宋代节日众多，有关佛教的节日也不在少数。比如四月八日佛生日。这一天，"十大禅院各有浴佛斋会，煎香药糖水相遗，名曰'浴佛水'"，②吸引民众纷纷前往。宋代的佛教节日大多有很深的伦理蕴含。比如"盂兰盆节"。"《岁时杂记》载：律院多依佛经教作盂兰盆斋，人家大率即享祭父母祖先，用瓜果、楝叶、生花、花盆、米食，略与七夕祭牛女同。又取麻谷长本者维之，凡案四角，又以竹一本，分为四五足，中置竹圈，谓之盂兰盆。画目连尊者之像插其上，祭毕，加纸币焚之。魏国公韩琦家祭式云：'近俗七月十五日有盂兰盆斋者，盖出释氏之教。孝子之心，不忍违众而忘亲，今定为斋享。'此日，'是佛弟子修孝顺，应念念中忆父母乃至七世父母，年年七月十五日，常常以孝慈忆所生父母，为作盂兰盆会，施佛及僧，以报父母长养慈爱之恩'。制盂兰盆，插目连像祭之，加纸币焚之，以报父母养育之恩，成为盂兰盆节重要内容。"③盂兰盆节主要教化百姓念亲孝亲、生慈爱之心。很明显，这些节日的存在和庆贺，助推了佛教道德话语的传播。佛教即是在这样的日常节日生活场景中对宋代的平民百姓产生了道德影响。"鄱阳焦德一吉甫之母邹氏，平昔向善，寡言语，不谈人是非，唯笃志奉佛。""丽水商人王七六……常日奉事僧伽大圣甚谨，虽出行，亦以画像自随，旦暮香火瞻敬。"④由以上两段引文，我们可以看出宋代佛教在引人向善方面对普通百姓的影响之巨大。

另外，因为经济上的发展和印刷技术的进步，宋代的市民往往捐赠钱

---

① 游彪. 佛性与人性：宋代民间佛教信仰的真实状态 [J]. 北京师范大学学报（社会科学版），2011（5）.
② 孟元老. 东京梦华录 [M]. 北京：文化艺术出版社，1998：52.
③ 董德英. 神圣与世俗：宋代佛教节日与节日生活 [J]. 杭州师范大学学报（社会科学版），2018（5）.
④ 康武刚. 宋代地方势力与基层社会秩序研究 [M]. 合肥：合肥工业大学出版社，2015：138-139.

款资助刊印佛教经典，这也从佛经的刊印、收藏、流通等方面助推了佛教道德话语的传播。此处我们试说一例。《碛砂版大藏经》是南宋私刻大藏最后的一种，刻版地点在平江府陈湖中碛砂洲延圣院（现在江苏省吴中区境内）——后来改名为碛砂禅寺（见清代康熙《苏州府志》卷三十九），因而通称这部藏经为《碛砂版》或《碛砂藏》。《碛砂藏》题记中保留下来两份绍定五年和六年昆山市民支持刻经的详细捐赠名单，"人数多达 70 人左右，几乎是男、女市民各占一半，他们每户人家施舍钱财 1 贯 200 文给延圣院，刊刻《文殊师利般若经》一卷，可知总共捐助了 80 多贯才完成雕版。应该说，这些人都是居住在昆山县城的普通市民，尽管不知道他们从事的职业，更无从得知他们日常的营生手段，但可以肯定的是，他们对并不在昆山当地的延圣院刊刻佛经有着浓厚的兴趣，且以实际行动加以支持"。① 由此可见宋代普通市民对佛教的亲近，而佛教经典刊刻、收藏和流通的增多也在很大程度上推动了佛教道德话语在社会上的传播。

还要关注的一点是，宋代民间百姓除了参与各种佛教节日，赞助刊刻佛经外，还进行佛教结社活动。"结社"在晋代高僧慧远那里就有，比如他主导下的"白莲社"就是结社，但是直到宋代，因为社会风气的开放，佛教结社活动才广泛地活跃起来。宋代的佛教结社，比较著名的有净行社（后改名为易行社）、念佛会、白莲社，还有许多较小规模的结社。对上述结社，《都城纪胜》《梦粱录》等皆有"社会"条记之。"对于宋代佛教结社活动的盛行情况，时人多有记述。'每岁之春，有般若社会，少长咸集，以数千计，念诵佛号'……政和年间（公元 1111—1118 年），王衷在钱塘西湖结莲社，专修净业，撰发愿文，称：'今衷谨于居处结白莲社，募人同修，有欲预者，不限尊卑、贵贱、士庶、僧尼，但发心愿西归者，普请入社也。'宋代佛教结社活动的盛行，客观上促进了佛教经忏佛事仪式制度的改进与完善，并成为宋代佛教渗透民众的重要表现方式。"② 宋代百姓的佛教结社，其主要目的还是在一起进行佛法修行或心性修养，在结社过

---

① 游彪. 佛性与人性：宋代民间佛教信仰的真实状态［J］. 北京师范大学学报（社会科学版），2011（5）.

② 赖永海. 中国佛教通史：第9卷［M］. 南京：江苏人民出版社，2010：127-128.

程中，佛教道德话语得到了广泛和深入的研讨。

当然，宋代佛教道德话语之盛不仅体现在其对民间的影响，而且还体现在其对士大夫的影响。在宋代，士大夫群体形成了"悦禅"之风。比如，宋代的一些文人，纷纷以"居士"自居，比较有名的有：六一居士欧阳修（北宋文学家），东坡居士苏轼（北宋文学家），淮海居士秦观（北宋词人），后山居士陈师道（北宋诗人），斜川居士苏过（北宋文学家），易安居士李清照（南宋女词人），茶山居士曾畿（南宋诗人），芦川居士张元干（南宋词人），灌园居士计有功（南宋文学家），石湖居士范成大（南宋诗人），遂初居士尤袤（南宋诗人），于湖居士张孝祥（南宋词人），幽栖居士朱淑真（南宋女词人），后村居士刘克庄（南宋文学家）。"宋代是中国历史上居士类型最齐全也最具有典型性的时期……几种居士类型即隐士型居士、文人型居士、官僚型居士，在这个时期都大量出现，并且大多与佛教产生了比较密切的关系。宋代的居士并非一个独立的社会阶层，而是来自不同的社会阶层，而以士大夫为主。居士观念在当时整个社会产生的深刻影响是不容忽视的。与前代居士多只以其姓称呼为'某居士'（如胡居士、庞居士等）不同的是，宋代居士的又一个显著特征是，他们多有一个专门名号，称为'某某居士'，名号通常是有来历的，成为一个有象征意义的符号。士大夫除了'名''字'之外还有个'号'，这是从宋代才凸现出来的现象。"① 即便有些士大夫不自称"居士"而是称"道人"，比如黄庭坚自称"山谷道人"，这里的"道人"和"居士"的含义是相同的；并且，与"居士"相比，"道人"自觉其与佛教的关系更深，因为佛教就是"求道"。如黄庭坚《写真自赞》："似僧有发，似俗无尘。作梦中梦，见身外身。"于此可见其受佛教影响之一斑。

"佛教在宋代的思想界的影响到底有多大，可以通过当时的儒家学者的言论体现出来。与张载同时代的程颐曾断言，当时的士大夫们谈禅成风，朝中能免其惑者，仅有司马光、范仲淹等数人而已，不禁发出了'其何能救'的感叹！程颐还说，'今日之风，便先言性命道德，先驱了知

---

① 张培锋. 宋代士大夫佛学与文学 [M]. 北京：宗教文化出版社，2007：50-51.

（智）者，才愈高明，则陷溺愈深'。他认为，佛教对普通百姓的影响不过是用因果报应去恫吓，用'崇象设教'去迷惑，这并不可怕；而士大夫则被佛教中'性命道德'的说教所控制，而且越有才能的人，越容易被佛教迷惑，这才是最可怕的。这种情况到朱熹的时代仍无多少改变。朱熹说：'今看何等人，不问大人小儿，官员村人商贾，男子妇人，皆得入其门。'佛教不仅成为普通百姓的信仰，而且将士大夫官僚也俘虏过去，这在正统的儒家士大夫看来，是不能容忍的。"① 可以说，佛教道德话语的兴盛在一定程度上动摇了宋代士大夫原有的、纯粹的对儒家道德话语的信仰。

总而言之，在宋代较好的经济条件和开放风气的支撑下，通过凭依政府支持佛教事业发展、众多的佛教节日设立和佛事活动举办、经常性的佛经刊印和流通、大范围的佛教结社以及士大夫谈禅论佛思想潮流的形成等条件，宋代佛教道德话语大规模地向民间渗透、向士大夫阶层渗透，这促进了"宋代民众佛教的性格形成"。②

第三节　佛教道德话语的衰落与延续

伴随着中国封建社会的整体衰落，佛教发展在明清时期也遭遇了不少的困境：政府政策禁锢、自身人才凋敝、西方文化冲击等。在这种大势之下，佛教道德话语的发展也失去了唐宋的辉煌。在许多场合，甚至失去了言说的冲动，更无言说的自信。一些人甚至将佛教道德话语变成一种装点门面或谋取私利的工具，这极大地败坏了佛教的名声，使佛教及其道德话语的社会影响力大为削弱。面对这种情况，一些有识之士强调翻译、整理、研读佛经的重要性，以此强化佛教徒的理论素养和道德修养，增强佛教道德话语的言说自信及其匡正人心的效果。在他们的努力下，佛教道德话语在清末仍旧得到了延续并缓慢发展。

---

① 刘立夫. 佛教与中国伦理文化的冲突与融合［M］. 北京：中国社会科学出版社，2009：235.

② 赖永海. 中国佛教通史：第9卷［M］. 南京：江苏人民出版社，2010：123.

　　上面第二节所讲到的佛教宗派，比如天台、三论、法相、律宗、华严、禅宗等，主要流行于中土大地而未能盛行于中国西藏地区。自西藏王松赞干布从印度请名僧入藏传播佛教后，密宗在西藏盛行开来并且长盛不衰。到了元朝忽必烈时代，他尊崇西藏密宗大师为国师、密宗为国教。"元代可谓为喇嘛教时代也"，① 密宗在元代一派独大，其他佛教宗派则被严格抑制。"喇嘛们幻想政教合一的局面，全国各宗派的佛法，都受到极大的斫丧，从此各宗佛教都元气大丧，几至一蹶不振，只有禅宗在丛林制度的卵翼下，尚能存其微弱的传统命脉。净土宗因其平易近人，始终还能存在，而为民间普遍的信仰。"②

　　明代中前期统治者对佛教整体上呈支持态度。因此，明代的寺庙和僧人在数量上也算不少。一个重要的体现是，明朝共设一百四十府、一百九十三州和一千一百三十八县，但是佛教寺庙的数量远多于府、州、县的数量，仅京西宛平一县，就有三百五十一座佛寺和一百四十座庵堂。有人说："当今之世，佛教繁盛；释氏之教，到处蔓延，延至二都、每个行省、诸州府县，以及每一个乡村，既误导士绅百姓，亦诱使愚夫愚妇陷溺其中。""今之释教殆遍天下，琳宇梵宫盛于黉舍，唪诵咒呗器于弦歌。上自王公贵人，下至妇人女子，每谈禅拜佛，无不洒然色喜者。"③ 这在某种程度上表现了明代还能够恢复或者延续唐宋时期佛教鼎盛的气象。但是，这只是表面的现象，是一种外在式、折腾式的热闹，佛教一些精神性的东西开始枯萎、被淡忘。"从永乐皇帝统治结束到万历皇帝统治开始的大约150年间，佛教处于一种严重颓败的状态。这并不是意指佛教的消失。相反，随着更加慷慨大方地修建寺院和大规模出售官衔和度牒，帝国的资助达到新的高峰。佛教颓败是精神性的而不是物质性的。用佛教徒本身的话来说，末法时代……到了明代时期，则尤其明显：它标明了佛教自身对寺院

---

① 蒋维乔. 中国佛教史［M］. 北京：金城出版社，2014：192.
② 南怀瑾. 中国佛教发展史略［M］. 上海：复旦大学出版社，2016：93.
③ 赖永海. 中国佛教通史：第12卷［M］. 南京：江苏人民出版社，2010：4.

戒律的松弛和对禅定与经典研究的忽视。"① 是故，明代的佛教一直被传统的佛教史研究者视之为思想呆滞的"保守时代"。

明代佛教思想难以呈现勃勃生机的另一个原因是理学的发展对思想人才的吸引。"因两宋以后，理学家的思想，已深入知识分子的阶层，又因朱明政权提倡儒学与朱注经疏，将它们定为士大夫进身的范本，在明代三百年间，作为佛教唯一权威的禅宗，也难与理学相抗衡，只好固步自封，它的传统也是不绝如缕。晚明垂末，理学家的王学大行，佛教人才衰落，僧众良莠不齐，难以重振唐、宋时代的声威。到万历时期，先后产生佛教四位名僧，如憨山（德清）、紫柏（真可）、莲池（袾宏）、蕅益（智旭），佛教界称之为'明末四大高僧'，他们都深习儒家学说，后来宣扬佛教的思想，也都是儒佛同参，互为依傍。"②

这里出现了一个比较有意思的现象，那就是明代一些高僧大德还要借助儒家话语来宣扬佛教思想。如憨山德清《大学纲目决疑》和智旭《周易禅解》《四书禅解》等著作，光是看书名就能看出"以儒言佛"的特点。"明代另一位佛教大师真可认为三教'门墙虽异本相同'，他甚至以儒教中的仁义礼智信来解释佛教。他说：南无'仁'慈佛！爱人如己，此心常不昧，如来即出世。南无'义'气佛！爱人必得所，临事不苟且，立地成正觉。南无'礼'节佛！事事要明白，长幼序不乱，世尊即是你。南无'智'慧佛！变通无滞碍，扶正不扶邪，化苦而为福。南无'信'心佛！真实无所改，一念与万年，始终常若一。如此变通儒家学说，引儒释佛只能说明晚明佛教理论创新能力下降，其在知识分子心目中的地位自然不如往昔。"③ 这个比较有意思的佛教道德话语现象，也从侧面说明明代佛教理论的创新能力是比较局促的。

因为缺少真正的佛教精神的支持，明代佛教难免出现一些乱象。"明

① 牟复礼，崔瑞德. 剑桥中国明代史（1368—1644年）：下卷 [M]. 杨品泉，等译. 北京：中国社会科学出版社，2006：885—886.
② 南怀瑾. 中国佛教发展史略 [M]. 上海：复旦大学出版社，2016：93—94.
③ 邓斯博. 从冯惟敏及其剧作《僧尼共犯》看晚明曲家嘲佛之风 [J]. 南京航空航天大学学报（社会科学版），2014（3）.

代中期以后，佛教内部芜滥混乱日甚。主要表现有：（1）大量度僧鬻牒，使缺乏虔诚佛教信仰以及不通经者大量进入僧人队伍，僧品日益芜杂；（2）统治者对私度疏于清理，寺院充斥着大批无度牒之人，'甚至有通罪黥徒髡发隐匿'；（3）僧人犯戒违规现象严重，僧人有'娶妻'者，尼僧则'有伤风化，且于伊教有玷'。一些僧人还作奸犯科。成化十二年二月，锦衣卫捕获京城内外盗贼七百余人，'其中强盗多系僧人'。还有一些僧人甚至利用游方讲道之便，宣传'妖言邪说'，组织策划反抗明王朝统治的斗争……与此同时，白莲教等民间秘密宗教盛行，反抗斗争不断……一些白莲教徒，如萧芹、乔源、丘富等，还投靠蒙古，'出入虏地为奸，其党无虑百十人，散处诸营帐'，为俺答进犯明边出谋划策。"① 明代的一些文学作品对僧人失德违法的行为有不少的刻画。在明代的通俗小说中，"淫僧"竟然成为故事的一个类别。《古今律条公案》《龙图公案》《皇明诸司廉明奇判公案》《郭青螺六省听讼录新民公案》中均有"淫僧"出现，这说明了当时此类案件的多发。明代《欢喜冤家》的作者在第十一回中告诫世人："今缙绅富豪，刻剥小民，大斗小秤，心满意足。指望礼佛，将来普施和尚。殊不知穷和尚，虽要肆毒，力量不加，或做不来，惟得了施主钱财，则饱暖思淫欲矣。又不知奸淫杀身之事，大都从烧香普施内起祸，然则普施二字，不是求福，是种祸之根。"② 这段话虽有夸大事实乃至有"谤僧"之嫌，但明代僧人的道德素质于此亦可见一斑。

面对这样的情况，统治者不得不出手对佛教予以打击，这就有了世宗禁佛。具体措施有强令僧尼还俗、拆毁寺院尼庵、严禁戒坛传戒说法、强令僧人"供应赋役"等。其中，鉴于一些僧人"妖言惑众"，朝廷对禁止开坛说法尤为重视，可谓三令五申。即便太后想恢复弘扬佛法，但遭到了张居正的劝阻："戒坛一事，奉有世宗皇帝严旨禁革。彼时僧人聚集以数万众，恐有奸人乘之，至生意外之变，非独败坏风俗而已。隆庆以来，僧徒无岁不冀望此事。去年四月间，游食之徒街填巷溢，及奉明旨驱逐，将

---

① 何孝荣. 明朝佛教史论稿 [M]. 北京：宗教文化出版社，2016：326-327.
② 林鲤. 中国秘本小说大系 [M]. 北京：中国戏剧出版社，2000：196.

妖僧如灯置之于法，然后敛戢。今岂宜又开此端？"① 上述禁佛措施对明代佛教的发展是一次巨大的打击。

透过以上各方面的因素，可以说，与唐宋时期佛教道德话语呈现出多家言说的生动、繁盛局面相比，明朝佛教界在道德话语上差不多失去了言说的冲动。试想，理论上创新能力不强，说的都是"老一套"，又有几人听你言说呢？更主要的是，寺院变成藏污纳垢的地方，佛教徒又多有失德行为，连民间百姓对此也有讽刺和不满，又哪有底气进行道德言说和道德劝诫呢？还有，朝廷经常给这种言说扣上"妖言惑众""有伤风化""联络匪徒"的帽子，三令五申地加以禁止，又哪有胆量言说呢？自身不能说、羞于说、不敢说，其言说的影响力自然就减弱了。

明代佛教道德话语整体衰落的气象延续至了清代。满族入关前，就与蒙藏两地的密宗多有联系或联合，入关后，自然偏向佛教密宗。另外，清代以为深山秘寺及僧侣之中容易混杂反清复明的势力，于是对佛教发展的政策越来越严厉。如据《康熙起居注》记载，康熙四年规定："兴京、盛京及京师寺庙僧道，均遵旨建设外，其前代敕建寺庙各设僧道十名，私建大寺庙各设八名，次等寺庙各设六名，小寺庙各设二名。"② 这就严格限制了寺庙里的人数。康熙五十年，康熙帝再次下旨："著各督抚暨地方官，除原有寺庙外，其创建增造者，永行停止。""直隶各省，严饬地方官，概不许创造寺庙，该僧道官不时稽查，取具甘结呈报，并不得容留外来可疑人，如有故违，致生事端者，依律治罪。"③ 这就严格限制了寺院建设以及寺院与外界的交流交往。

雍正时期，因为其对佛法的见解与法藏及其弟子弘忍等不同，于是就大起批判，说法藏是"魔藏"，说弘忍是"魔忍"，通过所撰《拣魔辨异录》对当时颇有社会影响力和势力的法藏系佛教徒大加打击。雍正明确下

---

① 何孝荣. 明朝佛教史论稿 [M]. 北京：宗教文化出版社，2016：333.
② 《避暑山庄研究》编委会. 避暑山庄研究（2009）[M]. 沈阳：辽宁民族出版社，2010：126.
③ 《避暑山庄研究》编委会. 避暑山庄研究（2009）[M]. 沈阳：辽宁民族出版社，2010：126.

令把《拣魔辨异录》收入大藏经流行天下，并命各地政府对法藏系的僧人严加调查取缔："着将藏内所有藏忍语录，并《五宗原》《五宗救》等书，尽行毁版，僧徒不许私自收藏。有违旨隐匿者，发觉，以不敬律论。另将《五宗救》一书，逐条驳正，刻入藏内，使后世具正知见者，知其魔异，不起他疑。天童密云悟派下法藏一支，所有徒众，着直省督抚详细察明，尽削去支派，永不许复入祖庭。果能于他方参学，得正知见，别嗣他宗，方许秉拂。谕到之日，天下祖庭系法藏子孙开堂者，即撤钟板，不许说法，地方官即择天童下别支承接方丈。"① 雍正皇帝这样做实际是有加强思想统治、防范臣下利用宗教图谋不轨的政治目的，但是无论主观目的如何，客观上都对佛教的发展起到了打击的效果。

康熙、雍正、乾隆三朝，因为维系政权稳固的需要，朝廷对佛教有严格的限制。不过在这一时期尤其是在康熙朝及更早的顺治朝，佛教界也有高僧大德出现。他们很多是明朝移民，不愿意臣服清朝政权，故而他们的佛教言说尤其凸显一个"忠孝节义"。这是清代佛教道德话语特别值得指出和强调的一个特点。比如，弘储即是一个寓忠孝于佛理的遗民高僧。其弟子在《退翁老人南岳和尚哀辞》中说："惟吾师一以忠孝作佛事，使天下后世洞然，明白不特知佛道之无碍于忠孝，且以知忠孝实自佛性中出，是使佛之道若日之晦而复明也，若月之缺而复圆也，若天地之混沌而复开辟也。"② 清代天然和尚也经常以"忠孝"示人。据《天然和尚年谱》记载："顾天然虽身处方外，仍以忠孝廉节垂示及门，迨明社既屋，文人学士、措绅遗老，多皈依受具，一时礼足，凡数千人，创立海云、海幢别传诸刹，呜呼！何其盛也！"③ 钱穆、余英时对以方以智为代表的明末清初的遗民高僧忠孝节义的美德予以了高度赞赏。钱穆在《余君英时方密之晚节考序》一文中说："晚明诸遗老之在清初，立节制行之高洁，成学著书之

① 雍正. 御制拣魔辨异录 [M]. 北京：中国社会科学出版社，2004：336.
② 李嘉球. 姑苏城西是"天堂"：苏州木渎名人冢墓录 [M]. 苏州：古吴轩出版社，2016：107.
③ 北京图书馆. 北京图书馆藏珍本年谱丛刊：第69册 [M]. 北京：北京图书馆出版社，2010：123.

精严，影响清代两百六十年，迄今弗衰。"①

康乾盛世之后，大清王朝开始走下坡路。到了清末，内忧外患，统治者对佛教就不在意了；另外，因为欧风东渐，很多人认为佛教在新思想新文化面前已是明日黄花，对其更不在意了。由于西洋文化思想在古老的中华大地展现出某些优势，一些封建士大夫倡导兴办近代学堂，认为可以把寺庙的房屋、田产当作办学堂的条件保障。比如张之洞就建议："今天下寺观，何止数万！都会百余区，大县数十，小县十余，皆有田产，其物业皆由布施而来，若改作学堂，则屋宇田产悉具。此亦权宜而简易之策也。方今西教日炽，二氏日微，其势不能久存，佛教已际末法中半之运，道家亦有其鬼不神之忧……大率每一县之寺观，取什之七以改学堂，留什之三以处僧道。"② 清王朝同意了张之洞的建议并迅速将其付诸实施，全国兴起了"庙产兴学"的风潮。大部分的产业被充公，佛教安身立命的根基受到极大的削弱，这严重影响了佛教的话语权，进一步挤压了佛教的生存空间。

以张之洞为代表的士大夫不仅说佛教发展"日微"，还预言其"势不能久"，寥寥数语就要了佛教的产业，动摇了佛教的立身根基，这表明了当时的士大夫对佛教的轻视。印光法师于此痛心说道："哲人日希，愚夫日多，加以频经兵燹，鄙败无赖之徒，皆混入法门，自既不知佛法，何能教徒修行？从兹日趋日下，一代不如一代，至今僧虽不少，识字者十不得一，安望其宏扬大教，普利群生耶？由是高尚之士，除夙有大根者，但见其僧，而不知其道，厌而恶之，不入其中矣。"③

站在整个的中国佛教发展的历史阶段观察，对清代佛教衰落的原因，太虚法师曾有过深刻的总结：一是化成而衰，佛教化成于隋唐，已经达到顶峰了，其衰落是难免的，所谓"佛化莫盛于隋、唐。盛则成，成则老，老则衰"；二是政轭而衰，所谓"汉地佛教厄于政权者，传称三武一宗"；三是戒弛而衰，所谓"逮曹溪之风大行，禅者疏放……由是律学废弛，律

---

① 余英时. 方以智晚节考［M］. 北京：生活·读书·新知三联书店，2004：1.
② 张之洞. 劝学篇［M］. 武汉：湖北人民出版社，2002：144.
③ 印光大师. 印光大师文汇［M］. 北京：华夏出版社，2012：424.

义沉晦……其受戒者，不过练习形仪，奉行故事而已"；四是因儒涸而衰，所谓"宋、元、明诸儒……只窥禅家之语录……依语寻义，玩弄于光影门头……且儒者粗暴，往往凭恃政权，蛮行逆施……自夫宋儒，始窃佛教性理归儒，仗儒家伦理拒佛，效为聚徒说法，效为建宗传道，效为语录、效为苦行，逐功名，徇利禄，守妻子，甘醴豢，则复以伦常自卫，于是儒佛交困，儒佛交敝"；五是义丧而衰，所谓"道听之流，乃谓曹溪目不识丁，扫除教义……唐武宗灭法，教典荡失，义学尽绝……清代诸帝皆重喇嘛、旁及禅宗，雍正尤喜专提向上，稍涉经教者，若觉范、紫柏、憨山、三峰等，皆被诃摈，云栖、藕益亦在所议，故义学之风，又为斩绝。此后，除替人诵忏者外，但以老实坐香念佛为高耳"；六是流窜而衰，一些人混入丛林落得清闲或者靠帮人做法师混口饭吃。①

当然，佛教虽在晚清呈现衰落之相但也并不像张之洞所预言的那样命不久矣。因为还有一些有识僧人在作振兴佛教的努力，从而局部出现了一些印光法师所说的"佛日重辉"的景象。另外，僧团整体不行，但是居士佛教还在坚守。"清中叶后僧团素质整体走低，僧侣不是为了寻求精神的觉悟而是为了谋生才被迫出家，职业化的特点更加明显，居士佛教代之而兴，承担起续佛慧命、弘法利生的佛教使命和实践。从彭际清（绍升）到杨文会（仁山），清代居士佛教上承晚明佛教复兴余绪，下开近代佛教复兴之先河。"② 清末杨文会和金陵刻经处的努力使张之洞所谓的"势不能久"的佛教在近代仍处在缓慢、艰难的发展过程中。

在明清那样的政治文化环境中，佛教道德话语很难产生较大的社会影响，甚至于逐渐"失声"。龚自珍有一个很有意思的考察。他说在以天台智者大师为代表的佛教高僧那里，他们很有言说的欲望，"惟恐人之不好问"，只要有人来问佛，就"倾肝吐膈而予之"，可以说是知无不言、言无不尽，而且要说就说得既明且清，之所以能说得清楚，就是因为他们做了大量的佛经的翻译、校对、补遗、结集、注释的工作，但是晚唐之后，佛

① 本书编委会. 太虚大师全书：第31卷 [M]. 北京：宗教文化出版社，2005：28-42.
② 赖永海. 中国佛教通史：第13卷 [M]. 南京：江苏人民出版社，2010：1-2.

教徒越来越不爱言说、不会言说了，推崇什么"棒喝""机锋""看话头"
"教外别传"，这样一代不如一代，到了晚清，不仅僧人不识文字不懂佛理
者众，而且还有大量的假僧人出来"冒禅之名"，招摇撞骗。龚自珍认为，
是佛教徒忽略了对经典艰苦的参学磨炼而导致他们不说理或说歪理，最终
让佛教的声音及话语影响力越来越小。阅经、讲经应是僧人的基本功课，
但是清代僧人将此功课做得极差。"清代讲经法师整体佛学水平每况愈下，
能摆个'天台四教仪''贤首五教仪'的架式已算不错，不少法师终身只
讲一部经疏……至于阅藏，清末藏有《大藏经》的寺院虽不算太少，但可
供僧众阅读的寺院如凤毛麟角，还要通过种种关系，才能得到这种特权。
一般沙弥众根本无法问津。"① 不读经典、不懂经典、佛学理论素养差，又
怎会有胆量言说呢，又怎会不胡言乱语呢，又怎会义正词严地维护自身切
身利益呢，又怎会不在悄无声息中衰败下去呢？

　　龚自珍所谓的"棒喝""机锋""看话头""教外别传"是禅宗的传
统。唐君毅说："禅宗施教，于语言之外，又有嘘声绘相、棒喝交驰、斩
猫烧庵之行事，皆可代语言之用。而学者于此既会得宗旨，则此一切惊天
动地之事，又皆归于寂，唯留师徒之默然以心相印，是为以心传心。"② 不
用参考佛教经典、不用知晓佛理依据、不用学习佛法规范，仅仅通过几个
"棒喝"动作就能"直指人心，见性成佛"，这是需要"慧根"的，俗众
难以做到。一般人进行道德修养，还必须有一个读书学习、他者提点的过
程。否则的话，做了一件不合道德的事，不仅不知道自己错在哪里，反而
还自以为"明心见性"了。龚自珍所谓的那些招摇撞骗的人，他们不都
"冒禅之名"吗，不都为自己的不法行为找到了"道德的理由"吗？为什
么清末一些佛教徒不爱、不会进行道德话语的宣扬说教，或者只会在道德
事务上乱说一气？追其究竟，或许是因为他们实实在在地有不道德的
行为。

　　另外，逮至清代，佛教道德话语已经越来越偏离悟道、证道、修道、

---

① 陈兵，邓子美. 二十世纪中国佛教 [M]. 北京：民族出版社，2000. 76.
② 唐君毅. 唐君毅全集：第 17 卷 [M]. 北京：九州出版社，2016：177-178.

传道的目的，而变成了一种太虚法师所谓的"混饭吃"的工具了：一些人浏览了一两册佛教经书就装清高，就在寺庙里悠游度日；一些人略知道丛林规矩，就称老参，进而便想混长老；一些人能讲几句经便妄称讲经法师、夸耀于人；还有一些人则代人忏悔或帮人做法事，创收各种利益。总之，这些人对佛教的道德文章也算熟悉，但是"借佛教为方便，而以资生为皓的"，他们知晓、传诵佛教道德语言，但是却离"至真、至善、至高之佛教徒"越来越远了。① 在这种情况下，还会有多少人认真聆听佛教的道德言说呢？名不正则言不顺，言不顺则事不成，一张口就僧不像僧，佛教的发展进步就难继续下去了。正是因为清末佛教道德话语不能体现道德或者有违反道德之处，这就需要规范和转型。本书第八章再专门来讨论这个问题。

---

① 本书编委会. 太虚大师全书：第31卷［M］. 北京：宗教文化出版社，2005：41-42.

第二章　佛教道德话语体系的整体构建

如果要对佛教道德话语有一个总体的了解，就必须知道佛教道德话语体系的整体建构。我们可以从逻辑起点、终极追求、支撑支柱三个方面大致把握此内容。人生本苦是佛教道德话语的逻辑起点，涅槃寂静是佛教道德话语的终极追求，止恶劝善是佛教道德话语环绕的支撑支柱。具体说来，佛教道德话语以众生本苦为起点做文章，给人们展现了一幅值得终极追求的美好景象——涅槃寂静，然后再结合无常无我、因果报应、众生平等、戒定慧三学等思想，引导众生止恶行善、走向极乐。可以说，紧紧抓住人们离苦得乐的生活期盼和心理需求并给人以蕴含学理、具体细致的修行指导，是佛教道德话语体系整体建构的鲜明特征。

第一节　人生本苦：佛教道德话语的逻辑起点

释迦牟尼"出游四门"体悟到人生之苦遂起出家之愿。"苦谛"是"四谛"之首，二苦、三苦、五苦、八苦、十苦、五十五苦乃至一百一十苦，等等，佛教对人生之苦有非常细致、深刻的阐释。并且，佛教是紧紧围绕人的现实生活，围绕理欲、身心、人我等关系谈苦说苦，将苦谛与伦理道德紧密结合起来。理解佛教道德话语首先要理解佛教的苦谛。可以说，人生本苦是佛教道德话语的逻辑起点。

任何成体系的道德话语都会有一个逻辑起点，即其要解决的困扰人心的重大现实或理论难题。徐复观先生认为，儒家的伦理文化根源于一种"忧患意识"。比如一个泱泱大国怎么会被蕞尔小国所灭呢？一个家大业大的家族怎么转眼间就烟消云散了呢？一个功绩卓著的英雄豪杰怎么就身败名裂了？像这类的事见得多了，人们就会产生"忧患意识"，就会思考该如何避免上述身死国灭的悲剧，并且认为，要想人、家、国长久，就需要道德的守护，这就是孟子所谓的"生于忧患""得道多助"。徐复观先生总结说："周人革掉了殷人的命（政权），成为新地胜利者；但通过周初文献所看出的，并不像一般民族战胜后的趾高气扬的气象，而是《易传》所说的'忧患'意识……'忧患'与恐怖、绝望的最大不同之点，在于忧患心理的形成，乃是从当事者对吉凶成败的深思熟虑而来的远见；在这种远见中，又发现了吉凶成败与当事者行为的密切关系，及当事者在行为上所应负的责任。忧患正是由这种责任感来的要以己力突破困难而尚未突破时的心理状态。所以忧患意识，乃人类精神开始直接对事物发生责任感的表现，也即是精神上开始有了人的自觉的表现。"① 在徐复观先生看来，正是上述"忧患意识"使得周人产生"敬德""明德"心理，由此肇始了"中国道德的人文精神"传统，所谓"周人建立了一个由'敬'所贯注的'敬德''明德'的观念世界，来照察、指导自己的行为，对自己的行为负责，这正是中国人文精神最早的出现；而此种人文精神，是以'敬'为其动力的，这便使其成为道德的性格"。②

结合徐复观先生的分析，我们认为，中国历史悠久，存亡兴衰的故事不断上演，看多了吉凶成败，会使人产生忧患意识，这种忧患意识聚焦于一个问题——如何才能生生不息，答案就在于道德自觉或自觉地以德立身、交人、服人。《中庸》讲："故至诚无息，不息则久，久则征，征则悠远，悠远则博厚，博厚则高明。博厚，所以载物也；高明，所以覆物也；悠久，所以成物也。"大体意思是说，只有至真至诚的道德不停息，才能

---

① 徐复观. 徐复观文集：第 3 卷［M］. 武汉：湖北人民出版社，2002：32.
② 徐复观. 徐复观文集：第 3 卷［M］. 武汉：湖北人民出版社，2002：35.

悠久而长远，才能博大而精深，才能深厚而高明，才能成就自己及万物。"现代新儒家"的另一个代表人物张君劢也认为，儒家伦理文化之核心之精粹就在"中正平和，维持久远"这八个字上。①

如果说儒家的道德话语是基于确保个体、家庭、宗族、国家更为长久的生存和更为美好的发展而展开的话，那么，佛教的道德话语则是基于如何引导人们脱离苦海并归于极乐而展开的。"佛教认为，只有明白了人生本苦这样的道理，才能进一步追寻受苦的原因以及如何才能解脱苦的方法，因此，关于苦的理论学说是佛教所有教义学说的根本出发点。"② 可以说，人生本苦是佛教最为核心、最为重要的观点，对这一观点的认识和诠释是佛教道德话语的逻辑起点。

对人生本苦的认识最为深刻者莫过于释迦牟尼，正是离苦得乐促使释迦牟尼出家并修成正果。关于释迦牟尼感悟人生本苦遂起出家之念的经历过程，《过去现在因果经》卷二中有详细的记载：尔时太子，启王出游，王即听许。时王即与太子，并诸群臣，前后导从，案行国界。复次前行到王田所，即便止息，阎浮树下，看诸耕人。尔时，净居天化作壤虫，鸟随啄之。太子见已，起慈悲心：众生可愍，互相吞食。

接下来就是《过去现在因果经》卷二中记载的释迦牟尼著名的"出游四门"经历。

首出东门：尔时，太子与诸官属前后导从出城东门，国中人民闻太子出，男女盈路，观者如云。时净居天化作老人，头白背伛，拄杖羸步。太子即便问从者言："此为何人？"从者答曰："此老人也。"太子又问："何谓为老？"答曰："此人昔日曾经婴儿，童子少年，迁谢不住，遂至根熟，形变色衰，饮食不消，气力虚微，坐起苦极，余命无几，故谓为老。"太子又问："唯此一人老，一切皆然？"从者答言："一切皆悉应当如此。"尔时太子闻是语已，生大苦恼，而自念言："日月流迈，时变岁移，老至如电，身安足恃！我虽富贵，岂独免耶？云何世人而不怖畏？"即回车还，

---

① 张君劢. 义理学十讲纲要［M］. 北京：中国人民大学出版社，2006：56.
② 业露华. 中国佛教伦理思想［M］. 上海：上海社会科学院出版社，2000：238.

愁思不乐。

再出南门：尔时太子，百官导从出城南门。时净居天化作病人，身瘦腹大，喘息呻吟，骨消肉竭，颜貌痿黄，举身颤掉，不能自持，两人扶腋，在于路侧。太子即问："此为何人？"从者答曰："此病人也。"太子又问："何谓为病？"答曰："夫谓病者，皆由嗜欲，饮食无度，四大不调，转变成病。百节苦痛，气力虚微，饮食寡少，眠卧不安。虽有身手，不能自运。要假他力，然后坐起。"尔时，太子以慈悲心，看彼病人，自生愁忧。又复问言："此人独尔，余皆然耶？"答曰："一切人民，无有贵贱，同有此病。"太子闻已，心自念言："如此病苦，普应婴之，云何世人，耽乐不畏？"作是念已，语从者言："如此身者，是大苦聚。世人于中，横生欢乐，愚痴无识，不知觉悟。"

还出西门：尔时太子与忧陀夷，百官导从，烧香散华，作众伎乐，出城西门。时净居天……化为死人。四人举舆，以诸香华，而散尸上。室家大小，号哭送之……太子问言："此为何人，而以华香庄饰其上，复有人众，号哭相送？"时忧陀夷以王敕故，默然不答。如是三问，净居天王威神之力，使忧陀夷不觉答言："是死人也。"太子又问："何谓为死？"忧陀夷言："夫谓死者，刀风解形，神识去矣。四体诸根，无复所知。此人在世，贪着五欲，爱惜钱财，辛苦经营，唯知积聚，不识无常。今者一旦舍之而死，又为父母亲戚眷属之所爱念，命终之后，犹如草木。恩情好恶，不复相关。如是死者，诚可哀也。"太子又问忧陀夷言："唯此人死，余亦当然？"即复答言："一切世人皆应如此，无有贵贱而得免脱。"太子素性恬静难动，既闻此语，不能自安。即以微声语忧陀夷："世间乃复有此死苦，云何于中而行放逸？"

又出北门：是时太子启王出游，王不忍违，便与忧陀夷及余官属，前后导从，出城北门，到彼园所。太子下马，止息于树，除去侍卫，端坐思惟，念于世间老病死苦。时净居天化作比丘法服持钵，手执锡杖，视地而行，在太子前。太子见已，即便问言："汝是何人？"比丘答言："我是比丘。"太子又问："何谓比丘？"答言："能破结贼，不受后身，故曰比丘。世间皆悉无常危脆，我所修学无漏圣道，不着色声香味触法，永得无为，到解脱岸。"作此言已，于太子前，现神通力，腾虚而去。当尔之时，诸从官属皆悉睹见。太子既已见此比丘，又闻广说出家功德，会其宿怀，便自唱言："善哉善哉，天人之中唯此为胜，我当决定修学是道。"作此语已，即便索马，还归宫城。

释迦牟尼出离王宫，首见众生生存之苦，农人需在炎炎烈日之下辛苦劳作，那些随着泥土刚被翻卷出来的虫子，身子尚未展开即被鸟雀啄食，而鸟雀说不定哪天也会亡于它物之口腹。次见众生老去之苦，形变色衰，饮食不消，气力虚微。又见众生病痛之苦，面黄肌瘦，喘息呻吟，有气无力，需人伺候。还见众生死亡之苦，形神俱灭，生前辛苦所得一切亦于己无关。释迦牟尼深刻地认识到两点。第一，众生均不能免却生命之苦。上述诸苦是众生所不能免却的，即便自身贵为王子，也有病来老去的时候。第二，众生均在加深生命之苦。众生往往沉醉在追求片刻欢娱的过程中，没有认真思考或对待上述诸苦，可悲的是，恰恰是他们所追求的欢娱，比如纵情声色，又加深了生命的痛苦。释迦牟尼说得很明白："如此身者，是大苦聚。世人于中，横生欢乐。愚痴无识，不知觉悟。"人生是一个大苦海，是一切众苦的集聚地，生老病死的大患，实在是可怖可畏，无人能够逃离，病来老去正悄无声息地走向众生，但众生却毫无察觉，最终在不经意间衰老、成疾、死去。

当然，在释迦牟尼见到净居天所化比丘及所示解脱之路后，认为只有知无常、修圣道、得解脱，才能使众生离苦得乐。净居天对释迦牟尼讲的话到底是什么意思，圣道到底是一种怎样的面貌？我们可以借助星云法师《释迦牟尼佛传》里的白话描述对此做一个了解。净居天所化比丘对释迦牟尼说："我告诉你，我是离开家庭束缚的沙门。我厌离老病死的苦恼，我为了要求得自由解脱的大道。众生，没有人能免除老病死，没有人能逃脱瞬息万变的无常，因此，我才出家来做沙门。我没有甚么可以忧愁，也没有甚么可以欢喜。我的希望只是能够获得不生也不灭，达到冤亲平等的境地！我，没有财欲也没有色欲，终日隐居在山林寂静的地方，断绝世间名利的关系，没有'我'的观念，也没有'我所有'的东西，没有净秽的选择，也没有好丑的分别，在市镇或村庄上乞食，滋养这假合的色身。遇到别人有苦难的时候，我就设法为他解救，我没有希望别人报酬的心理，更没有求功德的念头。我只觉得众生的苦恼都应该让我一个人承受，我不努力去解救生死大海中的众生还有谁呢?"① 净居天所化比丘的一番道德言说使释迦牟尼一下子消解了心头深藏已久的困惑，他最终下定了出家修行的决心。

"苦"在佛教有"逼恼身心"的涵义。众生"愚痴无识，不知觉悟"，佛教就是要告诉人们人生本苦的真相，全部佛教教义就是围绕说明人生苦相以及解脱之道而展开的。佛教认为"苦"乃人生首要的真谛，丁福保《佛学大辞典》注"苦谛"曰："三界生死之果报，毕竟苦患，无有安乐之性，此理决定真实，谓之'苦谛'。"佛教不吝经文、事例从不同角度揭示与诠释人生本苦的实相，形成一苦、二苦、三苦、四苦、五苦、六苦、七苦、八苦、九苦、十苦、五十五苦，甚至一百一十苦等各种讲法。我们大致了解下佛教从一苦到八苦的比较典型说法。

一苦指一切有情皆会堕入的流转之苦。二苦指内苦和外苦。顾名思义，前者由主体自身活动引起，后者由外界原因引起，比如身生疾病、心生怨恨引起的痛苦就是内苦，比如被贪官污吏、虎豹豺狼等袭扰逼害就是外苦。

三苦指苦苦、坏苦、行苦。苦苦指"苦上加苦""从苦生苦"，有情众生之身心，本来即苦，更加以饥渴、疾病、风雨、劳役、寒热、刀杖等众苦之缘而生之苦，故称为苦苦；坏苦指由"快乐"而造成的痛苦，众生追求快乐，但佛教认为"此乐易坏"，即此乐不是真实的乐、长久的乐，容易消逝，一旦维持此快乐的主客观条件变化了，这个快乐就不存在了，就会给沉迷于此快乐的人产生许多的烦苦，比如失恋之苦即是坏苦，曾经山盟海誓使恋爱中的两个人都觉得幸福无比，但是一旦有什么变故，鸳鸯两散，就痛苦得死去活来。坏苦还有一义，指身中地、水、火、风等四大互侵、互坏之苦；行苦是由"无常"导致的痛苦，佛教讲"诸行无常"，认为世间一切，时刻生灭变动，是不安稳的，而这种不安稳对人而言就是一

---

① 星云大师. 释迦牟尼佛传［M］. 北京：东方出版社，2016：54-55.

种苦，因为人在内心深处皆有对顺己事物持永恒、永远之期待，而"无常"的事实往往与与人们内心深处的"常执"产生尖锐冲突，这种"根源性矛盾"从而导致痛苦。例如，生命本来是无常的，没有一个永恒的自我，但是众生内心的本能妄执却是永恒的生存，所以当死亡来临的时候，便因为这种根源性的矛盾产生痛苦。又如，众生的生存、发展乃至一切，都是受制于各种条件的，但是众生内心的妄执本能却是自宰一切，所以当病痛、失败、坎坷等现象出现时，便因为这种根源性的矛盾而产生痛苦。

四苦即生老病死苦，老了、病了、死了，这些都是人所恐惧的事情，是人之大苦。至于说生亦是一种大苦很多人似不解。佛陀在《五王经》中对生苦有很深刻的揭示："在母腹中，生躯之下，熟藏之上。母噉一杯热食，灌其身体，如进镬汤；母饮一杯冷水，亦如寒冰切体。母饱之时，迫迮身体，痛不成言；母饥之时，腹中了了，亦如倒悬。刻苦无量，至其满月。欲生之时，头向产门，剧如两石挟山。欲生之时，母危父怖，生堕草上，身体金饰，草触其身，如履刀剑，遽然掉声大喊。此是苦不？"身在母腹的胎儿，容易因母亲的一举一动带来痛苦，另外，出生之时之后环境的变化也会给其带来痛苦。佛教认为"此生"或"此身"是各种苦的聚集和载体，在日常生活中，很多人自出生之日起就经历各种痛苦，有的人甚至还"苦了一辈子"。

五苦是将上述生、老、病、死苦放在一起，视为一苦，在此基础上，再加爱别离苦、怨憎会苦、求不得苦、五阴盛苦。六苦指因苦、果苦、求财位苦、勤守护苦、无厌足苦、变坏苦。七苦指生、老、病、死、怨憎会、爱别离、求不得之苦。八苦的内容差不多。如果将上述生苦、老苦、病苦、死苦各自视为一苦的话，再加上爱别离苦、怨憎会苦、求不得苦、五阴盛苦，就是八苦。

八苦是佛教经典中最为人熟知的对人生之苦的说法。《中阿含经·分别圣谛经》对八苦有详细的说明。生苦、老苦、病苦、死苦这四苦无需赘言，爱别离苦指众生常常因与所喜爱的人或物不得不彼此分开而产生的痛苦，这里面有相思之苦、担忧之苦、孤独之苦，等等。怨憎会苦指和自己所讨厌、所憎恨的人没办法分开，必须相处在一起所带来的痛苦，比如一对势如水火的夫妻，离婚后为了儿女，还必须相处在一起，天天见面，这对两人来说都是煎熬。求不得苦指用尽种种办法或手段仍然得不到我们所渴求的东西而导致的痛苦，比如求升官发财、容颜永驻、长生不老，往往不得，这就是一种痛苦。五阴盛苦是对上述诸多身心之苦产生原因的总结分析。五阴也叫五蕴、五聚，指构成我们身心活动的色、受、想、行、识等五种因素的和合，这五种因素如果强盛或者我们执着于这五种因素以之为我（五阴盛苦也叫五取蕴苦，取即执着的意思），那么会引起对各种欲望和各种事物的追求，进而带来无穷的痛苦。

关于八苦，净土宗有"说苦劝修诗"，即用朗朗上口、通俗易懂的语言，截取历史上广为流传的或人们日常生活中较为常见的各种痛苦片段——如项羽虞姬的爱别离苦、萧皇后武则天的怨憎会苦、屡试不第的求不得苦，等等，对八苦详加解说，让人意识到八苦时时存在、处处存在，从而劝说世人勤修净土，早日离苦得乐。

从净土宗下列"说苦劝修诗"中，我们或许可以对佛教所谓的人生本苦有更为直观、更为深入、更有感悟的认识。（一）揭示生苦。其诗曰：业风吹识入胞胎，狱户深藏实可哀。每遇饥虚倒悬下，频惊粗食压山来。声闻到此心犹昧，菩萨于中慧未开。誓割爱缘生极乐，华中产取玉婴孩。（二）揭示老苦。其诗曰：万事输人已退藏，形骸自愧少康庄。朱颜一去杳无迹，华发新来渐有霜。流泪暗思童稚乐，见人空话壮年强。宁知净土春长在，不使身心昼夜忙。（三）揭示病苦。其诗曰：四大因时偶暂乖，此身无计可安排。残灯留影不成梦，夜雨滴愁空满街。自昔欢娱何处去，只今苦痛有谁怀。岂知极乐清虚体，自在游行白玉阶。（四）揭示死苦。其诗曰：识神将尽忽无常，四大分离难主张。脱壳生龟真痛绝，落汤螃蟹漫惝惶。甘心狱户为囚侣，束手幽关事鬼王。何似华开亲见佛，无生无灭寿难量。（五）揭示爱别离苦。其诗曰：生离死别最堪伤，每话令人欲断肠。虞氏帐中辞项羽，明妃马上谢君王。泪深江海犹嫌浅，恨远乾坤未是长。诸上善人俱会处，愿教旷劫莫分张。（六）揭示怨憎会苦。其诗曰：苦事人情皆欲避，谁知夙业自相招。有钱难买阎翁赦，无计能求狱卒饶。兵败张巡思作鬼，身亡萧氏愿为猫。何时得预莲池会，积劫怨仇好共消。

（七）揭示求不得苦。其诗曰：穷达由来有夙因，转生希望转因循。扬帆屡见沉舟客，挂榜偏伤落第人。毕世耕耘难果腹，频年纺织尚悬鹑。乐邦衣食天然好，不用区区更苦辛。（八）揭示五阴盛苦。其诗曰：逼迫身心苦事多，哀声无地可号呼。肝肠断处情难断，血泪枯时恨未枯。临海廿年持使节，过关一夜白头颅。何当净土修禅观，寂照同时离有无。①

　　佛教经典中对苦还有其他的各种说法。《菩萨藏经》说一切众生为十苦逼迫：生、老、病、死、愁、怨、苦受、忧、痛恼、生死流转大苦。细细想来，人生之苦，何止十种八种，"富贵不知乐业，贫穷难耐凄凉"，富贵也罢，贫穷也好，每个人都有自己的苦痛和辛酸。所以《显扬圣教论》又说有五十五苦，而《瑜伽师地论》更说有一百一十种苦。家家都有难念的经，人人都有难说的苦，"如鱼饮水，冷暖自知"。限于篇幅，对于这些人生苦痛，这里就不一一细说了。

　　释迦牟尼出四门游，恰巧碰见净居天化作各种苦相，这里面有宗教言说的神秘主义，但是这些苦相的背后，却都有实实在在的事实支撑。比如释迦牟尼所见的炎炎烈日下刨地求食的耕作农人、被飞鸟一口啄食的田虫、蜷缩在城门口得不到帮助、医治的老人、病人，等等这些，无不映射了古印度种姓区别、阶级压迫、弱肉强食的社会现实。星云法师说释迦牟尼是一个伟大的革命者："他革命的对象：一是阶级森严的印度社会，二是没有究竟真理的神权宗教，三是生死循环不已的自私小我……他本是贵为王子之尊，过着优裕的生活，照理他是用不着什么革命的，但他看到很多遭受压迫的民众，为了公理与正义，他不能不摆脱王子的虚荣，用一切众生平等的真理来为那些被压迫的可怜的人们打抱不平。一般的革命者，都是向外革命而没有向内革命，说明白一点就是向别人革命而没有向自己革命。唯有我们的教主佛陀，他知道每个人都有一个自私的小我，都有生死之源的烦恼无明，为了求得真正自由自在的解脱，他不得不向五欲荣华富贵革命，舍离一切的爱染，去过平实的生活，这才是究竟的革命。"② 因

---

① 　弘化社. 净土十要 ［M］. 成都：巴蜀书社，2016：720-721.
② 　星云大师. 释迦牟尼佛传 ［M］. 北京：东方出版社，2016：4-5.

此我们说，释迦牟尼所感悟的人生诸苦，不是只存在于宗教神话中，而是实实在在存在于古印度社会，并且，也实实在在存在于今日社会。今日时代与世界，我们并没有断绝不公平、不公正的现象，也没有根绝剥削的现象，还没有做到"太平世界，环球同此凉热"，而各种自私、小我甚至还被某些人演化成极端的利己主义、精致的利己主义；另外，日常生活中，众人也还有生老病死所带来的各种深浅不一的烦闷和痛苦。

从二苦到一百一十种苦，佛教织就了一张密密麻麻的人生本苦之网。这个网能够罩住任何人对生命苦痛的体验，从而让世人对"苦谛"有所信服。佛教说苦，名目之繁多、内容之精细，令人印象深刻。并且佛教言说人生本苦，还有一大特点，即紧紧结合人们现实的生活感受而谈，紧紧围绕人的需求欲望而谈，紧紧就着人们与自身、与他人的伦理关系而谈。这个特点为佛教道德话语的展开提供了一个基本支点。星云法师说，佛教的"苦"其实是基于以下关系的不和谐、不调和而言的：我与物的关系不调和，我与人的关系不调和，我与身的关系不调和，我与心的关系不调和，我与欲的关系不调和，我与见的关系不调和（一些邪知邪见困扰我们），我与自然的关系不调和。[①] 佛教道德话语就是要让人清楚看到追逐个体需求欲望之苦和深陷理欲、身心、人我之杂乱关系的种种苦相，让人意识到诸苦产生与"我执"有莫大的关系，让人明白如何调整人生追求目标及如何和谐处理上述关系从而离苦得乐。简而言之，佛教道德话语就是围绕人情人性而谈人生本苦，从而让人意识到我们正处于一种错误的理欲、身心、人我关系之中，进而意识到只有跟随佛陀的道德指引，起信正行，自利利他，才能将上述错误之关系摆正，才能让我们得享人生和谐圆满之喜乐。

---

① 星云大师. 人间佛教的戒定慧 [M]. 北京：东方出版社，2013：147-150.

第二节　涅槃寂静：佛教道德话语的终极追求

　　人生既然是如此的痛苦不堪，那么什么才值得众生去追求呢？佛教讲苦但不沉湎于苦，离苦得乐才是它的追求；并且，佛教追求的还不是一般的乐、虚幻的乐或一时的乐，而是永久的、真实的大快乐。在佛教看来，人生的大自由、大快乐只有在涅槃处寻。涅槃寂静是佛教道德话语的终极追求。一般人以"一死百了"来理解涅槃，这是对涅槃的误解。

　　在日常生活中我们看到有些人，经历了某些人生苦难后就躺平乃至堕落了。比如鲁迅《在酒楼上》一文中的那位"朋友"，碰到一些挫折，就醉酒、就浑噩、就对前途失望："你怪我何以和先前太不相同了么？是的，我也还记得我们同到城隍庙里去拔掉神像的胡子的时候，连日议论些改革中国的方法以至于打起来的时候。但我现在就是这样了，敷敷衍衍，模模胡胡。我有时自己也想到，倘若先前的朋友看见我，怕会不认我做朋友了——然而我现在就是这样。""以后——我不知道。你看我们那时豫想的事可有一件如意？我现在什么也不知道，连明天怎样也不知道，连后一分……"①

　　人生遇到挫折，心灰意冷而出家，"做一天和尚撞一天钟"，浑浑噩噩过日子，青灯古佛了此残生，是很多人对佛教的印象。一些人据此对佛教产生误解，认为佛教讲苦，将人往消极无为的路上引。这实在是没有完整准确地理解佛教的究竟和精义。佛教让众生意识到人生本苦，其目的不是要打击众生的生活信心，而是相反，要指引众生发出离生死轮回的"出离心"，以及发出与他人共同圆满觉悟的"菩提心"，这集中表现在"四弘誓愿"上：众生无边誓愿度，烦恼无尽誓愿断，法门无量誓愿学，佛道无上誓愿成。上述誓愿就是要引领众生勇猛精进，成就佛道，离苦得乐。人所

---

　　①　鲁迅. 彷徨［M］. 太原：山西人民出版社，2020：25-29.

向往的往往是光明前景，如果佛教只是咀嚼人生痛苦、人生黑暗的现实而不能给人们幸福人生、光明前景的话，它就不会有这么大的魅力和影响力了。所以，佛教在讲"有漏皆苦"（漏指烦恼）的同时，还一定要讲"涅槃寂静"，后者是佛教的终极追求。

任何一个吸引人的、逻辑完满的理论体系要既破又立。佛教在批判了现实黑暗与苦楚的同时也展现了一种值得追求的美好，这就是涅槃之境。涅槃是梵文 Nirvana 的音译，原意指火的熄灭，一般指熄灭烦恼、远离痛苦后所证得的大自由、大自在、大快乐，被认为是超离生死苦恼、永恒安乐的境界，是佛教全部修行所达到的最高理想。我们可以从肯定与否定两个角度来理解涅槃。肯定角度可以把涅槃理解为寂静、安稳、解脱、离垢、清凉等，否定角度可以把涅槃理解为无漏、无病、不死、无热恼、无变等。《阿含经》用"毕竟寂静""究竟清凉""实极安乐"等词描述涅槃，这有助于我们准确把握涅槃的基本内涵和真实面貌。

小乘佛教和大乘佛教对涅槃的理解还是有区别的。小乘佛教认为世俗世界是"无常、苦、无我、不净"的（凡夫俗子却以之为常、乐、我、净，这是"凡夫之四颠倒"），从无常、苦等解脱出来的唯一出路，就是离开世俗世界过严格的出家禁欲生活或达到彻底死亡状态——小乘佛教常将涅槃比喻为灯灭，《阿毗达摩俱舍论》卷第六就说："如灯涅槃，唯灯焰谢，无别有物。如是世尊心得解脱，唯诸蕴灭，更无所有。"

小乘佛教认为，涅槃一般分为两种：有余涅槃和无余涅槃。这其中的一个重要区别在于是否身灭。虽断却一切生死原因之烦恼而证得涅槃，然因前世惑业所造成之果报身尚存，亦即生死之因已断，尚有生死之果待尽者，称为有余涅槃；反之，已断尽生死之因，又无生死之果，而达灰身灭智之究竟涅槃之境界者，称为无余涅槃。简言之，有余涅槃指欲望皆无、烦恼已断但肉身尚存的境界，而无余涅槃则指灵肉皆亡，彻底跳出生死轮回的境界。小乘佛典《发智论》卷第二说："云何有余依涅槃界？答：若阿罗汉诸漏永尽，寿命犹存，大种造色，相续未断，依五根身，心相续转，有余依故，诸结永尽，得获触证，名有余依涅槃界。云何无余依涅槃界？答：即阿罗汉，诸漏永尽，寿命已灭，大种造色，相续已断，依五根身，心不复转，无余依故，诸结永尽，名无余依涅槃界。"阿罗汉虽获得绝对清净宁静的精神生命（法身），但其法身依于生身，还是个问题。"住有余依涅槃界的阿罗汉，已得无漏法身，与法性合一而于现法得涅槃。但此时生身尚存有待弃舍；无漏法身依于生身也不能永存。在一切有部看来，阿罗汉于现法证入涅槃，尚不是最终的解脱状态，只有止灭生身，进而止灭无漏法身，即舍有情身堕于法数而消融于绝对的法体世界，才是阿罗汉最终的解脱状态……这是阿罗汉止灭生命而消融于绝对的理想世界，也是'灰身灭智'彻底的解脱状态。"①

小乘佛教视涅槃为一个与脏乱不堪的现实世界截然相对的另一个绝对干净的理想世界，以"灰身灭智，捐形绝虑"来看待涅槃，加之佛教常将高僧大德去世尊称为涅槃，很多人就以此认为涅槃是一死百了，这种认识是很值得反思的。"人身难得，中国难生，佛法难闻"，道德的事、人生的事、成佛的事，往往都是艰难的事，怎么能够随随便便地一死百了呢？如果涅槃的本质只是一死百了那么简单的话，那么古往今来那么多的高僧大德，劳神费心学道修道求证涅槃，又有何意义？所以慧能对志道禅师说："无上大涅槃，圆明常寂照。凡愚谓之死，外道执为断。诸求二乘人，目以为无作。"② 慧能认为，将涅槃视为死亡、灭断、无所作，这是愚见甚至是邪见。

大乘佛教认为小乘佛教有将涅槃与世间绝对对立起来的倾向。中国人重生重死，舍弃现实世界而以死求涅槃，这会影响人们追求涅槃的信心和步伐；并且，一些凡夫俗子即便死去，也不可能获得涅槃，因为他还会坠入生死轮回之苦。大乘佛教认为，对修行者而言，只要圆满体认性空，即便身处物欲横流之世间，一样可以证得涅槃。

维摩诘居士就是很好的例子。他有妻子儿女，亦获俗利，甚至还出入淫舍酒肆，却不为所累："虽处居家，不著三界；示有妻子，常修梵行；现有眷属，常乐远离；虽服宝饰，而以相好严身；虽复饮食，而以禅悦为

---

① 单正齐. 佛教的涅槃思想 [M]. 北京：宗教文化出版社，2009：41-42.
② 赖永海. 佛教十三经：坛经 [M]. 北京：中华书局，2013：126.

味；若至博弈戏处，辄以度人；受诸异道，不毁正信；虽明世典，常乐佛法……虽获俗利，不以喜悦；游诸四衢，饶益众生；入治正法，救护一切；入讲论处，导以大乘；入诸学堂，诱开童蒙；入诸淫舍，示欲之过；入诸酒肆，能立其志。"① 天神众人皆视维摩诘居士为"尊"，他不离世间欲望但又不耽于世间欲望，在世间生活中深植善本、摄诸乱意、利益群生，实际上已经达到了佛的境界。

大乘佛教明确反对小乘佛教把涅槃和世间对立起来的思想倾向。大乘佛教中观学派认为涅槃是认识到诸法毕竟空但又不执着于空的境界。"涅槃与世间，无有少分别。世间与涅槃，亦无少分别……涅槃之实际，及与世间际，如是二际者，无毫厘差别。"② 这是说，涅槃的实际与世间的实际，即两者的本来面目、状态，都是性空，并无丝毫的差别，是故，人生修持之关键，不在于纠结生死、逃离世间、没入山林，而在于把握世间事物的实相即空性上，换句话说，只要很好地体悟实相、直悟性空，就是人生理想境界，就是涅槃。但是，中观学派的这种"无差别论"多少也有完全抹杀涅槃与世间的区别之嫌。因为，即便正确认识了世间的实相（性空），也还有一个达到这种认识境界之前和之后的状态区分。《大涅槃经》即做了这种区分，认为涅槃之境体现在"涅槃四德"上。

《大涅槃经》讲"常乐我净乃得名大涅槃也"。"常乐我净"这四个字即给我们展示了佛教充实而美好的人生追求：一旦证入涅槃，恒常不变而无生灭，名之为常德；寂灭永安，名之为乐德；得大自在，是主是依，性不变易，名之为我德；解脱一切垢染，名之为净德。马一浮先生如此解释常乐我净："一、常德。不迁不变之谓常。性体虚融，湛然常住，历三世而不迁，混万法而不变，故名常。二、乐德。安隐寂灭之谓乐。离生死逼迫之苦，证涅槃寂灭之乐，故名乐。经云：'诸行无常，是生灭法，生灭灭已，寂灭为乐。'此之谓也。三、我德。自在无碍之谓我。若外道凡夫，于五阴身强立主宰，执之为我，乃是虚妄，不得自在，不名真我。佛身遍

① 赖永海. 佛教十三经：维摩诘经 [M]. 北京：中华书局，2013：28-29.
② 龙树，提婆. 中论·百论·十二门论 [M]. 吉藏，疏注. 上海：上海古籍出版社，2011：67.

满，犹如虚空，无乎不在，一多隐显，皆无所碍，故名我。四、净德。离垢无染之谓净。无诸惑染，湛然清净，如大圆镜，了无纤翳，故名净。"①世间凡夫俗子颠倒真假虚实，往往把不是真正恒常的东西当作真正恒常的东西、把不是真正快乐的东西当作真正快乐的东西、把不是真实的自我的本真当作真实的自我的本真、把不是真正的洁净的东西当作真正的洁净的东西，由此产生无常之苦、我执之苦、染垢之苦。"常乐我净"要告诉众生的是，人生本苦后面并不是虚无一片、黑暗一片，那里还有人生真实圆满之乐。

《阿弥陀经》《药师经》等大乘经典就给人们展示了常乐我净的极乐。在西方阿弥陀佛净土那里，无量功德庄严，国中声闻、菩萨无数，讲堂、精舍、宫殿、楼观、宝树、宝池等均以七宝庄严，微妙严净，百味饮食随意而至，自然演出万种伎乐，皆是法音，其国人智慧高明，颜貌端严，但受诸乐，无有痛苦，皆能趋向佛之正道。在东方药师佛净土那里，地面由琉璃构成，连药师佛的身躯，也如同琉璃一样内外光洁，那里没有男女性别上的差异，没有五欲的过患，琉璃为地，金绳界道，城垣、宫殿都是七宝所成，一切都无比清净光明，没有杂秽土地。

不过，大乘佛教不是抛弃一切，一味执着于这样的净土，更准确地来说，是绝不为求个人安乐而执着于往生净土。太虚法师经常强调"往生极乐不是为了自己去享福"，他说："菩萨不为自己安乐而生净土，乃为亲近佛菩萨得不退转故而生净土；亦为分身十方普利众生而生净土。生净土，则得到一不退转之地位。譬如吾人在不良善之社会，不安宁之国土，不能安心修学；嗣见某国秩序安谧，社会良好，学校完善，乃迁入留学，则容易得一良好之结果。故其学业必能成就，且成就后更可回入原来国土而改善之。菩萨生净土，亦复如是。以五浊恶世，难如愿成就，故发愿往生极乐净土而求便于修习。"② 这里说得很明白。往生净土的目的在于不退菩萨行，而后，还要返回娑婆世界以及十方世界普度众生，共同成就大乘佛法

---

① 马一浮. 马一浮集：第 1 册［M］. 虞万里，点校. 杭州：浙江古籍出版社，1996：882-883.

② 太虚. 太虚大师全书：第 13 卷［M］. 北京：宗教文化出版社，2005：68.

的圆满觉悟，这是其最终目的。这有如留学，留学的目的是学真本事，但最终目的还是学成归国建设美好家园。往生净土只是"往"，回到娑婆方是"还"，"往还二道"才是完整正道。

小乘佛教将浊乱的世间与清净的涅槃截然分开，大乘佛教讲"世间性空，即是出世间；于其中不入不出，不溢不散，是为入不二法门"①，也就是说，了知世间本性空寂，即是出世间，这样既不执着于世间所谓生死苦乐（毕竟空），也不执着于出世间所谓涅槃境界（毕竟亦空）。因为以上"不二法门"的思想，大乘佛教也形成了自身两种涅槃的讲法：自性涅槃与无住涅槃。太虚大师对此讲得清楚："大乘涅槃义，亦有二种：一、自性圆寂，即诸法之毕竟空性，以因缘所生法本来毕竟空故。此空性本来圆遍常寂故，谓之自性涅槃。圣凡生佛一切平等，本来如是，无得无失。二、佛果无住涅槃，福智圆满更无所求，大悲般若常相辅翼，以般若故不住世间，以大悲故亦不住出世间。此无大涅槃，唯佛有之。二乘圆寂，于一切法实相未能明了知觉，以所知障未断故，尚有所执，至佛以无所执故，与诸法实相时时相应，故曰无住涅槃。"② 太虚大师认为，大乘佛教有"智"有"悲"、悲智双运，智即识空，故而不住世间，悲即利人，故而不住出世间，这才是圆满无所执的无住涅槃。我们可以把无住涅槃理解为：佛和十地菩萨并不常住在"生死"和"涅槃"两种境界中的最完美、最高尚的涅槃，即是佛不厌生死、不乐涅槃，对生死和涅槃都不执着，永远会挺身而出，以佛或菩萨的应身或报身形式，在三界六道十八层地狱之中，从事普度众生的大慈大悲活动。

佛教涅槃思想极其复杂，非三言两语所能道尽，但从以上简单介绍中我们可以看出，涅槃所启示众生的，就在于要对此间生命不断超越。熊十力说，佛教思想的宗旨在"超生"两字。③ 不超越，生命就容易陷溺、容易执着，一陷溺一执着，就会产生痛苦。"作为在存在上悟道无我的涅槃，超越了包括善与恶、是与非、生与死、人与自然，甚至人与上帝在内的一

---

① 赖永海. 佛教十三经：维摩诘经 [M]. 北京：中华书局，2013：168.
② 太虚. 佛学入门 [M]. 杭州：浙江古籍出版社，1990：162-163.
③ 熊十力. 熊十力全集：第4卷 [M]. 武汉：湖北教育出版社，2001：78-79.

切二元对立。在这一意义上，对佛教来说，获得涅槃就是解脱。作为悟到无我的涅槃，在大乘佛教中认识得最为清晰。根据大乘佛教的教义，进入涅槃，并不是指人肉体上的死亡，而是指自我的死亡，并由此而进入一个新的生命——在真我中生活。"①

我们认为，佛教所展示的涅槃之境，其实回答了人们一个普遍关心的问题：充满苦痛的人生和世界，到底什么是值得我们真正追求、终极追求的东西？孟子认为"可欲之谓善，充实之为美"②，可欲的东西能够满足需求，能够给我们带来快乐，当然是好的，也自然是值得追求的。但对人而言，可欲求的东西太多太多，比如家财万贯、官运亨通、娇妻爱子、容颜永驻、健康长寿等。而且还吊诡的是，上述人们所追求的东西，一旦追求起来或追求到后也并未完全带来快乐，反而还给人带来许多的痛苦乃至危险，或让人牺牲掉了本该拥有的一些东西。《红楼梦》中有"好了歌"，讲世人热衷于追求千古功名、巨额财富、温柔妻子、孝顺儿孙，但最后却发现都难遂人愿，所谓"痴心父母古来多，孝顺儿孙谁见了？"还是《红楼梦》，一首"好了歌注"，道出了人生追求的荒唐：训有方，保不定日后作强梁；择膏粱，谁承望流落在烟花巷！因嫌纱帽小，致使锁枷扛；昨怜破袄寒，今嫌紫蟒长。乱哄哄，你方唱罢我登场，反认他乡是故乡；甚荒唐，到头来都是为他人作嫁衣裳！

和"好了歌"有着相似教化内容的还有一首"什么歌"，相传是济公和尚所作，也叫《济公活佛圣训》，摘其要点如下：补破遮寒暖即休，摆什么？食过三寸成何物，馋什么？死后分文带不去，吝什么？前人田地后人收，占什么？得便宜处失便宜，贪什么？荣华富贵眼前花，傲什么？聪明反被聪明误，巧什么？虚言折尽平生福，谎什么？谁能保得常无事，消什么？一旦无常万事休，忙什么？

"世事洞明皆学问"，上述诸多"什么"的反问，就是要引发众生认识到所碌碌追求的其实难逃一个"空"字。识得了这个"空"，就不会执着

---

① 吴平. 名家说佛 [M]. 北京：北京图书馆出版社，2003：87-88.

② 孟子. 孟子 [M]. 万丽华等，译注. 北京：中华书局，2006：331.

于物、被物所役，就会一身轻松，至于绫罗绸缎还是破衣破鞋，皆不以为意（俗众害怕过破衣破鞋的日子，出家人也怕过绫罗绸缎的日子），也不再起贪嗔痴等意；只要识得了这个空，就不必"逃空虚，远城市"，相反，在人所需要的地方及时出现，行医治病、息讼和人、除暴安良、扶危济困，这里面的快乐简直说不尽。这样的生命状态，正如《济公》电视剧里的歌词所说："无烦无恼无忧愁，世态炎凉皆看破，走啊走，乐呵乐，哪里有不平哪有我。"

所以，当人生追求的目标多了、乱了、错了的时候，就需要对这些追求的东西进行排序、掂量、审视，思考到底什么是我们的真正追求、终极追求。人生的愚蠢与痛苦就在于"因小失大"，以偏废了圆，以小利遮了大利，以一般的善害了最高的善。在佛教看来，涅槃让人得到恒常的快乐、自在、清净，是终极的善，应该成为人生最高的追求。"涅槃寂静是佛教的终极理想，它表现了佛陀对人类命运的终极关怀。人一旦通过佛法的修行达到此理想境界，生命便从有限的、相对的和个别的层面，提升到无限的、绝对的、普遍的层面，人生便从污染的、痛苦的和丑恶的层次，提升到清净的、安乐的和圆满美好的层次。"①

第三节　止恶劝善：佛教道德话语的环绕支柱

佛教在教导众生知晓"有漏皆苦，涅槃寂静"后，接下来，就是要对众生进行离苦得乐的具体指引。这种指引是佛教道德话语体系整体构建中的关键性工作。这如同建造一个供人栖身的亭子，在打好了牢固的地基及设计好了炫目的顶部后，最要紧的工作就是建造支柱了。止恶劝善是佛教道德话语所环绕的两大支柱，并且，佛教结合无常无我、因果报应、众生平等、戒定慧三学等思想谈论止恶劝善，他们成为佛教道德话语环绕支柱上的特色标识。

---

① 王路平. 大乘佛学与终极关怀 ［M］. 成都：巴蜀书社，2001：34-35.

如何才能摆脱生老病死及生死轮回之苦，达到涅槃的圆满境地？这是众生关心的问题，也是弥勒菩萨代众生向佛陀请教的问题。佛陀回答说："一切众生从无始际，由有种种恩爱贪欲，故有轮回……由于欲境，起诸违顺。境背爱心而生憎嫉，造种种业，是故复生地狱饿鬼。知欲可厌，爱厌业道，舍恶乐善，复现天人。又知诸爱可厌恶故，弃爱乐舍，还滋爱本，便现有为增上善果，皆轮回故，不成圣道。是故众生欲脱生死，免诸轮回，先断贪欲及除爱渴……菩萨变化示现世间，非爱为本，但以慈悲令彼舍爱，假诸贪欲而入生死。若诸末世一切众生，能舍诸欲及除憎爱，永断轮回，勤求如来圆觉境界，于清净心便得开悟。"① 佛陀认为，众生因有恩爱贪欲之心，在填充欲壑时往往会造各种罪业，而欲壑难填时又难免产生种种愤恨，这样，人生就陷入了各种痛苦及生死轮回之中，脱离人生苦海的全部秘诀就在"舍恶乐善"上，具体说来，只有以慈悲心、清净心等去除爱憎心、贪欲心，才能证得如来圆觉境界，才能获得人生的大自在、大快乐。

善恶问题是伦理学所关注的基本问题。佛教道德话语最重要的支柱就是止恶劝善，正如佛教常讲的四句话：诸恶莫作，众善奉行，自净其意，是诸佛教。佛教将成佛证涅槃与个人的道德修行紧密联系在一起，所谓"佛在灵山莫远求，灵山只在汝心头"，只有自身发慈悲心多行善事，才能成佛。"大乘佛教是说一切众生都能成佛，但成佛必须先要做个好人，做个清白正直的人，要在做好人的基础上才能学佛成佛。这就是释迦佛说的，'诸恶莫作，众善奉行，自净其意，是诸佛教。'"②

不过，说佛教是在引人止恶行善，这似乎并不能完全显示出佛教的魅力，因为儒道两家及耶教伊斯兰教等都在劝人去恶从善。唐代诗人白居易号香山居士，对佛教亦有信仰，据《五灯会元》卷二中记载，有一次他请教鸟窠禅师，问其全部佛经的要旨，禅师不假思索地说，只在"诸恶莫作，众善奉行"这一句。白居易感到十分失望，认为这是三岁孩童都晓得

---

① 赖永海. 佛教十三经：圆觉经 [M]. 北京：中华书局，2013：45-47.
② 赵朴初. 佛教常识问答 [M]. 西安：陕西师范大学出版社，2006：193-194.

的道理，鸟窠禅师回了句："三岁孩童虽晓得，八十老翁行不得。"这说明，止恶行善说起来实在容易但做起来实在难。为什么难？因为佛教所理解的善恶极其复杂。如果善仅仅指说句安慰话、让个东西或者扶人一把，确实连三岁小孩都会知道并能做到。囿于日常道德生活视野，一般人所理解的善恶大多是"好人好事""坏人坏事"一类，比如行善就是帮人，作恶就是害人。但是佛教所理解的善恶却远比这复杂得多。

佛教关于善恶定义的话语多层多样。有学者概括认为，佛教由行而定义善恶、由心而定义善恶、由理而定义善恶、由体而定义善恶。① 先看由行而定义善恶。《阿毗昙毗婆沙论》卷二十八说："何故名善？答曰：有爱果、妙果、适意果、可意果，故名善，报果说亦如是。何故名不善？答曰：有不爱果、不妙果、不适意果、不可意果，故名不善，报果说亦如是。与此相违是无记。"也就是说，能产生或导致可爱、美妙、适意、可意的果报的行为才是善，而产生或导致不可爱、不美妙、不适意、不可意的果报的行为即是恶。次看由心而定义善恶。《根本说一切有部毗奈耶药事》卷七云："何者恶众？谓欲、瞋、痴、怖畏、惑等相随计缚，是名恶众。云何善众？谓不随顺诸欲、瞋、痴、怖等，名为善众。"佛教认为与意识、欲界等相应的烦恼都是恶，比如将与贪、瞋、痴等相应的心理活动定义为恶，将与无贪、无瞋、无痴等相应的心理活动定义为善。再看由理而定义善恶。《法界次第初门》中说："善以顺理为义，息倒归真，故云顺理……恶以乖理为义……以其能通苦报，故非善道也。"佛教以"空"为理。小乘佛教认为，凡夫之所以妄执并产生烦恼与痛苦，就在于不识或违背了"人我空"，这是最大的、终极的恶；并且，即便有些人行了善，只要其不顺空理，犹可视为恶——《大乘义章》卷十二说："违理名恶，取性心中所造诸业，皆违法理，同名为恶，若从义，上极凡夫有漏善业，犹名为恶。"只有破除人我执，出生死轮回，进入无余涅槃，才是最大的、终极的善。最后看由体定义善恶。理有大小深浅偏圆之分。大乘佛教认为，小乘的无余涅槃还不是大善圆善，因其仍从实体性意义的角度来看

---

① 傅映兰. 佛教善恶思想研究 [M]. 新北：花木兰文化事业有限公司，2017：23.

待、求证涅槃，只讲人我空而未讲法我空，执着于生死并偏于出世间。大乘认为生死与涅槃的本性皆是无自性空，皆非实体，或者说生死的体性是涅槃，涅槃的现象是生死，两者是体用不二的关系。《大乘义章》卷二说："体顺名善，谓真识中所成行德。相状如何？法界真性是己自体，体性缘起集成行德，行不异性，还即本体，即如不乖称曰体顺。若从是义，唯佛菩萨体证真行是其善也……体违名恶，一切妄心所起诸业，违背真体，同名为恶。若从是义，上至三乘缘照无漏齐名为恶，妄心起故。"由此，大乘从彻底的空性（二空性）出发，将与二空之理相应的判定为善，反之为恶。按照这个标准，不仅众生陷在人我执是恶，小乘陷在法我执也是恶。概而言之，大乘认为，一切善恶的二元对立和取舍都成了恶。

上述佛教对善恶的多层定义显示，佛教是站在缘起性空、因果报应、生死轮回等角度谈为善去恶的。这是佛教道德话语不同于一般伦理学谈善论恶之所在。像识得人我、法我二空而超越生死善恶，这岂是三岁小儿所能做到的？这是佛菩萨的境界。所以鸟窠禅师说"八十老翁行不得"。佛教的魅力就是在看似寻常普通的为善去恶的事情上说出了一些自身比较独到的见解，让人深受启迪。

首先，佛教将止恶行善与无常无我放在一起说。在佛教看来，人之所以做错事、难相处、易烦闷，就是心中总有一个"我"，总觉得这是我的、那是我的，总认为干吗要我受委屈、要我吃亏，执念于这个自我，人很容易变得心胸狭隘、自私自利，乃至为了一些细小利益而不择手段而孤注一掷。所以，佛教在讲"有漏皆苦，涅槃寂静"之前，还讲了两句，即"诸行无常，诸法无我"。佛教认为，宇宙间的一切事物和现象，都是迁流变动的，所以叫"行"，这种迁流变动就告诉人们，它们不是恒常的存在，而是缘生缘灭；同样的道理，"我"无非是种种物质和精神要素的聚合体——比如地（骨肉）、水（血液）、火（暖气）、风（呼吸）、空（种种缝隙）、识（精神活动），而这些构成要素都是刹那刹那依缘而生依缘而灭的，故而并不能找到一个固定的、独立的"我"。佛教告诫人们要经常这样想："恒作是念：我今此身，四大和合。所谓发毛爪齿，皮肉筋骨，髓脑垢色，皆归于地；唾涕脓血，津液涎沫，痰泪精气，大小便利，皆归于水；暖气归火，动转当风。四大各离，今者妄身，当在何处？即知此身，毕竟无体，和合为相，实同幻化。四缘假合，妄有六根。六根四大，中外合成，妄有缘气，于中积聚，似有缘相，假名为心。"① 要知道身体终究是没有实体的，它只是地、水、火、风四大元素互相融合而合成的相状，实际是一种幻化的东西。

佛陀启发众生的是，四大皆空，身心皆幻，为何总是执着于这是我的、那是我的，执着于为自己多拿、多捞、多占、多留，执着于不能吃一点亏、受一点委屈？一个人执念于"我"过深、过甚、过频，总在自己的小天地、小利益里打圈圈，他怎么不会与人起冲突，怎么能够提升道德境界，怎么能够体会到与物无隔、与人和谐的快乐？

总而言之，认识到无常无我对去恶行善、勤加修行、脱离苦海、以证涅槃特别重要。"要观察、认识世间一切都是无常无我的，要认识到整个世间，主要是人类社会的历史，是种不断发生发展、无常变化、无尽无休的洪流。这种迅猛前进的滚滚洪流谁也阻挡不了，谁也把握不住。菩萨觉悟到，在这种无常变化的汹涌波涛中顺流而下没有别的可做，只有诸恶莫作、众善奉行、庄严国土、利乐有情，才能把握自己，自度度人，不被无常变幻的生死洪流所淹没，依靠菩萨六波罗蜜的航船，出离这种无尽无边的苦海。"②

其次，佛教将止恶行善与因果报应放在一起说。佛教认为，因缘所生的一切法，虽然是生灭无常，但又紧密相连，一事之所以如此，必是前因之结果，比如某人遭遇凶事或困境，这必是他前行恶事的报应；相反，某人遇难成祥，这必是其积善的结果。佛教的因果报应思想大致有四条基本的法则。第一，善恶业因必生同类果报。简而言之，因果如影随形，有因必有果，既造了善恶，便不能不受报应。第二，自作自受，不由于他。果报必须由行为者自己承受，不能由他人代替，正如《佛般涅槃经》所说："父有过恶，子不获殃；子有过恶，父不获殃……善恶殃咎，各随其身。"

① 赖永海. 佛教十三经：圆觉经［M］. 北京：中华书局，2013：21.
② 赵朴初. 佛教常识问答［M］. 西安：陕西师范大学出版社，2006：194-195.

第三，果依众缘，报通三世。指报应也不是说来就来，它须具备条件，若时机还不成熟，就需延缓，因此，报应通于三世，虽未必报在今生现世，但一定报在来生，乃至极为遥远的后世。第四，因果可由心回转。人之行为终为心所造，自心有自主性，只要多顺从佛法之理，通过观心、发愿、念佛、持咒、忏悔等，亦可使已造恶业消灭不受，比如慧能说："从前所有恶业、骄诳等罪，悉皆忏悔，愿一时消灭，永不复起。"① 需要指出的是，这一点与第一点不冲突，在佛教看来，业必受报唯对不修佛道者而言。

当然，在具体的阐释、演绎、宣传的过程中，佛教的因果报应思想有时候和封建迷信联系在一起，或者说被封建统治者所利用。比如，鲁迅笔下的祥林嫂，向人问地狱有无的事情。她害怕自己改嫁，死后在地狱里遭报应，身体被几个鬼丈夫争，因为柳妈曾对她说："祥林嫂，你实在不合算……索性撞一个死，就好了。现在呢，你和你的第二个男人过活不到两年，倒落了一件大罪名。你想，你将来到阴司去，那两个死鬼的男人还要争，你给了谁好呢？阎罗大王只好把你锯开来，分给他们。我想，这真是……我想，你不如及早抵当。你到土地庙里去捐一条门槛，当作你的替身，给千人踏，万人跨，赎了这一世的罪名，免得死了去受苦。"② 柳妈的这段话，活脱脱是一种封建迷信的道德恐吓，充满了"好女不嫁二夫"的说教，是对封建吃人礼教的维护，是封建统治者歪曲利用佛教相关思想强加给人们的精神枷锁。

并不能简单地以封建迷信的角度来看待佛教因果报应思想。南怀瑾说："中国文化处处讲因果，这因果的观念并不是印度佛教传入中国以后，才开始确立，并普遍被社会应用在语言文字上。我们的《易经》老早就有这种思想，如'积善之家，必有余庆；积不善之家，必有余殃。'至于孟子，这里所引用的'出乎尔者，反乎尔者也。'同样是因果报应的观念。"③ 当然，正是因为佛教，特别是佛教思想结合生死轮回的说法，才使

---

① 赖永海. 佛教十三经：坛经 [M]. 北京：中华书局，2013：89-90.
② 鲁迅. 狂人日记 [M]. 成都：四川人民出版社，2017：168.
③ 南怀瑾. 孟子旁通 [M]. 上海：复旦大学出版社，2007：402.

得因果报应思想在中国社会流传开来。事实上，抛开那些附加在因果报应上的封建迷信仔细考察，我们注意到因果报应所蕴含的智慧在于它强调自作自受，即我们每一个人都要注意自身行为所带来的后果，都要为自身行为负责。我们靠自身的道德修行而非外在的什么神秘力量，为自身的祸福负责，这哪里是迷信呢？这其实是反迷信。是谁为自身的生命健康、人生幸福、生活快乐做主？不是神魔妖道，而是自己，这就是反迷信。"真正的佛学告诉你不要迷信，一切唯心造，是自己造的，生命的主宰还是自己，是自己前因后果的报应。所以，真正的佛学讲因果报应并不是迷信的话，而是一句很科学的话。所以魔由心造，妖由人兴。因果报应，这个生命来源是这样的。"① 佛教的因果报应思想使"善有善报，恶有恶报，不是不报，时机未到，时机一到，一切全报"这样的道德话语在中国民间社会广为流传。事实上，它确实也起到了一定的止恶劝善的积极作用。俗话说"众生畏果"，很多人恰是害怕自己造了罪业而获祸害，从而对道德、礼教产生敬畏之心，更加注意规范自身的言行，更加注意不断完善和提升自我。

再次，佛教将止恶劝善与众生平等联系在一起言说。东方传统社会等级制色彩浓郁，以此观之，众生平等是佛教比较有特色的言说。佛教讲一切有情众生乃至土石草木皆有佛性。《华严一乘教义分齐章》卷二说："白石有银性，黄石有金性，水是湿性，火是热性，一切众生有涅槃性。以一切妄识无不可归自真性故，如经说言：众生亦尔，悉皆有心，凡有心者定当得成阿耨多罗三藐三菩提，以是义故，我常宣说一切众生皆有佛性。"古德说："青青翠竹，尽是真如；郁郁黄花，无非般若……《华严经》云：'佛身充满于法界，普现一切群生前。随缘赴感靡不周，而恒处此菩提座。'翠竹既不出于法界，岂非法身乎？又《摩诃般若经》曰：'色无边故，般若无边'。黄花既不越于色，岂非般若乎？"② 人人皆有佛性，这就意味着人人皆有成佛的可能，也蕴含着一个重要的结论，那就是众生平

---

① 南怀瑾. 小言黄帝内经与生命科学 [M]. 上海：复旦大学出版社，2019：32.
② 静，筠二禅师. 祖堂集：上 [M]. 孙昌武等，点校. 北京：中华书局，2007：170.

等。佛教认为，尽管人在现实生活中，有着相貌、出身、职业、种姓、财富、地位等诸多事实的差别，但是，这些都是"缘起缘灭"的东西，都不足以区分人的高低贵贱，事实上，人也没有高低贵贱之分而只有善恶大小或愚见与明见之分，从佛性上看、从成佛的可能性上看，人与人之间是平等的。"可以说，自从创立开始，佛教就是以一种争取根本平等的宗教而出现在人类历史上。佛教的伟大之处在于，佛教是一种'智信'，它靠信众自己的内心信仰，凭借自身的修行而最终'即人而成佛'达到与佛平等的地位。"①

既然众生平等，那么我们就要以平等心、慈悲心、怜悯心、敬重心待人，尤其是相待那些弱小者、贫穷者、迷误者、仇己者，这些人说不定在以后或哪一世成就佛果。佛教中有"常不轻菩萨"，为什么叫这个名字？"是比丘凡有所见，若比丘、比丘尼、优婆塞、优婆夷，皆悉礼拜赞叹，而作是言：'我深敬汝等，不敢轻慢。所以者何？汝等皆行菩萨道，当得作佛。'而是比丘不专读诵经典，但行礼拜，乃至远见四众，亦复故往，礼拜赞叹而作是言：'我不敢轻于汝等，汝等皆当作佛。'四众之中，有生瞋恚心不净者，恶口骂詈言：'是无智比丘，从何所来？自言我不轻汝，而与我等授记当得作佛？我等不用如是虚妄授记。'如此经历多年，常被骂詈不生瞋恚，常作是言：'汝当作佛。'说是语时，众人或以杖木瓦石而打掷之。避走远住，犹高声唱言：'我不敢轻于汝等，汝等皆当作佛。'以其常作是语故，增上慢比丘、比丘尼、优婆塞、优婆夷，号之为常不轻。"② 常不轻菩萨不仅不轻视人，而且还很敬重人，不仅是对身边的修行者毕恭毕敬，即便是对哪些嘲讽自己的人甚至打骂自己的人，他都礼敬有加，因为他认为这些人都是成佛的种子，终有一天会迷途知返成就佛果。

止恶行善要有一颗慈悲心。佛教讲慈悲为怀，这是与众生平等紧密地联系在一起的。众生平等，皆可成佛，因此大家不应互相压迫和仇视，而应互相接济和接引。"慈悲，按照佛教通常的解说，慈是慈爱众生并给予

---

① 唐中毛. 月印万川——佛教平等观 [M]. 北京：宗教文化出版社，2003：10.
② 赖永海. 佛教十三经：法华经 [M]. 北京：中华书局，2013：432-433.

快乐，悲是悲悯众生并拔除其痛苦。慈悲就是'与乐拔苦'。慈悲实际上就是怜悯、同情，就是爱。佛教认为慈悲是由自爱出发最后归结为纯粹的爱。佛教的慈悲原则是建立在缘起说和无我说的思想基础上的。缘起说认为，没有任何事物可以离开因缘而独立存在，因而，每个人都与众生息息相关，这种密切的相关性构成了慈悲的出发点。无我说认为，人并无具有实体的'我'存在，由此也就产生了自、他一体的观念，进而也就自然生起'同体大悲'心。因此在佛教中有一种内在的平等机制支持着慈悲学说，而慈悲又能给平等以心灵上的保证。"①

不分贵贱，众生平等，这对于君臣父子、阶级分明的中国传统的宗法社会带来的思想冲击，确实是骇人听闻的。"在中国伦理思想史上，没有哪家哪派像佛教这样明确地、大张旗鼓地宣传平等思想。尽管它没有也不可能在中国古代社会建立起真正平等的人际关系，但却在专制社会的黑暗中发出一声震耳欲聋的呐喊，表达了民众对平等的向往，并随着佛教的传播而把平等的观念植入人们心中。"② 这种观念深入人心的一个后果就是，它能够让人对现实的不平等提出强烈的批评。一个典型的事例是，不断发生的农民起义即是对不平等社会的强烈质疑和否定。"在众生皆可成佛的基本共识之下，形成了社会成员共同的对于平等的预期……这种平等思想的预料之外的结果是对于现实等级制度的潜在的破坏性……经历了佛教平等思想的广泛传播，唐宋之后，大众对于平等的共识促成了对于现实中人的等级与差异的道德敏感性，在建立太平盛世的理想的刺激之下，往往引发揭竿而起的冲动。例如，弥勒佛信仰就曾成为后世农民起义的号召……民间起义之士，往往自称是弥勒下凡，要弘法济世，替天行道。"③ 后来，弥勒教与摩尼教、天师道等民间宗教混杂起来，形成元明时期的白莲教，屡屡成为农民起义的旗帜。

最后，佛教在止恶劝善方面还形成了自身比较有特色的戒定慧三学的

---

① 李怀春. 佛教的平等观 [J]. 世界宗教文化，2005 (4).

② 张怀承. 无我与涅槃：佛家伦理道德精粹 [M]. 长沙：湖南大学出版社，1999：181.

③ 何蓉. 宗教经济诸形态：中国经验与理论探研 [M]. 北京：学习出版社，2015：152-153.

思想。戒定慧是佛教引领众生离苦得乐的方法。赵朴初先生曾说："关于
涅槃的道理属于灭谛……如何达到涅槃的境界的问题属于道谛。道谛以涅
槃为目的，以生死根本的烦恼为消灭对象，以戒、定、慧三学为方法。"①
大致来看，戒学，指防止身、口之恶之戒律；定学，指防止心意散乱以求
安静之法；慧学，指破除迷惑以证真理之道。简而言之，防非止恶为戒，
息虑静缘为定，破恶证真为慧。它们并重而起作用，其目的是指引众生弃
恶扬善并走向圆善。

戒，也叫"学处"，即学习规范、训练规则。俗话说，无规矩不成方
圆，佛教极为重视戒律，认为"戒为立道之基"，要"以戒为师"。中国律
宗创始人道宣说："夫群生所以久流转生死海者，良由无戒德之舟楫者也。
若乘戒舟，鼓以慈棹，而不能横截风涛，远登彼岸者，无此理也。故正教
虽多，一戒而为行本……戒者警也，常御在心，清信所存，闻诸视听。"②
意思是，人之所以在苦海中出不来，乃是他的行为没有约束，胡作非为，
只有出示了戒律，常常警醒于他，他才知道何事不能做，行为合乎规范，
时间久了，他的作恶心渐少、慈悲心渐多，也就离圆满的彼岸世界不
远了。

经过长期的积淀，佛教的戒律极为烦琐，有针对在家的，有针对出家
的，有针对比丘的，有针对比丘尼的。比如，我们常说的"八戒"，又称
八斋戒、一日戒等，是佛陀为在家的信徒短暂地过出家人的生活而制定的
戒律。受此戒者必须一日一夜离家，居于寺庙，学习、亲近出家人的生
活，以尽快熏养善根。"八戒"的具体内容是："第一戒者，尽一日一夜
持，心如真人，无有杀意，慈念众生，不得贼害蠕动之类，不加刀杖，念
欲安利，莫复为杀，如清净戒，以一心习；第二戒者，尽一日一夜持，心
如真人，无贪取意，思念布施，当欢喜与、自手与、洁净与、恭敬与、不
望与、却悭贪与，如清净戒，以一心习；第三戒者，一日一夜持，心如真
人，无淫意，不念房室，修治梵行，不为邪欲，心不贪色，如清净戒，以

---

① 赵朴初. 佛教常识问答 [M]. 西安：陕西师范大学出版社，2006：57.
② 许明. 中国佛教经论序跋记集：第1册 [M]. 上海：上海辞书出版社，2002：264-265.

一心习；第四戒者，一日一夜持，心如真人，无妄语意，思念至诚，安定徐言，不为伪诈，心口相应，如清净戒，以一心习；第五戒者，一日一夜持，心如真人，不饮酒，不醉，不迷乱，不失志，去放逸意，如清净戒，以一心习；第六戒者，一日一夜持，心如真人，无求安意，不着华香，不傅脂粉，不为歌舞倡乐，如清净戒，以一心习；第七戒者，一日一夜持，心如真人，无求安意，不卧好床，卑床草席，捐除睡卧，思念经道，如清净戒，以一心习；第八戒者，一日一夜持，心如真人，奉法时食，食少节身，过日中后不复食，如清净戒，以一心习。"① 简而言之，就是一戒杀生，二戒偷盗，三戒淫邪，四戒妄语，五戒饮酒，六戒着香华，七戒坐卧高广大床，八戒非时食。佛教并不是要以这八条戒律死死地束缚住在家居士的日常生活。"佛教考虑到一般在家的信徒，由于被俗务所缠，难以每天坚持五戒，为此而规定了每月有六天斋日。在此六日内要远离一切声色尘嚣，除遵守五戒外，再加三戒合为八戒……八戒的要求，比五戒更加严格，但不像单是实行五戒那样需要终身受持，时时奉行，借以检验自己的行为规范。如一月六天，几天，甚至一天就行，即可以灵活实行，只在持戒期间，过一种类似出家人的生活。"② 由此可见佛教亦注重戒律的灵活性、可操作性。

戒律除了有在家、出家之分外，还有男女之别。比如，通常依《四分律》所说，如果是比丘，戒律就有 250 条；如果是比丘尼，戒律就有 348 条，那就复杂得多。比丘戒、比丘尼戒相对于五戒、八戒、十戒等不完满的戒律来说完全圆满，故称"具足戒"。不过，在大乘佛教看来，这还是"小乘戒"，因为它只是"止恶"没有"修善"，于是，大乘在"具足戒"之外提出"菩萨戒"，既防止为非作歹，又强调进德修业。简言之，"菩萨戒"在禁止之外还有提倡。"菩萨戒"的主要内容是"三聚净戒"。"所谓三聚净戒，一共只有三句话，但却包括了自度度人及上求下化的所有法门。这三句话是这样的：一、持一切净戒无一净戒不持；二、修一切善法

① 王建光. 中国律宗通史［M］. 南京：凤凰出版社，2008：58.
② 弘学. 佛学概论［M］. 成都：四川人民出版社，1997：21.

无一善法不修；三、度一切众生无一众生不度。在经中称这三聚净戒为：第一摄律仪戒，第二摄善法戒，第三饶益有情戒。所谓三聚净戒，就是聚集了持律仪、修善法、度众生的三大门类的一切佛法，作为禁戒来持守。在小乘七众戒中，作恶是有罪的，不去积极地修善却不会有罪；杀生是有罪的，不去积极地救生，却不会有罪。所以小乘戒只能做到积极地去恶，消极地修善；积极地戒杀，消极地救生。而菩萨戒则既要积极地去恶修善，也要积极地戒杀救生，把不修善与不救生同样列为禁戒的范围。因为，菩萨戒是涵盖了七众戒，而又超胜了七众戒。"① 由此观之，"菩萨戒"将止恶与行善统一了起来。

佛教戒律实现了佛教道德的可操作性，凸显了对道德实践的重视，它把佛教的价值观念、道德要求化为具体的行为规范，扬弃了佛教伦理的抽象性，使得佛教伦理道德不再是玄妙高深的清谈，高扬了道德实践精神。在佛教尽显颓势的近代，老实"持戒"或许比空洞"说法"更能让人亲近佛教。弘一法师认为，戒律是佛教发扬光大的"种子"，僧人只有持戒才能成就德性，进而影响他人。弘一法师在持戒守律上堪称典范。比如佛教讲"过午不食"，弘一法师每天只吃两顿饭，数十年不变，并且，他还不吃菜心、冬笋、香菇等比较贵的素菜，他认为自身"福气很薄，不堪消受"。再比如佛教要求"不杀生"，弘一法师每次坐藤椅前，都把椅子摇一摇，屡次三番，为的是将椅子藤条间蛰伏的小虫驱走，以防压死。"他恪守戒律条款，俭朴惜福，世罕其匹。凡寺院中公物，即使是一副碗筷、一个桃子，也决不侵损。因此有人说他过着'苦行僧'的生活，是极为贴切的。一双芒鞋、一条毛巾，都能用十年之久。他在闽十四年，'无非三衣过冬，两餐度日，一张木板床，一只粗椅而已。甚至一根火柴，也不轻易动用，何况其他。'他有一件僧衣，居然补了二百二十四个补丁，且都是他自己一针一线补的。他视金钱财物尤为冷淡，信众布施而来的钱财，除用于出版经卷外，绝不动用。丁福保曾寄钱给他，他回信说：'承施禅衣之资，至可感谢！但（演）音今无所须，佛制不可贪蓄。今附寄返，并致

---

① 释圣严. 戒学讲座［M］. 北京：中国佛教协会出版社，1994：86.

厚意。'所有这些，不仅反映了他的济世精神和道德追求，而且表现出苦修节欲、超然物外的律师风采。因此佛学界尊他为'重兴南山律宗第十一代祖师'。"①

"戒"之后就是"定"。如果说"戒"是一种外在的道德规范的话，那么"定"就是一种内在的修习状态。"定"指心止于一境，不使散动。为什么要追求"定"？《佛遗教经》云："五根者，心为其主，是故汝等，当好制心。心之可畏，甚于毒蛇、恶兽、怨贼、大火越逸，未足喻也。动转轻躁，但观于蜜，不见深坑。譬如狂象无钩，猿猴得树，腾跃踔踯，难可禁制，当急挫之，无令放逸。纵此心者，丧人善事；制之一处，无事不办。是故比丘，当勤精进，折伏汝心。"简而言之，心不定，则翻腾难制，进而引人趋恶，故而佛陀一再告诫要"制心""伏心"。

禅宗四祖道信著有《入道安心要方便法门》，强调心要"守一不移"。道信说："守一不移者，以此空净眼，注意看一物，无问昼夜时，专精常不动，其心欲驰散，急手还摄来，如绳系鸟足，欲飞还掣取。终日看不已，泯然心自定。"② 道信的弟子弘忍也特别强调要"守心"，其《修心要论》说："行知法要，守心第一。此守心者，乃是涅槃之根本，入道之要门，十二部经之宗，三世诸佛之祖。"道信还详细地说明了如何"守心"，比如"若有初心学坐禅者，依《观无量寿经》端坐正念，闭目合口，心前平视，随意近远，作一日想，守真心，念念莫住。即善调气息。莫使乍粗乍细，则令人成病苦。夜坐禅时，或见一切善恶境界，或入青黄赤白等诸三昧，或见身出大光明，或见如来身相，或见种种变化，但知摄心莫著，并皆是空，妄想而见也。经云：'十方国土，皆如虚空，三界虚幻，唯是一心作'"。③

以坐禅来守心是慧能以前禅宗习定的主要方法。一些人变着法子打坐，认为打坐好了、姿势对了、时间久了就能入定，但事实上，他们心里仍然"腾跃踔踯，难可禁制"。"打坐是训练自己的初步方法，不要认为打

① 张志军. 河北佛教史 [M]. 北京：宗教文化出版社，2016：532.
② 李淼. 中国禅宗大全 [M]. 长春：长春出版社，1991：80.
③ 妙安. 禅师的心法 [M]. 北京：中国藏学出版社，2005：22-23.

坐就是定，就是修道；如果打起坐来，心中还是很忙，又念咒子，又搞什么气脉啊，守什么窍啊，这里守那里守，生怕身上跑掉一块骨头那样！这不是在修道，是坐在那里心中开运动会，坐驰！那就不是道了……真正的定，所谓做到无事，是于事无心，于心无事；这才真得到定了。"① 慧能将这些人称为"迷人"，他批评说："迷人身虽不动，开口便说他人是非长短好恶，与道违背。若著心著净，即障道也。"② 他又说："道由心悟，岂在坐也？经云：'若言如来若坐若卧，是行邪道。'何故？无所从来，亦无所去，无生无灭，是如来清净禅；诸法空寂，是如来清净坐。究竟无证，岂况坐耶？"③ 所以后面的禅宗讲定，也不拘泥于打坐等具体的方法和形式。"六祖禅宗以般若智慧，明心见性为禅。宣传佛性本有，觉悟不假外求，提倡单刀直入，直彻心源，见性成佛，即心是佛。后来经过南岳怀让和青原行思的传承，禅师们更把禅法融合在日常生活里，宣传行住坐卧，搬柴挑水，日用操作都可以体现禅的生活，从而构成一种随缘任运的禅定学说。这是对佛教传统的禅定观念的最大变革，是和印度佛教以及中国其他宗派不太一致的禅定主张，并收效甚广。"④ 由此观之，六祖及其后嗣所讲的禅定，已不是一般意义上的禅定（坐禅或静坐），而主要是"法性定"，是与"慧"、与"诸法空寂"紧密相连的，是明心见性成佛证道之境。

有些人不太喜欢谈禅定，认为这里面有非理性的东西，只能靠自身神秘的直觉把握，但是佛教讲定，所追求的恰恰就是这种令人满心欢喜的"神通"，这就是大自由、大快乐、大满足的境地。"依禅定而发神通，这是印度一般所公认的。神境通、天眼通、天耳通、他心通、宿命通——五通，是禅定所引发的、常人所不能的超常经验。这究竟神奇到什么程度，姑且不谈；总之，精神集中的禅师，身心能有某些超常的经验，这是不成问题的……佛法所重的是漏尽通，即自觉烦恼的清净。"⑤ 近代高僧太虚法

---

① 南怀瑾. 庄子南华：下 [M]. 上海：上海人民出版社，2014：619.
② 赖永海. 佛教十三经：坛经 [M]. 北京：中华书局，2013：83.
③ 赖永海. 佛教十三经：坛经 [M]. 北京：中华书局，2013：165-166.
④ 弘学. 佛学概论 [M]. 成都：四川人民出版社，1997：30.
⑤ 印顺. 佛法概论 [M]. 上海：上海古籍出版社，1998：130.

师在《我的宗教体验》一文中提到自己曾有三次入定并感受天眼、天耳、他心通征兆的经历。不过，在佛教看来，通过禅定而得的大自在、大快乐、大满足的神秘体验，一般不足为外人道也，佛也严禁教徒利用这种体验来传播佛法，更不许利用其来招摇撞骗、蛊惑民众、祸乱社会。

"定"之后是"慧"。佛教中的慧，不是指一般的聪明，而是一种认识到诸法皆空的般若智慧。佛教其实区分了"智"与"慧"，认为达于有为之事相为智，达于无为之空理为慧。《景德传灯录》卷九记载，唐宣宗问弘辨禅师何为慧，禅师对曰："心境俱空，照览无惑名慧"。依佛教，有我空、法空、我法具空，因而相应有生空无分别慧（知人无我）、法空无分别慧（知法无我）、俱空无分别慧（知人法二无我）。"法，是缘起假名而本来空寂的，但人类由于无始来的愚昧，总是内见我相，外取境相，不知空无自性，而以为确实如此。由此成我、我所，我爱、法爱，我执、法执，我见、法见。必须从智慧的观察中来否定这些，才能证见法性，离戏论缠缚而得解脱。"① 由此观之，佛教所讲的大智慧其实是识空断惑得自在。正如星云法师所说："佛教里有一位'观自在'菩萨，'观自在'指的就是观世音菩萨，为什么观世音菩萨又名'观自在'呢？主要是因为观世音菩萨是从'般若观慧'里获得自在的菩萨……佛陀成道时曾经宣示过：'一切众生都有佛性。'也就是说，每一个人的自性，其实都本自具足'般若智慧'，只是被烦恼无明所覆盖，因此不能显发；现在如果我们能够开发自心本性的'般若智慧'，以般若的慧眼洞彻世间实相，让我们的生活能够超越一切好坏、得失、有无，不被世间的金钱所买动，不受感情的诱惑而妄动，不因权势的威迫而盲动，能够活出自己的尊严，过着不被外境所动的般若人生，时时观人自在、观事自在、观境自在、观心自在，那么人人都能自由自在地生活，自然就是人人都是'观自在'了。"②

如何成就慧学？《成实论》中有闻、思、修"三慧"的说法：一、闻慧。闻慧者，由于听闻而生智慧也。谓从经论中闻，或从善知识处闻，以

---

① 印顺. 佛法概论 [M]. 上海：上海古籍出版社，1998：132-133.
② 星云大师. 人间佛教的戒定慧 [M]. 北京：东方出版社，2013：145.

因闻故，能生无漏圣慧也；二、思慧。思慧者，由于思惟而生智慧也。谓若能思惟经论中及善知识处所闻法义，皆能生于无漏圣慧也；三、修慧。修慧者，由于修习而生智慧也。谓既已闻法，思惟义趣，即当随顺修习，因此修习，能生无漏圣慧也。闻重达耳，思重正心，修重力行，简而言之，要想获得智慧，就要树立"法门无量誓愿学"的志气，多听经、多阅藏、多闻善言；并且，还要深究、领会，做到心领神会；再者，还要在日常道德生活实践中多感悟、提炼、总结。当然，禅宗也讲棒喝、讲顿悟使人开悟，不过必须承认，只有少数人可以这样，大量的普通人，还是要通过闻思修来熏发佛性、开悟智慧。正如紫柏禅师所说："堪忍众生之机，苟不以闻思修三慧熏发之，则其佛知见，终不能开矣。"①

在中国佛教初期发展过程中，产生了北方重禅修、南方重义解两种做派，这使得定和慧脱了节。后来，天台宗将定和慧放在一起讲，大力宣扬"定慧双修"或"止观双修"。"'止'是止息妄念，专心一境，不分散注意力，也就是禅定的意思。'观'是观照，即智慧的意思。'止观'就是禅定和智慧的并称。天台宗创始人智者大师认为，止观虽说起来有先后，实际上两者是不能分离的，不是两回事。天台宗还提出止观并不限于传统的静坐默想，而是要体现于日常生活的一切方面，即日常生活中也要有止有观，随时随地止观双修。"② 前面讲到，六祖慧能在讲定时已与禅宗传统的讲法不一样，因为他讲"定慧一体"，特别强调定慧等持。慧能说："我此法门，以定慧为本。大众勿迷，言定慧别，定慧一体，不是二……诸学道人，莫言先定发慧、先慧发定各别。作此见者，法有二相……自悟修行，不在于净。若净先后，即同迷人……定慧犹如何等？犹如灯光。有灯即光，无灯即暗。灯是光之体，光是灯之用。名虽有二，体本同一。此定慧法，亦复如是。"③ 六祖强调修行贵在自悟自修，不要去争执定先还是慧先，若要争执，就是迷人。

形象点说，戒定慧其实是治病救人的三副良药。戒学是对治行恶的良

① 紫柏. 紫柏老人集 [M]. 孔宏，点校. 北京：国家图书馆出版社，2005：38.
② 弘学. 佛学概论 [M]. 成都：四川人民出版社，1997：29-30.
③ 赖永海. 佛教十三经：坛经 [M]. 北京：中华书局，2013：75.

药，以规范来约束众生的行为，令其"诸恶莫作，众善奉行"。定学是对治心乱的良药。在日常生活中，众生容易心烦意乱、烦躁易怒，这是缺乏定力的表现。禅定是心高度专注而不散乱的状态，虽有神秘意味在内，但到底还是一种高级心理学。通过习禅、念佛、止观等禅定修习，不仅可以提高个体专注一境的能力，亦是从情操、智能、意志、情绪、自制力、忍耐力等多方面来锻炼和治疗心灵。长时的修习，身心也会随之产生诸多良性变化，如降伏烦恼、治病健身、益智延年、开发潜能、享受禅悦，等等。慧学是对治愚蠢的良药。现实的很多人生痛苦，根源于我们错误的认知，即在真假虚实上产生错认。而慧学是对宇宙真谛、社会事理、人生本相的了悟，在日常生活中，如能对悟空破执常常观照，不仅能提高我们待人接物的智慧，更会使我们常常保持安乐的心境。

综上所述，在如何为善去恶以证涅槃上，围绕缘起性空、因果报应、众生平等、戒定慧三学等特色言说，佛教启示众生要多求福报、慈悲待人、持戒禅定、悟空破执。这里面既有具体的修行指引，也有深刻的道德认知，体现了佛教道德话语既仁且智的独特品质。

第三章　儒释道道德话语的交锋与交融

　　佛教道德话语在建构和言说上有其自身特色，这既推进了它在中国的传播和发展，同时也对中国本土的儒道伦理观念、伦理秩序造成了冲击。上述冲击促使儒道两家对佛教道德话语展开批判。这种批判一方面在一定程度上促成了封建统治者对佛教道德发声的打压；另一方面，又倒逼佛教对自身道德言说内容、言说方式进行反省。儒释道三家在道德话语上的互相批判过程其实也是一个互相了解、学习的过程。通过"援儒入佛"等工作，佛教道德话语更加贴近中国人的道德生活实际，也越来越被接受和推广。儒道也从佛教那里汲取了不少营养，大大提升了自身在道德问题论证上的理论思辨性。唐宋以后，儒释道三家道德话语逐渐由交锋情势走向交融局面，共同铸就了中华道德文明的魅力和风骨。

第一节　佛教道德话语对儒道的冲击

　　佛教的传入和发展使其道德话语在王公贵族、士子学人、普通百姓中流传开来，进而影响了人们的道德认知和价值判断。随着佛教的社会影响力越来越大，佛教道德话语及其背后的伦理观念对儒家道家的伦理观念及其建构的伦理秩序带来了冲击。

　　前面第一章讲到，佛教道德话语传入中国并且在中国生根发芽开花结果，有其比较辉煌的时光，也有其相对衰落的阶段。不管在怎样的历史阶段，佛教道德话语的影响力一直存在。在其辉煌的时候，居于庙堂之上的统治者认真聆听佛教的道德说教，大力支持佛教道德话语的传播，有的甚至把佛教定为国教。在其相对衰落的时候，比如清季，禅宗、净土宗的道德话语在民间仍旧有相当的影响力，"因为净土修行不碍世法，'是故念弥陀，不碍家务纷。念佛愈纯熟，作务愈精勤。浪荡败家子，诃斥在经文。佛法通世法，本来无可分。'甚至认为在家修行胜于出家：'是故念弥陀，在家胜出家'"。① 尽管明清精英佛教停滞衰退，但大众佛教仍有发展，还出现了"家家观世音，户户阿弥陀"的局面，对老百姓仍起着道德教化的作用。

中国封建社会的伦理秩序的主要支柱是由儒家道德话语挺立起来的。通过仁、义、礼、智、信等核心道德语汇，儒家强调"父子有亲，君臣有义，夫妇有别，长幼有叙，朋友有信"②，建构了一个天、地、君、亲、师或君君、臣臣、父父、子子的尊卑有别而又各安其位、各尽其责的伦理秩序。由此观之，儒家伦理重视人伦关系，尤其重视家庭关系、重视尊卑等级、重视现世道德生活。但是，随着佛教的传入，其带来的辞亲出家、四大皆空、众生平等、苦海无边、涅槃寂静等言说，不断地冲击着中国人对家庭、尊卑、现世的道德认知。

先说佛教道德话语对儒家家庭伦理的冲击。在儒家的诸多德目中，孝是最重要的德目。中国人常讲"百善孝为先""夫孝，德之本也，教之所由生也……夫孝，始于事亲，中于事君，终于立身"。③ 在中国人看来，如果一个人"不孝"，那就是他最大的道德污点，别人甚至可能还会骂他"禽兽不如"；但如果一个人是远近闻名的"大孝子"，众人会对他赞不绝口，他甚至还会有获得官府褒奖甚至被征召进入官府的机会。比如，舜因"至孝"而感动天地，被尧帝选中为继承人。

事实上，作为首善、作为中国社会伦理秩序的基点，孝不仅仅限于家

---

① 赖永海. 中国佛教通史：第 13 卷 [M]. 南京：江苏人民出版社，2010：262.
② 孟子. 孟子 [M]. 万丽华等，译注. 北京：中华书局，2006：111.
③ 孔子. 孝经 [M]. 北京：光明日报出版社，2016：1.

庭父子，忠君、敬长、尊上等都是孝道的延伸。"《孝经》将孝从家庭伦理外推而为社会伦理，认为在家能尽孝的人在自己的职位上就能尽职，从而对国君尽忠。'资于事父以事母，而爱同；资于事父以事君，而敬同。故母取其爱，而君取其敬，兼之者父也。故以孝事君则忠，以敬事长则顺'。这里，《孝经》非常巧妙地用感情的推演和转移论证了移孝作忠。"① 封建帝王"以孝治天下"的秘密也在这里。

正因为孝是立身之本、治国之本，儒家对孝就有了很多具体的道德规范，比如"身体发肤，受之父母，不敢毁伤，孝之始也"② "父母在，不远游，游必有方"③ "不孝有三，无后为大"。④ 在中国封建社会，这样的规范可谓深入人心。但是佛教对此却另有一番看法和说法。《过去现在因果经》卷二中记载，佛陀出家前对父王及侍卫说："恩爱集会必有别离，唯愿听我出家学道。一切众生爱别离苦，皆使解脱。愿必垂许，不见留难……我今不为生天乐故，亦复非不孝顺父母，亦无忿恨瞋恚之心，但以畏彼生老病死，为除断故，来至此耳……人生于世，爱别离苦；我今为欲断此诸苦，出家学道……世皆离别，岂常集聚。我生七日，而母命终。母子尚有死生之别，而况余人……今落须发，愿与一切断除烦恼及习障。"在释迦牟尼看来，父母子女不能永远都在一起，与这种暂时的亲情相比，摆脱烦恼的纠缠、脱离人生的苦海更显紧迫。来自佛教的道德话语，比如"缘起缘灭""出大苦海""皈依佛门""剃发修行""云游四方"等这些人们耳熟能详的说法，冲击着中国人对家庭的道德认知。"《孝经》第一章开宗明义就讲'身体发肤，受之父母，不敢毁伤'。但佛教却正好相反，认为人的肉体是精神的枷锁，头发更是修行的累赘，是'三千烦恼丝'，所以出家修行必须剃除须发，以表示自己希望'断绝烦恼'的决心。这样，在两种不同的伦理观之间就产生了严重的矛盾和冲突。"⑤

① 马秋丽，张德苏. 儒家思想导论 ［M］. 北京：首都经济贸易大学出版社，2010：49.
② 孔子. 孝经 ［M］. 北京：光明日报出版社，2016：1.
③ 孔子. 论语 ［M］. 张燕婴等，译注. 北京：中华书局，2012：48.
④ 孟子. 孟子 ［M］. 万丽华等，译注. 北京：中华书局，2006：167.
⑤ 业露华. 中国佛教伦理思想 ［M］. 上海：上海社会科学院出版社，2000：160.

　　佛教初传时有关对家庭的道德话语不仅与儒家所说大相径庭，还对儒家道德话语所建构的家庭伦理秩序产生了实实在在的冲击，尤其是"断须发""别父母""弃妻子""捐财货""终身不娶"等具体行为，对家庭伦理关系造成了一定的伤害。儒家孝的思想在中国人道德生活中地位之重、影响之深直至今天仍有显露。即便在今天，对于那些不被父母和旁人理解的出家者，他可能要面临着"不孝""不负责任""没有家庭责任感"的道德指责的压力。凤凰网"在人间"栏目曾报道过一位年轻人出家前后的事迹。年轻出家人的母亲认为："咱们中国人有句古话，'父母在，不远游'。他光想着要去学礼仪、宗教，让老的光付出，小的从来不想着为老的付出。所以人应该站在对方的立场替对方想一想，就好相处了，不能说什么都依你，想干什么就干什么。"而年轻出家人的看法则是："陪在母亲身边的时间和关爱是有限的，自己出家的'福报'能惠及到家人，特别是母亲身上，不光惠及此世，也能延续到后世……世间的一切都是无常，在无法预料的变化之中。因为变化会让人失去，会带来痛苦，自己要寻找一种免于痛苦的方法，而佛学就是一种让自己趋避痛苦的途径。"① 年轻出家人想说服母亲，出家可以为自己和母亲积累福报、脱离轮回，但母亲却并没有因此感到安慰，她更关注的是眼前的陪伴和养老。母子之间的这种分歧其实也可以看作儒释两家道德话语及其背后的道德认知的分歧。进而言之，儒家是现世论、现实主义，而佛教是三世论、出世主义，二者根本的不同，使二者之间交流有难以逾越的障碍。

　　尊卑等级是儒家伦理秩序的另一重要内容或一大特点。儒家认为，尊卑等级明确才能上下有序，才能社会和谐，所谓"维齐非齐"。"分均则不偏，势齐则不壹，众齐则不使。有天有地而上下有差，明王始立而处国有制。夫两贵之不能相事，两贱之不能相使，是天数也。势位齐而欲恶同，物不能澹则必争；争则必乱，乱则穷矣。先王恶其乱也，故制礼义以分之，使有贫富贵贱之等，足以相兼临者，是养天下之本也。《书》曰：'维

---

① 在人间：出家 [EB/OL]. 凤凰网，2018-6-18.

齐非齐.'此之谓也。"① 荀子的这段话就明确说，当名分一样的时候，就不能互相压制；势力相等的时候，就不能实现统一；众人平等的时候，谁也不能出来指挥。如果所处势位一样，则好恶相同，当物资供应不上时，就会发生争端，争端将引发混乱，混乱会导致困苦，先王制定礼义等级制度，使人群分为贫富贵贱的等级，从而能够互相统管，这是真正养天下治天下的根本。

与儒家上下尊卑有序的言说相反，佛教讲众生平等。《菩萨善戒经》卷第六明确说："诸众生其心平等，无有贵贱尊卑之异。"《佛说法集经》卷第四也明确说："一切众生犹如父母，怨亲平等。"上述话语极大地冲击了中国传统社会对尊卑秩序的认知和安排。《大般涅槃经》云"出家人不应礼敬在家人也"，根据佛教戒律的规定，出家人不再礼敬在家的俗人，上至国王，下至父母，概莫例外。不仅如此，甚至父母、国王反过来要礼敬出家人，《佛本行经》《萨遮尼乾经》和《顺正理论》等都记载，国王应向佛陀甚至于向出家人礼拜。这样的思想，在以教权为主的古印度尚可理解，但是在以皇权为主的中国则是不被理解的。尤其是到了东晋时期，随着佛教的壮大，一大批佛教徒以其不拜王者的言行挑战着中国固有的尊卑礼法。他们中的有些人自视为方外之士，经常穿木屐，随心所欲地进入宫殿，把自己超于中国文化之上，不把王公等放在眼里，王公在其面前反要低头礼敬。沙门对中国固有的上下尊卑的礼制的冲击让一部分人忧心忡忡。大臣庾冰代成帝下诏说："因父子之敬建君臣之序，制法度，崇礼秩，岂徒然哉，良有以矣。既其有以，将何以易之……而当矫形骸，违常务，易礼典，弃名教，是吾所甚疑也……弃礼于一朝，废教于当世。使夫凡流傲逸宪度，又是吾之所甚疑也。""礼重矣，敬大矣，为治之纲，尽于此矣。万乘之君，非好尊也；区域之民，非好卑也。而卑尊不陈，王教不得不一，二之则乱。""轨宪宏模，固不可废之于正朝矣。凡此等类，皆晋民也；论其材智，又常人也。而当因所说之难辩，假服饰以陵度，抗殊俗之傲礼，直形体于万乘，又是吾所弗取也。诸君并国器也，悟言则当测幽

---

① 荀况. 荀子［M］. 安小兰，译注. 北京：中华书局，2007：75-76.

微，论治则当重国典。"① 这里表达了三层意思：第一，佛教带来的不敬王者、不重尊卑影响极其恶劣，使普通百姓藐视礼制秩序，让人忧心忡忡；第二，儒家的礼制制度早已有之，它为维护社会和谐的秩序做出了巨大贡献，不能够遽然就废止，更不能在本朝被废止；第三，沙门是晋国百姓，不能以方外之士为借口，藐视礼法，必须服从国法。

东晋以后，随着佛教的社会影响力越来越大，佛教团体事实上已经成为一个较强大的社会团体，成为游离于现实政治之外的"国中之国"，沙门是否应该拜君主受约束越来越凸显为一个问题，一个伦理、政治、社会等诸多因素交织在一起的问题。一些固守儒家传统的人士攻击佛教徒的出家行为是"遗蔑帝王"。唐高祖曾下诏质问僧人："去君臣之章服，利在何门之中，益在何情之外？"② 而且还下了《僧尼不得受父母及尊者礼拜诏》，诏书说："僧尼之徒，自云离俗，先自贵高。父母之亲，人伦以极，整容端坐，受其礼拜，自余尊属，莫不皆然。有伤名教，实斁彝典。自今以后，僧尼不得受父母及尊者礼拜。"③ 因此，后来甚至出现了沙门一度向现实王权妥协跪拜称臣的情况——由唐肃宗上元元年（公元 760 年）"敕僧尼朝会，毋得称臣"这个信息可以看出来。不过，关于跪拜一事，中国封建帝王大多宽容处之而不斤斤计较。"中国历代比较开明的封建君主事实上已经看到了这一点，他们一般能够从封建王朝的长远利益来考虑，不拘泥于沙门区区的礼拜，从形式上向沙门让步，抬高僧侣的社会身份，使他们作为追求高尚理想的楷模，影响广大的民众'诸恶不作，众善奉行'，从而从根本上维护统治者的最高利益，所谓'协契皇极，大庇生民'。沙门不拜俗的戒律在中国长期得到了皇帝的容忍和默认，这是问题的关键。"④

儒家伦理秩序重视现实生活。而现实生活需要基本的物质条件及人际

---

① 严可均. 全上古三代秦汉三国六朝文：第 4 册［M］. 石家庄：河北教育出版社，1997：385.
② 道宣. 四朝高僧传：第 3 册［M］. 北京：中国书店，2018. 137.
③ 周绍良. 全唐文新编：第 1 部第 1 册［M］. 长春：吉林文史出版社，2000：158.
④ 刘立夫. 儒佛政治伦理的冲突与融合：以沙门拜俗问题为中心［J］. 伦理学研究，2008（1）.

关系的支撑。"故人具鸡黍，邀我至田家。绿树村边合，青山郭外斜。开轩面场圃，把酒话桑麻。待到重阳日，还来就菊花。"孟浩然的《过故人庄》展现的便是儒家伦理支撑下的普通百姓的日常生活场景：勤于劳作、人情和美、安于享受。而佛教所言及的化缘布施、人生本苦、涅槃极乐等话语，已将注意力从这样的日常生活场景上移开并且让百姓心旌摇荡，"故其徒也，不蚕而衣裳具，弗耕而饮食充，安居不作，役物以养己者，至于几千百万人"。① 唐代的韩愈在《谏迎佛骨表》中对老百姓"焚顶烧纸，解衣散钱，弃其业次"以奔佛教的现象忧心不已。

佛教道德话语同样对道教的道德世界造成了冲击。道教修道敬德以求今生之长生不老，但是在这个过程中，往往又掺杂着大量的神仙方术的东西。而佛教讲三世、讲轮回、讲因果报应以劝人敬佛向善。相比较而言，佛教的道德言说更为细致。"道家、道教讲的今生成就的真人、神仙，现实生活中，人们很难以经验去证实。倒是佛教讲的三世轮回、因果报应，解释能力更强，今生今世内不能证实的，可以用来世解释，因此，在这一方面，佛教的说法更有吸引力。"② 梁武帝原本信奉道教之言，在研习佛法后对比发现，道教之言充满虚幻，是"邪法"，佛教话语"其道无亏"，认为要断尽惑累，必须皈依佛法。他亲自写敕诏《舍道归佛文》，对外广泛声明，不愿依老子之教升天，而要全意皈依佛教，并且还要"童男出家，广弘经教"。③ 梁武帝"舍道归佛"事件及其效应表明，佛教道德话语对道教的冲击力还是很大的。

道教也是讲究尊卑等级的。梁武帝时期的著名道人陶弘景作《洞玄灵宝真灵位业图》，即是要"搜访人纲，究朝班之品序；研综天经，测真灵之阶业"。④ 他根据朝廷中的朝班品序和尊卑原则，首次将道教杂乱的神仙统一排序，分七个神仙阶位，每个阶位设一个中位，即主神，分别是元始天尊、玉宸道君、金阙帝君、太上老君、九宫尚书、定录真君、鄷都大

---

① 周绍良. 全唐文新编：第3部第3册 [M]. 长春：吉林文史出版社，2000：7184.
② 董群. 禅宗伦理 [M]. 杭州：浙江人民出版社，2000：16.
③ 张溥. 中华传世文选 [M]. 长春：吉林人民出版社，1998：454.
④ 张继禹. 中华道藏：第2册 [M]. 北京：华夏出版社，2014：721.

帝，每一主神之下，还配有左位、右位、女真位、散位、地仙散位。南北朝之后的道教，则根据这一原则继续完善神仙等级谱系。很明显，佛教讲众生平等对道教的等级秩序也构成了挑战。

作为中国本土的思想流派，在很多道德价值观上，道教与儒家是一致的。唐代清灵观道士李仲卿曾撰写《十异九迷论》，澄清道佛两教的"异处"以及佛教对世人的"迷惑"，从伦理道德的角度看，主要有佛教舍亲不孝慈、建像浩塔不劳动、运用梵语蒙蔽大众，等等。可见，道教其实更多的是站在儒家的立场或者说是中国传统社会主流的伦理道德的立场来看佛教带来的道德冲击。道教也经常以此为理由奏请统治者抑制佛教。唐朝时期，因为统治者"扬道抑佛"，道佛经常发生争论。但是整体的态势是，道教言说的逻辑性、理论性经常不如佛教，面对质疑，无言以对的时候多，"往往是沙门使道教徒屈服"。① 经辩论，佛教还指出道教的《老子化胡经》是伪经，后唐中宗下令焚毁此经。

整体来看，以人生本苦、涅槃寂静、缘起性空、众生平等、善恶果报、今生来世为特色话语的佛教，有其理论上的吸引力和实际上的影响力，而且，还在某些地方切实适应了中国人道德生活的需要。故而，在传播发展的过程中，佛教必然会对中国本土的儒道两家的道德话语及秩序产生冲击，这种冲击自然也会引来儒道两家对佛教的批评。

第二节　儒道对佛教道德话语的批判

在传播过程中，佛教道德话语对儒道两家的道德观念、道德秩序造成了一些冲击，这必然会引起儒道两家的反应。儒道认为，佛教的道德话语是"不道德的"，是"极其危险的"。于是，在中国思想文化史上，就出现了一个文化现象——辟佛。

---

① 久保田量远. 中国儒道佛交涉史 [M]. 胡恩厚，译. 兰州：金城书屋，1986：130.

作为外来宗教，佛教道德话语必然有其独具特色的东西。如缘起缘灭、人生无常、生死轮回、善恶报应、众生平等、涅槃寂静等。所谓"外来的和尚好念经"，有特色才能吸引人。但是，这种特色又难免与中国本土的伦理纲常产生矛盾，进而引致儒道对佛教道德话语的批判。

比如，在佛教传入不久，人们认为佛教的那一套言说是怪诞虚无、不讲孝道、不合礼制、有违人情、惑乱人心的。《理惑论》较为全面地为我们提供了佛教传入初期人们对其质疑、批判的资料。"问曰：孔子以五经为道教，可拱而诵，履而行。今子说道，虚无恍惚，不见其意，不指其事，何与圣人言异乎？""佛道至尊至大，尧、舜、周、孔曷不修之乎？七经之中，不见其辞。""问曰：孝经言身体发肤，受之父母，不敢毁伤。曾子临没，'启予手，启予足'。今沙门剃头，何其违圣人之语，不合孝子之道也。""问曰：夫福莫逾于继嗣，不孝莫过于无后。沙门弃妻子，捐财货，或终身不娶，何其违福孝之行也？""问曰：黄帝垂衣裳，制服饰，箕子陈洪范，貌为五事首。孔子作孝经，服为三德始。又曰正其衣冠，尊其瞻视。原宪虽贫，不离华冠。子路遇难，不忘结缨。今沙门剃头发，披赤布，见人无跪起之礼，威仪无盘旋之容止，何其违貌服之制，乖缙绅之饰也！""问曰：孔子云：'未能事人，焉能事鬼？未知生，焉知死？'此圣人之所纪也。今佛教辄说生死之事、鬼神之务，此殆非圣哲之语也。夫履道者，当虚无澹泊，归志质朴，何为乃道生死以乱志，说鬼神之余事乎？""问曰：盖以父之财乞路人，不可谓惠。二亲尚存，杀己代人，不可谓仁。今佛经云：'太子须大挐，以父之财，施与远人，国之宝象，以赐怨家，妻子丐与他人。'不敬其亲，而敬他人者，谓之悖礼；不爱其亲，而爱他人者，谓之悖德。须大擎不孝不仁，而佛教尊之，岂不异哉。""问曰：孔子称：'奢则不逊，俭则固，与其不逊也，宁固。'叔孙曰：'俭者德之恭，侈者恶之大也。'今佛教以空财布施为名，尽货与人为贵，岂有福哉？""问曰：夫事莫过于诚，说莫过于实。老子除华饰之辞，崇质朴之语。佛经说不指其事，徒广取譬喻。譬喻非道之要，合异为同，非事之妙。虽辞多语博，犹玉屑一车，不以为宝矣。""问曰：人之处世，莫不好富贵而恶贫贱，乐欢逸而惮劳倦。黄帝养性，以五肴为上。孔子云：'食不厌精，脍不厌细.'今沙门被赤布，日一食，闭六情，自毕于世，若兹，何聊之有?""问曰：老子云：'知者不言，言者不知.'又曰：'大辩若讷，大巧若拙'.'君子耻言过行'，设沙门有至道，奚不坐而行之，何复谈是非、论曲直乎？仆以为此德行之贱也."①

由以上资料大致可知，佛教刚刚传入中国的时候，深受儒家伦理文化影响的民众对其道德话语的质疑与批判主要集中在以下几个方面：第一，动辄说生死之事，远离人们日常道德生活，虚无缥缈、怪诞不经，不能给人们的日常修行作实际的指引。人们认为，佛教谈涅槃、说轮回，所言所语，未曾听闻于周孔、见证于典籍，并且，一些沙门好高谈阔论而不见其有实际操作，这有违"君子敏于行而讷于言"的道德修养要道，难以给人们作榜样指引。第二，不守孝道，不讲礼节，不合礼制。首先，沙门离别父母、剃发修行、终身不娶，大大地违背了儒家的孝道要求；还有，沙门"见人无跪起之礼"，显得没有礼貌、不懂规矩；另外，沙门穿衣打扮怪异，与儒家的"服饰伦理"的要求也格格不入；第三，不合自然人情、人性。比如，视外人与近亲一样，没有血缘伦理观念；总是提倡散财布施；斩情断欲，终日一食，践行一种苦行主义。

两晋南北朝是佛教信仰兴盛的时代。有数字统计，西晋时期，全国有僧尼3700人；到了北魏正光以后，全国有僧尼20万人；到了北齐天保元年，僧尼人数再翻一番，一跃而变为40万人，数字增长之快之多令人瞠目结舌。② 如此大规模的信仰佛教风气，使得因果报应、生死轮回的宗教思想遍存于社会的各个角落，并且影响极大。针对此种情况，范缜写出了《神灭论》，不仅鲜明地提出了"形存神存，形谢神灭"的无神论观点，还对佛教的道德话语进行了深入批判："浮屠害政，桑门蠹俗，风惊雾起，驰荡不休，吾哀其弊，思拯其溺。夫竭财以赴僧，破产以趋佛，而不恤亲戚，不怜穷匮者何？良由厚我之情深，济物之意浅，是以圭撮涉于贫友，吝情动于颜色，千钟委于富僧，欢意畅于容发。岂不以僧有多稊之期，友

① 石俊，等.中国佛教思想资料选编：第1卷［M］.北京：中华书局，1981：2-15.
② 杨曾文.中国佛教基础知识［M］.北京：宗教文化出版社，1999：70.

无遗秉之报，务施阙于周急，归德必于有己。又惑以茫昧之言，惧以阿鼻之苦，诱以虚诞之辞，欣以兜率之乐。故舍逢掖，袭横衣，废俎豆，列瓶钵，家家弃其亲爱，人人绝其嗣续。致使兵挫于行间，吏空于官府，粟罄于惰游，货殚于泥木。所以奸宄弗胜，颂声尚拥，惟此之故，其流莫已，其病无限。"①

概括来看，范缜对佛教的道德批评主要集中在以下几个方面：第一，佛教通过构造地狱之苦来恐吓人们，通过构造极乐世界来诱导人们，又合力此两者对人们进行精神控制，使人们全心向佛以求福报；第二，使人们耽于虚幻而远离现实，对生产、生活影响极坏，比如很多人不事生产，甚至还使得一部分人破产；第三，在原有的人—我关系之间插入了佛—我关系并且把后者看得更重要，对原有的人伦关系产生了极大的挑战，离间或松解了人们日常亲密的人际关系。重视家庭血缘血亲、重视师友乡邻等人际关系、将道德—经济放在一起谈论从而在日常的经济活动、社会活动中修身养性，这是儒家伦理道德的显著特征。范缜认为佛教道德话语"害政""蠹俗"，就在于它冲淡了中国人所重视的人际关系及社会发展所依赖的经济基础，这是很危险的。

事实上，冲击血缘伦理及道德发展、社会发展所依赖的经济基础，一直是佛教道德话语被批判的重点所在。道教对佛教的批判也围绕着这些重点而展开。在南北朝时期，有道士（假称张融）著《三破论》批判佛教的言说："第一破曰：入国而破国。诳言说伪，兴造无费，苦剋百姓，使国空民穷。不助国，生人减损。况人不蚕而衣，不田而食，国灭人绝，由此为失。日用损费，无纤毫之益。五灾之害，不复过此。第二破曰：入家而破家。使父子殊事，兄弟异法，遗弃二亲，孝道顿绝。忧娱各异，歌哭不同。骨血生仇，服属永弃。悖化犯顺，无昊天之报，五逆不孝，不复过此。第三破曰：入身而破身。一有毁伤之疾，二有髡头之苦，三有不孝之逆，四有绝种之罪，五有亡礼从诚，唯学不孝。何故言哉？诚令不跪父母，便竞从之，儿先作沙弥，其母后作阿尼，则跪其儿。不礼之教，中国

①　严可均. 全梁文：下［M］. 北京：商务印书馆，1999：480-481.

绝之，何可得从！"①《三破论》认为佛教的道德言说破国、破家、破身，主要指其有损国库收入的积累、有损家庭成员的团结、有损个人道德的修行（指不依主流的道德规范修行）等。

道教批评佛教"有绝种之罪"这一点似不好理解。有些人认为道教也是讲不婚不育的，事实上不是这样。比如，道家经典《太平经》批评那些以修道学法为借口而不婚不育的人："穷其妻子而去者，是皆大毁失道之人也。无可法，是大凶一分之人也……圣贤天使其皆贵重有后世，而共憎恶人无后世也。"②《太平经》不仅认为那些有意绝育的人是"绝理大逆之人"，而且还将生育子嗣当作一件紧急的大事来看待。这不仅有中国古人多子多福思想的支撑，也符合统治者"广土众民"的期待。尤其是汉末魏晋时期，因为战乱，人口急剧减少，重视生育问题是"国之大者"。"道教一贯从道法自然的原则出发，主张男女适时和合才能身心健康，反对违反自然之道的禁欲思想……不论是从养生延年出发，还是从人口延续出发，道教大都主张'欲不可绝'。基于这一理念，道教反对不育，提倡适时、适度生育，从而形成了欲不可绝的生育观念和兴国广嗣的思想。"③

佛教在隋唐时期愈加呈现兴盛气象，甚至对儒家礼教造成了威胁性的冲击，激起了一大批儒家卫道士对佛教进行批判。唐初大臣傅奕可谓是"反佛斗士"，光是武德九年（公元 626 年），他就数次上疏，请求罢黜佛教。他站在儒家的立场对佛教的道德言说作了如下的批判："佛在西域，言妖路远，汉译胡书，恣其假托。故使不忠不孝，削发而揖君亲；游手游食，易服以逃租赋。演其妖书，述其邪法，伪启三途，谬张六道，恐吓愚夫，诈欺庸品。凡百黎庶，通识者稀；不察根源，信其矫诈，乃追既往之罪，虚规将来之福；布施一钱，希万倍之报；持斋一日，冀百日之粮。遂使愚迷，妄求功德；不惮科禁，轻犯宪章。其有造作恶逆，身坠刑网，方乃狱中礼佛，口诵佛经，昼夜忘疲，规免其罪。且生死寿夭，由于自然；

① 詹石窗. 百年道学精华集成：第 1 辑历史脉络卷 4 [M]. 上海：上海科学技术文献出版社，2018：356.

② 龙晦，等. 太平经全译：下 [M]. 贵阳：贵州人民出版社，1999：1344.

③ 贾来生. 道教生育思想研究 [M]. 成都：巴蜀书社，2014：343-344.

刑德威福，关之人主。乃谓贫富贵贱，功业所招，而愚僧矫诈，皆云由佛。窃人主之权，擅造化之力，其为害政，良可悲矣!"①

总结傅奕对佛教道德话语的批评要点如下：第一，虚构六道轮回、来生来世、因果报应，具有迷信的成分，并对人们进行恐吓控制；第二，使得人们疏远人际关系，尤其是疏远家庭伦理关系；第三，对国家正常的经济生活造成冲击，在一定程度上滋生了寄生他人、好逸恶劳的不良社会风气，一部分人逃避赋税过寄生生活，也违背社会公平——唐代还有大臣上书说："天生蒸人，必将有职，游行浮食，王制所禁。故有才者受爵禄，不肖者出租征，此古之常道也。今天下僧道，不耕而食，不织而衣，广作危言险语，以惑愚者。一僧衣食，岁计约三万有余，五丁所出，不能致此。举一僧以计天下，其费可知。"② 事实上，傅奕所批评的这几点，前人（如范缜）亦多有论述。可以说，这是佛教道德话语受到的主要批评。不过，傅奕对佛教道德话语更深层次的批评还在于，他认为佛教讲信仰消罪得福、讲忏悔消罪得福、讲布施消罪得福，将所有的罪恶与善果都寄托在"我佛慈悲"上，极大地冲击了道德榜样（如仁君圣贤）对民众的引领示范力量——尤其严重冲击了圣君贤相对民众的道德影响力、控制力，冲击了道德规范（如风俗、乡约、法律等）对民众的禁忌规训作用，更是误导人们放弃了自身的道德自主性，放弃了道德努力、道德责任。

唐宋以后的明清时期，尽管儒佛道三教融合的趋势越来越明显，但是对佛教的批评仍然没有停止。如明代詹陵著有《异端辩证》，将历代诸儒排佛言论全部收罗汇编进行排列组合，不足的地方又予以补充加强，指责佛教害理、害心、害性、害道、害教、害俗、害名。以上批评，无非指佛教有违圣人之教、不守日常伦理、扰乱中国风俗等。

儒道两家对佛教道德话语的批评还有一个很值得关注的点是"以夏批夷"。儒家有"夏夷之辩"或"华夷之辩"。"华"与"夷"的一个很重要的区分就是伦理道德。孔子在《春秋》中明确表示"内诸夏而外夷狄"，

---

① 周绍良. 全唐书新编：第 1 部第 3 册 ［M］. 长春：吉林文史出版社，2000：1507.
② 周绍良. 全唐书新编：第 2 部第 4 册 ［M］. 长春：吉林文史出版社，2000：5210.

认为当时中原的一些国家能够以西周礼乐制度治理社会，文明程度高，是属于"诸夏"，而周边各族各国则没有礼乐制度，是属于"夷狄"。孟子强调夷夏之大防，用带有十分强烈的民族文化优越感的口吻说道："吾闻用夏变夷者，未闻变于夷者也。"① 儒家认为历史的潮流就是用华夏的文化礼仪制度来改变四夷的文化礼仪制度，把四方之民纳于华夏文化之下，化夷为华。② 站在儒家华夷之辩的固有立场，韩愈在《论佛骨表》中说："夫佛本夷狄之人，与中国言语不通，衣服殊制；口不言先王之法言，身不服先王之法衣，不知君臣之义，父子之情。"③ 这是从"夷"的角度看佛教，认为即便佛教说得天花乱坠，也没有孔孟诸贤道德教化的话语好听好用，也不适合中国人道德生活的传统与实际。

道家也从这个角度批评过佛教。南北朝时期的道士顾欢就有一篇名为《夷夏论》的文章。里面说："其人不同，其为必异，各成其性，不易其事。是以端委搢绅，诸华之容；剪发旷衣，群夷之服。擎跽磬折，侯甸之恭；狐蹲狗踞，荒流之肃。棺殡椁葬，中夏之风；火焚水沉，西戎之俗。全形守礼，继善之教；毁貌易性，绝恶之学……佛道齐乎达化，而有夷夏之别。若谓其致既均，其法可换者，而车可涉川，舟可行陆乎？今以中夏之性，效西戎之法，既不全同，又不全异。下育妻孥，上绝宗祀。嗜欲之物，皆以礼伸，孝敬之典，独以法屈。悖礼犯顺，曾莫之觉，弱丧忘归，孰识其旧。且理之可贵者道也，事之可贱者俗也，舍华效夷，义将安取？"④ 顾欢认为，佛教的伦理风俗与中土大相径庭，不符合中国的历史风俗，与人们日常生活的道德感观也不一样，显得"悖礼犯顺"，因此可称之为"恶学"，从华夏文化的道德标准来看，佛教的生活方式是非伦理的，是不符合华夏道德原则的。不过，"顾道士的言论有恶意攻击的色彩，把佛教稽首佛足的礼拜仪式诬为狐蹲，将佛教右膝着地的跪拜姿势贬为狗踞，学理的缺乏使论辩变成了泼妇骂街，这本身就是缺乏辩论道德，缺乏

---

① 孟子. 孟子 [M] 万丽华等，译注. 北京：中华书局，2006：112.

② 韩星. "华夷之辨"及其近代转型 [J]. 东方论坛，2014（5）.

③ 孙昌武. 韩愈诗文选评 [M]. 上海：上海古籍出版社，2017：319.

④ 杜斗城. 正史佛教资料类编 [M]. 兰州：甘肃文化出版社，2006：241-242.

'交谈伦理'的"①。

总结历史上对佛教道德话语的一些批评，我们大致能够把握以下几点：第一，一些地方经不起推敲检验，存在着虚构的成分；第二，远离现实道德生活，对现实人际关系尤其是家庭伦理关系不能给予足够的关注；第三，让一些人产生不劳而获、享受寄生的思想，对加重百姓的负担及减少国家的税收有一定程度的影响；第四，容易让人注重外在的信仰形式（如读经、吃斋、念佛、布施、法会等），而相对放弃自身"以德求福"的努力；第五，容易让人忘却中华文化自身（尤其是来自儒家）的一些优良的道德文化传统。当然，历史上对佛教道德话语的批评虽有些显得过于义愤填膺，但也或多或少地指出了佛教道德话语明显存在或潜在存在的问题。我们在下一节能够看到，正是通过积极回应这些问题，佛教才越来越能够融入中华伦理文化发展的洪流中。

儒道对佛教道德话语的批评被封建统治者接受并放大后，对佛教产生了不小的发展阻碍甚至带来了灾难。这里说说灾难——"法难"。佛教史上有"三武一宗之厄"，指中国历史上北魏太武帝、北周武帝、唐武宗、五代周世宗等四位皇帝排斥打击佛教的事情。他们打击佛教的理由有多种，比如：经济方面，寺院耗费甚多；政治方面，僧人成为方外之人，不受管制；社会方面，一些僧人妖言惑众、为非作歹，引发社会动荡。但是，佛教道德话语对中国传统主流的价值观的冲击，是他们最愿意拿出来说的理由，也是最容易得到老百姓理解和认可的理由。"佛教和世俗社会在经济、政治和伦理方面的冲突，最终导致中央政府对佛教的禁止，限制佛教的发展，甚至要铲除佛教，称'灭佛'，佛教史上称'法难'……但如果认真探讨一下灭佛的原因，不难发现，佛教伦理、佛教的价值观和世俗伦理价值的冲突、佛教的道德实践的松懈、佛教纲纪的败坏，是导致灭佛的极其重要的原因，甚至可说是主因。"②

关于"法难"，我们仅提一下史称"会昌法难"的唐武宗灭佛事件。

---

① 董群. 禅宗伦理［M］. 杭州：浙江人民出版社，2000：17.
② 董群. 禅宗伦理［M］. 杭州：浙江人民出版社，2000：21-22.

唐武宗直陈佛教之弊："汉魏之后，像教浸兴。是由季时，传此异俗，因缘染习，蔓衍滋多。以至于蠹耗国风而渐不觉，诱惑人意而众益迷。洎于九州山原，两京城阙，僧徒日广，佛寺日崇。劳人力于土木之功，夺人利于金宝之饰。遗君亲于师资之际，违配偶于戒律之间。坏法害人，无逾此道。且一夫不田，有受其饥者；一妇不蚕，有受其寒者。今天下僧尼，不可胜数，皆待农而食，待蚕而衣。寺宇招提，莫知纪极，皆云构藻饰，僭拟宫居。晋、宋、齐、梁，物力凋瘵，风俗浇诈，莫不由是而致。"① 为了扭转佛教带来的各种弊端，会昌二年，唐武宗向佛教势力宣战；会昌五年，更大规模的灭佛运动开始。据有关资料统计，经过大规模的灭佛运动，全国共拆除官方备案的寺庙 4600 余座、民间自建的寺庙 4 万余座，26 万多名僧众还俗，接收属于寺庙的奴婢 15 万人、良田数千顷，规定天下州郡各只能保留一座寺庙，规模为上寺 20 人、中寺 10 人、下寺 5 人。经过这次灭佛，佛教财产被夺、僧尼还俗、寺庙遭废、经籍散佚，佛教在较大程度上失去了繁荣发展的依持条件。

第三节　儒释道道德话语的互融共生

儒释道三家道德话语交锋，使各自看到自身缺陷所在，也为互相学习提供了契机，而中国人道德生活的多维度需要又呼唤三者的交融共生。宋明理学的兴起即是儒释道三家话语相互激荡、相互涵容的结果。佛教直面外界批评，通过更加主动地吸收儒道伦理文化因素，最终与儒道鼎足而三，共同汇成了中国传统伦理文化的滚滚洪流。

作为源于域外的文化样式，佛教要想在中国生根立足，其道德话语就必须直面儒道的批评，就必须紧贴中国人道德生活的实际，就必须做些中国化的革新与完善。前面讲到，在佛教道德话语传入过程中面临的最大指

---

① 任继愈. 中华传世文选 [M]. 长春：吉林人民出版社，1998：602.

责就是抛家弃子、不讲孝道，这一点也是阻碍其在中国继续传播发展的重大障碍。佛教看到了这一点，也想办法对自身做一些话语改造，加重自身对忠孝、家国的言说力度，凸显自身孝亲爱国的传统。我们可以简单了解下佛教在这方面话语改造的情况。

第一，尽力译出或托名编出一些有关言孝、行孝、劝孝的经典，比如《地藏菩萨本愿经》《佛说盂兰盆经》《大方便佛报恩经》《善生经》《佛说父母恩难报经》以及与其一字之差的《佛说父母恩重难报经》，显示自身并不是不讲孝道相反还是很重孝道的宗教。《地藏菩萨本愿经》记载了释迦牟尼佛在忉利天宫（欲界六天的第二层天）为母亲摩耶夫人说法的经过。经中有"地藏救母"的故事。地藏菩萨以孝闻名，被中国信众广泛亲近和接受。《佛说盂兰盆经》记述佛陀之大弟子大目犍连尊者，因不忍其母堕饿鬼道受倒悬之苦，乃问法于佛，佛示之以解救办法的故事。大目犍连在佛弟子中被誉为是"行孝第一"，"目连救母"的故事在中国民间流行盛广，依本经之说形成"盂兰盆会"，普遍流行于我国民间，对民间百姓起到了较大的劝孝教化作用。《大方便佛报恩经》是对外道指责佛教不报父母之恩的驳斥，阐述了佛教报恩的观点，经中许多孝道故事在中国民间产生了较大影响。《善生经》是佛为"善生童子"所说之法，经中对在家佛教徒如何处理家庭关系尤其是如何敬养父母作了伦理指引："善生！夫为人子，当以五事敬顺父母。云何为五？一者供奉能使无乏，二者凡有所为先白父母，三者父母所为恭顺不逆，四者父母正令不敢违背，五者不断父母所为正业。善生！夫为人子，当以此五事敬顺父母。"① 佛教有关敬养父母的五条道德规范的言说，与儒家有高度的契合性。

《佛说父母恩难报经》由东汉高僧安世高译出，经文只有短短的一段话。或是受文字简练深奥的限制，很多内容没有凸显出来，于是在其基础上，又出现了与其一字之别的《佛说父母恩重难报经》。加一"重"字，更加凸显佛教重视孝心孝道。该经列举了子女不孝的种种表现："及其长成，反为不孝。尊亲与言，不知顺从，应对无礼，恶眼相视。欺凌伯叔，

---

① 浦正信. 佛教道德经典［M］. 成都：巴蜀书社，2002：11-12.

打骂兄弟，毁辱亲情，无有礼仪。虽曾从学，不遵范训，父母教令，多不依从；兄弟共言，每相违戾。出入来往，不启尊堂，言行高傲，擅意为事。父母训罚，伯叔语非，童幼怜愍，尊人遮护，渐渐成长，狠戾不调，不伏亏违，反生嗔恨。弃诸亲友，朋附恶人，习久成性，认非为是。或被人诱，逃往他乡，违背爹娘，离家别眷。或因经纪，或为政行，荏苒因循，便为婚娶，由斯留碍，久不还家。或在他乡，不能谨慎，被人谋害，横事钩牵，枉被刑责，牢狱枷锁。或遭病患，厄难萦缠，囚苦饥羸，无人看待，被人嫌贱，委弃街衢，因此命终，无人救治，膨胀烂坏，日暴风吹，白骨飘零。寄他乡土，便与亲族，欢会长乖，违背慈恩，不知二老，永怀忧念。或因啼泣，眼暗目盲；或因悲哀，气咽成病；或缘忆子，衰变死亡，作鬼抱魂，不曾割舍。或复闻子，不崇学业，朋逐异端，无赖粗顽，好习无益，斗打窃盗，触犯乡间，饮酒樗蒲，奸非过失，带累兄弟，恼乱爹娘。晨去暮还，不问尊亲，动止寒温；晦朔朝暮，永乖扶侍，安床荐枕，并不知闻，参问起居，从此间断。父母年迈，形貌衰羸，羞耻见人，忍受欺抑。或有父孤母寡，独守空堂，犹若客人，寄居他舍，寒冻饥渴，曾不知闻。"①

以上引文所说的种种不孝，概而言之是：在家不听从父母的谆谆教诲，不尊重长辈，不爱护团结兄弟姊妹，不学习礼仪，不与人为善，做事不请示父母擅自妄为，远离父母游荡他乡乃至客死他乡，不爱惜自己的身体以致身生恶疾，胡乱结交朋友以致养成恶习，不能使父母安享晚年。上述不孝行为的详细列举，突破了我们仅仅从不赡养父母这一较为狭隘的视野对孝道进行简单的理解，有助于人们从更好地处理身心关系、人我关系的角度更深入、更宽泛地理解孝道。的确，一个不爱惜自身身体、在精神上毫无追求、在事业上毫无建树从而虚度一生的人，很难说其是一个孝子；一个与兄弟、邻里关系紧张或天天与狐朋狗友混在一起从而让父母伤心、担心的人，也很难说他是一个孝子。《佛说父母恩重难报经》紧贴中国人现实的道德生活，让人明白日常生活中，哪些事没办好没处理好，可

① 浦正信. 佛教道德经典［M］. 成都：巴蜀书社，2002：50-51.

能就会影响父母的身心健康，可能就是不孝。

倘若不看经名，仅仅从以上引文的语言和思想上看，我们很难看出这是佛教的道德话语。语言上，除"嗔""痴"外，较少有佛教专门词汇；内容上，所言及的也是"夫孝，始于事亲""父母在，不远游""爱亲者，不敢恶于人；敬亲者，不敢慢于人""谨身节用，以养父母"等儒家广泛而具体的孝亲的道德要求。可以说，该经自觉靠近甚至是高度靠近儒家孝道文化，是佛教调和其与儒道道德话语矛盾的背景下产生的儒教化的佛典。所以，有人怀疑该经是儒者假托鸠摩罗什之名编撰的"伪经"，明代莲池大师在《竹窗随笔》中就有这样的疑问。但是，该经在中国面世后流传甚广、影响甚大。通过该经及以上诸经的传播、宣讲，人们很难再将佛教与不讲孝道等联系起来。

第二，通过援引儒家典故、范例来诠释佛教的某些义理、观点、行为，批驳对佛教不行孝道的指责。借用儒家典故来言佛理佛事，可以使民众在心理、事理上更容易接受佛教。比如有人质疑佛教徒剃发修行违背了"身体发肤，受之父母，不敢毁伤"的教诲，是不孝的行为。牟子对此反驳道："孔子曰：可与适道，未可与权，所谓时宜施者也。且孝经曰：先王有至德要道，而泰伯短发文身，自从吴越之俗，违于身体发肤之义。然孔子称之'其可谓至德矣'，仲尼不以其短发毁之也。由是而观，苟有大德，不拘于小。沙门捐家财，弃妻子，不听音，不视色，可谓让之至也，何违圣语不合孝乎！豫让吞炭漆身，聂政剐面自刑，伯姬蹈火，高行截容，君子以为勇而有义，不闻讥其自毁没也。沙门剃除须发，而比之于四人，不已远乎！"① 牟子完全用儒家典故来辩驳他人对佛教剃发修行的质疑，认为即便是周孔再世，也会认可佛教不拘泥于细节而勇敢追求大德、至善的行为。

宋代著名僧人契嵩是中国佛教史上援儒入佛的代表性人物。他傍依儒家《孝经》以发明佛意，作《辅教编·孝论》十二章，对佛教的孝道思想进行了系统的论述，并且提出了"孝为戒先"的命题。契嵩说："五戒，

---

① 石俊，等. 中国佛教思想资料选编：第 1 卷 [M]. 北京：中华书局，1981：2-15.

始一曰不杀，次二曰不盗，次三曰不邪淫，次四曰不妄言，次五曰不饮酒。夫不杀，仁也；不盗，义也；不邪淫，礼也；不饮酒，智也；不妄言，信也。是五者修，则成其人，显其亲，不亦孝乎？是五者，有一不修，则弃其身，辱其亲，不亦不孝乎？夫五戒，有孝之蕴，而世俗不睹，忽之而未始谅也。故天下福不臻，而孝不劝也。大戒曰，孝名为戒，盖存乎此也。今夫天下欲福，不若笃孝；笃孝，不若修戒。"①契嵩用儒家的五常（仁义礼智信）来诠释佛教的五戒，并认为落实好了五戒，就守护好了身体涵养好了性情，就能成为优秀人才以荣显双亲，这就是孝；反之，破了五戒，就毁坏了身体败坏了德性，遭人唾弃，也势必会连累双亲，这就是不孝。因此，五戒中蕴含着孝道，或者说，孝道就是戒律，只要坚定不移地持戒，就是大孝，就必能得到福报。

不仅如此，契嵩在《辅教编·原教》中还倡导以佛教的五戒来修儒家的五常，进而使众生趋善、社会和谐、天下太平。契嵩说："佛之道岂一人之私为乎，抑亦有意于天下国家矣。何尝不存其君臣父子邪？岂妨人所生养之道邪。但其所出不自吏而张之。亦其化之理隐而难见，故世不得而尽信。易曰：'默而成之，不言而信，存乎德行。'孟子曰：'民日迁善而不知为之者'，岂不然乎？"②契嵩认为，佛教的道德话语在劝民趋善、敦风化俗、和谐社会上与儒家是相通的，它不仅不损害反而有益于君臣父子关系，不仅不损害反而有益于社会经济民生。

援儒入佛不仅带动了中国佛教的革新发展，也使中国佛教越来越贴近中国现实社会。"中国历代高僧大德有一个共通特点，就是'援儒入佛'，把儒家一些教义和经典引入佛教，改造佛教中一些过于消极的思想，使佛教的面貌更有亲和力和圆融性，更能对现实世界发生影响。"③通过援儒入佛工作，佛教的道德话语愈加有"中国化""生活化"的味道，愈加关注

① 石俊，等. 中国佛教思想资料选编：第3卷第1册 [M]. 北京：中华书局，1987：282-283.
② 石俊，等. 中国佛教思想资料选编：第3卷第1册 [M]. 北京：中华书局，1987：255.
③ 凤凰卫视《文化大观园》栏目组. 我们的传统：王鲁湘文化访谈录 [M]. 北京：中国友谊出版公司，2009：88.

家国伦理问题。这样，偏重于弃世苦修和"深且偏"的宗教形而上学的印度佛教，被塑造成既具有深刻的中国伦理尤其是儒家伦理内容，又具有精美的宗教形式的中国佛教，在中国逐渐被改造成为侧重于道德修养和直观而实用的因果报应的人生哲学。

第三，直接阐述佛教伦理思想和佛教孝道观的高妙。以世间法和出世间法的区别来说明佛教的孝道观与儒家孝道观之间并无矛盾，并认为佛教的出世间之孝比儒家伦理的在世间之孝层次更高。如东晋僧人慧远在《沙门不敬王者论》中说"出家"之人："皆遁世以求其志，变俗以达其道。变俗，则服章不得与世典同礼。遁世，则宜高尚其迹。夫然者，故能拯溺俗于沈流，拔幽根于重劫，远通三乘之津，广开天人之路。如令一夫全德，则道洽六亲，泽流天下。虽不处王侯之位，亦已协契皇极，在宥生民矣。是故内乖天属之重，而不违其孝；外阙奉主之恭，而不失其敬。从此而观，故知超化表以寻宗，则理深而义笃；照泰息以语仁，则功末而惠浅。"① 在慧远看来，佛教"理深义笃"，使出家之人比俗世之人有更大的忠孝追求，即不是在早晚请安、嘘寒问暖这一类的世俗礼节上行小孝，而是在协助父母乃至众生脱离苦海及各种劫难上行大孝；不是在对帝王三叩九拜上行小忠，而是在协助帝王教化万民上行大忠。

另外，针对儒家批评佛教不事生产、逃避赋税、寄生社会等问题，佛教亦有积极回应，强化了在农耕自养、慈善利人等方面的话语声音。印度原始佛教认为，翻种土地易伤地下生灵性命，加之在印度的传统文化中，有很多人愿意供养僧人，所以印度僧人基本不从事农业劳动而是托钵乞食。佛教传入以农立国的中国后，由于文化背景、风俗民情的差异，逐渐发展出农禅并重的特色。据《高僧传》记载，晋代僧人道安、法显等都在出家后参加过田间耕作劳动。到了唐代百丈怀海禅师那里，他更是明确树立了"一日不作，一日不食"的农禅制度，倡导寺院僧众开荒锄地、挑水劈柴、采茶种菜、养牛放牛、收割庄稼等。中国佛教的农禅并重，不仅解决了僧人供养问题，奠定了佛教发展的基础，而且还为国家开垦了大量的

① 石俊，等. 中国佛教思想资料选编：第1卷 [M]. 北京：中华书局，1981：81-82.

荒地，并吸纳了一些农民（主要是流民和逃户）就业，甚至还改善了耕作技术。因为有了比较稳定的经济支撑，佛教亦能在悲悯众生、救苦救难上有更多的具体行动。这样，以禅宗为代表的中国佛教给人留下不仅自给自足还于社会有颇多贡献的良好形象，进而得到封建士大夫和朝廷的首肯和支持。"因为这种传统不依赖权贵公卿的供养，因而使禅宗具有独立发展的风骨。这种风骨也具有原始佛教的修行人特色，也赢得了文人和朝廷的支持和认可，禅宗的一些大丛林也逐渐获得官府赐予寺额，也就获得了官府的支持，并且在住持的任命上，官府也参与进来。这样，禅宗丛林也就逐渐获得主流佛教之一的地位。"①

中国佛教之所以提倡农禅并重，既是为了解决供养问题，也是为了依托劳作更好地在现实的、日常的生活中参禅悟道。禅宗很多指引修行的用语即与农林或农耕有关。比如"冬瓜直儱侗""出草入草""黑豆勘定"等。《五灯会元》记载："（福州长庆大安禅师）造百丈，礼而问曰：学人欲求识佛，何者即是？丈曰：大似骑牛觅牛。师曰：识得后如何？丈曰：如人骑牛至家。师曰：未审始终如何保任？丈曰：如牧牛人执杖视之，不令犯人苗稼。师自兹领旨，更不驰求。"② 百丈怀海在这里即利用放牛的生活场景指引大安禅师如何守护本心。"手把青秧插满田，低头便见水中天。六根清净方为道，退步原来是向前。"这首出自布袋和尚的诗偈一直流传至今。法师在田中插秧，逐渐悟得"退即是进"的人生哲理，这就是禅宗所说的"寓禅于农，农中悟禅"。

中国人以忠孝为本、勤于稼穑，儒家立基于此对佛教道德话语有所批评，佛教在这方面加重了言说力度，并且使其道德话语越来越呈现出尊重、吸收中国传统伦理道德营养及注重中国人生活志趣、情趣的面貌，有效调和了与儒家的话语矛盾。慧远强调："道法之与名教，如来之与尧孔，发致虽殊，潜相影响；出处诚异，终期则同。"③ 这种判断为儒释道德话语的交流融合提供了一个共同的认识前提。

---

① 黄晓军. 禅的传播 [M]. 北京：宗教文化出版社，2018：94.
② 石俊，等. 中国佛教思想资料选编：第2卷第4册 [M]. 北京：中华书局，1983：289.
③ 石俊，等. 中国佛教思想资料选编：第1卷 [M]. 北京：中华书局，1981：84.

　　当然，儒家也从佛教道德话语那里吸收了不少的营养。即便是在"辟佛守道"的韩愈身上，也有赞赏某些高僧超凡脱俗的言语，也有"援佛入儒"的影子。"韩愈正式提出的儒家道统观是对佛教天台宗一线单传的传承统绪的模仿。不过，就韩愈的道统观而言，佛教的影响不仅表现在'统'的方面，还进一步表现在'道'的方面。简言之，这种影响在于，佛教促使韩愈对儒家之'道'的理解之重心，从之前的'外王'层面转向'内圣'层面。这才是一种更为深刻的影响，值得更多的关注。"① 韩愈的这种关注转向在宋明理学那里得到了进一步的展现。

　　因为佛教的刺激，宋明理学更加重视本体论的论证，并且在这方面尤见光彩。整体来看，儒家重视现实生活，因而相对而言，较少言及形而上的东西，对儒家的道德哲学而言，道德本体论的论证是相对欠缺的。是故，德国哲学家黑格尔认为，孔子植根于生活实际的道德学说只是些平淡无奇的常识的东西、经验的东西、教训人的东西，这样的东西"毫无出色之点""思辨的哲学是一点也没有""从里面我们不能获得什么特殊的东西"②。这当然是西方人只知其一不知其二的偏见。不过，在与佛教进行交锋的过程中，儒家还是意识到了自身在道德本体论方面言说的软弱和不足，并且积极学习了佛教形而上的思维模式。因而，儒学发展到宋明理学这里，对道德本体论关注甚多，对论证封建纲常的合理性、永恒性和绝对性的问题亦关注甚多。可以说，中国佛教对"真如"的本体论证推动了儒家对本体论证的重视。"以朱熹为首要代表的宋明理学（新儒学）……它的基本特征是，将伦理提高为本体，以重建人的哲学……如果从宋明理学的发展行程和整体结构来看，无论是'格物致知'或'知行合一'的认识论，无论是'无极''太极''理''气'等宇宙观、世界观，实际上都只是服务于建立这个伦理主体，并把它提到'与天地参'的超道德的本体

---

① 李勇刚. 佛教对儒家道统观的影响——以韩愈和朱熹为中心 ［J］，五台山研究，2013（1）.

② 黑格尔. 哲学史讲演录：第 1 卷 ［M］. 贺麟，王太庆，译. 北京：商务印书馆，2017：130.

地位。"①

宋明理学的一些代表性人物一方面积极批佛，一方面又积极汲取佛教道德思维、道德话语的营养。他们经常讨论的理、气、心、性，大都含有一点佛学色彩；梁启超说理学是"儒表佛里"，这是有依据的，宋明理学对佛学吸收不可谓力气不大，乃至晚明思潮中有"狂禅"现象，即一些阳明后学问佛、好佛，言行近"狂"的现象。

当然，释道两家的道德话语也有相互渗透融合的事实。佛教刚传入中国时，就被很多人以道教方术视之，如东汉裴楷上书说："又闻宫中立黄老、浮屠之祠。此道清虚，贵尚无为，好生恶杀，省欲去奢。"②魏晋时期，玄学大行。玄学讨论的核心问题是有无本末等思辨性极强的问题，佛教特别是空宗的一些思想与玄学比较接近，于是，佛教便借玄学盛行之风扩大话语影响。佛教徒在译经时经常借用一些玄学概念。如道家讲"清净无为"，安世高译《安般守意经》云："安为清，般为净，守为无，意名为，是清净无为也。"支谦重译《般若道行经》，将经名改为《大明度无极经》，并把其中的"真如品"译成"本无品"，而"明""本无（以无为本）"均为老庄哲学术语。

另一方面，佛教对道教的影响也是显而易见的。比如，道教追求肉体的长生不死，但是在佛教的影响下，道教学者修改了长生不死的说法，提出了人的形体不可避免地要死亡，长生不死的当是人的神性、精神，这种说法为道教日后重视心性修养埋下了重大的理论契机。不仅如此，在佛教的影响下，道教还强化了宗教伦理道德实践，兴起斋戒义理和仪式规范的建设，仿照佛教法事使各种仪式更加规范化。还有，道教本有一种"承负说"，认为人们生前所做的善事或恶事，会使本人得到不同的报应，也会影响子孙后代的福殃，但并没有灵魂转生和作恶受罚下地狱之说。东晋以来，一些道教书籍吸取了佛教六道轮回以及来生受报的话语和思想，甚至还发挥说，地狱遍及中国的五岳之中，这表明道教学者将佛教的业报轮回

① 李泽厚. 中国思想史论三部曲 [M]. 天津：天津社会科学院出版社，2007：87.
② 杜斗城. 正史佛教资料类编 [M]. 兰州：甘肃文化出版社，2006：233.

思想和道教的承负说相融合，借以加强劝善惩恶的社会功能与效果。这种思想倾向一时成为道教学者撰写经书的风尚，在南北朝时期出现的道教经书中，佛教的因果报应、三世轮回、天堂地狱的话语和思想可谓比比皆是，并成为道教的思想基调之一。① 总之，在佛教道德话语的影响下，道教道德话语更加走向精细、走向民间。

唐宋时期及以后，三教道德话语的融合已经较为普遍了。宋代的智圆大师，自号"中庸子"，先是"修身以儒"，后"宗儒为本"。有人质问他，既然为佛教徒，为何以"中庸子"为号。他说："夫儒释者，言异而理贯也，莫不化民，俾迁善远恶也。儒者饰身之教，故谓之外典也；释者修心之教，故谓之内典也。惟身与心，则内外别矣。蚩蚩生民，岂越于身心哉？非吾二教，何以化之乎？嘻！儒乎释乎，其共为表里乎！故夷狄之邦，周孔之道不行者，亦不闻行释氏之道也。世有限于域内者，见世籍之不书，以人情之不测，故厚诬于吾教，谓弃之可也。世有滞于释氏者，自张大于己学，往往以儒为戏，岂知夫非仲尼之教，则国无以治，家无以宁，身无以安。国不治，家不宁，身不安，释氏之道何由而行哉？故吾修身以儒，治心以释，拳拳服膺，罔敢懈慢，犹恐不至于道也，况弃之乎？呜呼！好儒以恶释，贵释以贱儒，岂能庶中庸乎？"② 从智圆的解释中可以看出，身为佛教徒，他已经理性地认识到，儒佛道德话语的不同恰能体现两者功能侧重点的不同，故不能厚此薄彼或以此代彼；相反，两者之间还要互相借鉴、平衡发展，因为两者的目的或者最终追求是一样的，那就是教民远恶趋善以更好地安顿生命。

对于中国传统伦理文化而言，儒释道是不同的分支，其道德话语有不同的精彩之处，但在引导人安身立命、自我超越上有许多的共同点。牟宗三说它们都坚持"德性生命的优先性"的立场，都在调护、安顿人之德性生命，都是"生命的学问"。儒释道道德话语的理性交锋有助于三者最后的相融共生。宋明理学是三者相融共生结出的硕果。"三教鼎立是隋唐时

---

① 方立天. 中国佛教哲学要义：中 [M]. 北京：宗教文化出版社，2015：546-548.
② 张培锋. 佛语禅心：佛教美文集 [M]. 天津：天津人民出版社，2017：142.

期的一种特殊现象，反映的是中华民族道德生活的基本精神熔铸的过程，这种熔铸的结果，就是儒、释、道三教合一，即宋明理学的产生。宋明理学把儒家的伦常、道家的超脱与佛教的超越有机地结合在一起，建立起一个立足于现实生活，追求人的现实完善和内在超越、结构严谨的道德精神体系，从而结束了三教鼎立的局面。"① 在宋之后的明清时期，讲三教圆融就越来越普遍了。

---

① 张怀承. 中华民族道德生活史：隋唐卷 [M]. 上海：东方出版中心，2015：37.

第四章　汉语中的佛教道德语汇

中国曾有规模宏大的译经事业，且这项工作持续了一千多年，直到宋代中期，由于佛教在母国印度的式微，规模化的佛经翻译才算基本结束。另外，除了翻译经书外，汉地的僧侣还有大量的诠释佛经的文字。"汉文佛教文献的语言，包括全部的汉译佛经、中土人士的佛教撰述和以宣扬教义为目的的文学作品，总的字数大约有 8000 万。"① 在译经、释经、传经的过程中，与佛教文化相关的道德语汇不断生成，这其中有大量的道德语汇又变成了百姓的日常生活用语，被百姓应用到日常生活中，并且在道德认知、道德教育、道德评价、道德修行实践等多个方面对中国人的日常生活产生了积极作用。

第一节　佛教文化对汉语语汇的丰富

在译经的过程中，佛教为汉语增加了许多音译词、意译词和合璧词（一半音译一半意译），大大拓展了汉语的语汇量。另外，在佛教文化传播的过程中，一些与佛教因素有关的成语、歇后语都被创造出来而进入到汉语的语汇库中。可以说，佛教文化对丰富汉语语汇功不可没。

---

① 朱庆之. 佛教汉语研究 ［M］. 北京：商务印书馆，2009：7.

　　世界上有很多语言因各种原因而成为"死语言"。汉语历史悠久，今日成为世界上使用人口最多的语言，还持续在世界上掀起学习热潮。这些情况表明汉语是有极强生命活力的。中华文明善于学习、兼收并蓄的内在气质使汉语不断与其他语言交流碰撞并自我更新，这是汉语永葆生机、与时俱进、越来越受欢迎的重要原因。

　　自从中印有了文化交流后，尤其是伴随着译经事业的发展繁荣，汉语开始不断地从佛教文化中汲取营养，这使佛教文化在语音、词汇、语法、修辞等各方面对汉语产生了积极影响，强化了汉语的生命力和表现力。

　　首先看佛教对汉语语音的影响。汉语是表意文字，其读音较难掌握；梵文是一种拼音文字，佛教输入中国后，以其文字拼音化的原理和方法，大大启发了中国人解决汉字读音难的问题。在梵音的启发下，汉语有了反切、四声、字母、等韵（音表）等方面的探索，形成了声母、韵母、音调等方面的理论与实践。可以说，正是佛教加深了中国僧俗对语言学的认识，从而"彻底解决了汉字的读音难的问题"。①

　　梵文对汉语语法亦有影响。其催生了汉语句式多样化的呈现及句法多样化的组合。比如，汉语中倒装句式的使用就与梵文有关。东晋道安有"五失本，三不易"的翻译理论，其中就讲到了梵文有句式倒装、论证精深烦琐等特点。在佛经翻译的过程中，梵文的上述特点势必会催生汉语语法习惯作出一些改变，"迫使译者在翻译时寻找汉语可以接受的变通手段，这些变通往往就是对汉语固有形式的一种改造，一旦这些变通被接受，便会变成汉语里新的语法形式"。② 不过，实事求是地讲，佛教对汉语语法的影响是很有限或说是很小的。因为语法体现着比较深层的、稳定的民族思维习惯，这个不太容易被撼动。"梵文佛教语言在语法尤其在语序上，对汉语语法几乎没有发挥出多少影响力，比起音韵和词汇两方面的影响来说，几乎是微不足道。这种现象表明汉语固有传统语法模式和民族思维习惯的强大和稳固，同时也说明，一种外来文化要想影响到本土文化的深层

---

　　① 普慧. 天竺佛教语言及其对中国语言学的影响 ［J］. 人文杂志，2004（1）.

　　② 孙锡信. 中古近代汉语语法研究述要 ［M］. 上海：复旦大学出版社，2014：89.

结构（民族思维习惯）里，是很困难的。"①

从修辞来看，印度佛教为了宣教的神圣性和感染力，充分运用比喻、比拟、夸张、象征、示现、描摹等能引起想象和联想的修辞手法及呼告、设问、反问、排比、感叹、反复、层递等引起情感的手法，增强佛教语言的表现力和教义的震撼力。很多僧人学者十分注意对修辞格进行总结和研究。"唐代诗论中有许多是僧人所著，如僧齐己的《风骚旨格》、僧文彧的《诗格》、僧虚中的《流类手鉴》、桂林淳大师的《诗评》等。这些诗论多论及修辞格理论和修辞方式。修辞理论涉及诗的风格、修辞原则、用语、韵律、通变等问题。修辞方式除传统的比喻、仿拟、含蓄、用事外，还有新的修辞格：双关、借代、镶嵌、迭语、析字等。这些都是对当时的修辞理论的总结。由此可见佛学界非常注重修辞方式。唐朝来中国留学 3 年的日本僧人遍照金刚，其所著的《文镜秘府论》，所论词格达十二种之多，如映衬、示现、复叠、双关、婉转、借代、对偶、警策、摹状、回文、析字、引用等，其中对偶就有 29 种形式。可见当时运用修辞是多么普遍。"②中国禅宗的兴起加速推动了佛教修辞艺术向文人士大夫阶层和民间百姓阶层的转移，使汉语对这些修辞格广为借鉴。

当然，佛教文化对汉语语言影响最明显、最重大的还是对汉语语汇的丰富和拓展。这一点主要也是通过译经而实现的。在译经过程中，与佛教文化有关的音译词、意译词、合璧词等大量涌现出来，它们不断地进入汉语世界从而不断增大了汉语语汇的体量。

作为陌生的外来文化，梵文被汉语世界接受最初主要靠音译。尤其像佛名、菩萨名、罗汉名、论师名、国王名、长者名、神名、外道名等佛教专有名相，一般只能音译处理。我们可以举一些例子来感受一下通过音译佛教名相而来的汉语词汇。比如，释迦牟尼是梵语 Sakyamuni 的音译，佛陀是梵语 Buddha 的音译，比丘是梵语 Bhiksu 的音译，沙弥是梵语 Sramanera 的音译，阿弥陀佛是梵语 Amitābha 的音译，菩提是梵语 Bodhi 的

① 普慧. 天竺佛教语言及其对中国语言学的影响［J］. 人文杂志，2004（1）.
② 骆小所. 骆小所学术文选［M］. 昆明：云南人民出版社，2015：104.

音译，般若是梵语 Prajna 的音译，涅槃是梵语 Nirvana 的音译，刹那是梵语 Ksana 的音译，瑜伽是梵语 Yoga 的音译。

相比多集中于表现专有名词的音译佛教语汇，意译佛教语汇的表现范围要大得多、数量也要多得多。汉语中的佛教语汇大多数是通过意译的途径产生的。这其中一部分是通过"汉词佛化"而来的。比如"法"，先秦就有法家，它原本就是汉语语汇，一般来解，基本意思是"体现统治阶级的意志，由国家制定或认可，受国家强制力保证执行的行为规则的总称，包括法律、法令、条例、命令、决定等"。佛教初入中国后，译经者用"法"来意译梵文 Dharma，释为"轨持"，"轨"谓规范，"持"谓任持，指具有规定性、可以为人所认识的东西。在佛教文化中，广义的"法"泛指认识中的一切事物和现象，包括物质的、精神的、概念的、存在的和不存在的；狭义的"法"专指佛法。这样，受到佛教文化的影响，汉语中原有的"法"字便增添了新的义项。

"法"字上述层面的含义诞生后，佛经翻译者又借此生成了许多新词送入到汉语语汇库中。比如：法轮，谓佛法能摧破众生恶业，犹如轮王之轮宝，能辗转推平山岳岩石；法船，谓佛法能使人渡生死海到涅槃岸，犹如舟船；法鼓，谓佛法能诫众使众生进善，犹如两军交战，激士斗志之擂鼓。这类衍生词还有很多，人们比较熟悉的有法师、法门、法印、法相、法性、法空、法显、法界、法海、法缘、法器等。近代学者丁福保的《佛学大辞典》收录以"法"字为字根的复合词 423 个。

因为佛教传入传播而将旧的汉语语汇"灌注"新的意义，我们将之称为"灌注得义"。除"法"外，像"心""善""空""定""觉""色""名""信""爱""律""相"等许多汉语原有词都被佛教注入了新的含义，它们又再次大量繁衍新词，显示出非凡的活力。比如《佛学大辞典》收录以"心"为字根的词汇 149 个、以"善"为字根的词汇 123 个、以"空"为字根的词汇 76 个。

经过佛教的"灌注得义"，中国人对一些汉语原有词有了新的认识、理解和使用。比如经过佛教文化"洗礼"后，中国人对"我"的理解，不仅仅是生命的"人我"了，还有"法我"。"我"的表层义是生命、自我、身体，它的深层义是支配人和事务的内部主宰，有自在力的蕴含。《大涅槃经·哀叹品》云："若法是实、是真、是常、是主、是依，性不变易，是名为我。"佛教要破除对肉体欲望之我和实体性自我本能的执着，但是未必否定缘起的人格意义上的自我和无我之佛性我。《宗镜录》卷六七说有六种我：执我、慢我、习气我、随世流布我、自在我、真我。可以说，因为佛教，中国人更加看清了"我"。再比如"杀生"，原本指宰杀动物，这是中国人"欲籍于六畜"、习以为常的日常活动，但是经过佛教，"杀生"变成了一个与道德息息相关的词汇，是人之"恶业"所在。"这种'灌注'是译经师将外来的宗教概念'嫁接'在中土的语词上，带有强烈的主观色彩，'灌注'而成的意义，往往是翻译完成，便得以广布流通，为教徒所认可。"①

佛经译经者不仅仅限于将原有汉语语汇灌注新义并以之生成新词，他们还直接创造出一些新词，尤其是汉语界原本不多见的双音节词和多音节词。可以说，是佛教文化直接推动了汉语音节结构由单音向双音和多音转化。"上古时期的汉语表达基本概念的都是单音词。随着社会发展，增添双音节和多音节乃是汉语发展的趋势。汉魏六朝是汉语史上双音词大量增加的时期，其中一大部分是佛典翻译过程中创造的。翻译佛典里双音词的构成，结构多种多样，有并列的、从属的。前者如智慧、秘密、吉祥、慈悲、根本、成就、变化、贡献等，后者如忍辱、持斋、合十、妙悟、彼岸、悲观、法雨、恒沙等；从属的又可分成主从、动宾等方式。正是在佛典翻译兴盛期的晋宋时期，汉语词汇构成逐渐由单音词为主向双音词为主转化。汉语的这一重大演变无论对于发挥表达功能，还是对于文章写作、文学创作的意义都是不可估量的。另外，佛典翻译创造许多多音词，如菩提心、正思维、波罗蜜多、一切种智、非想非非想、无上正真道意等，同样丰富了汉语，是不言而喻的。"② 除上面所列举的一些双音节词外，上供、开化、开悟、方便、世界、志愿、投机、金口、面壁、祝愿、烦恼、

---

① 朱庆之. 佛教汉语研究［M］. 北京：商务印书馆，2009：282.
② 孙昌武. 佛教：文化交流与融合［M］. 天津：天津教育出版社，2013：340.

差别、语录、乐观、执着、习气、正宗、妄想、实际、转变、信仰、流通、恩爱、游行、赞叹、演说、翻案、解脱等，这些我们时至今日还在大量运用的语汇，考其源头，基本是来自佛教经典或至少是经过佛教文化的影响后才开始流行的。

我们试举几例。世界、正宗、方便，这些都是我们今天耳熟能详、频繁使用的汉语语汇，其与佛教文化息息相关。首先说"世界"。《楞严经》卷四曰："世为迁流，界为方位。汝今当知，东、西、南、北、东南、西南、东北、西北、上下为界，过去、未来、现在为世。"佛教称以须弥山为中心的四大洲为一小世界，后也以世界泛指宇宙，如三十大千世界和华藏世界。受佛教影响，中国人常用世界指地球上所有的地方。再说"正宗"。中国禅宗称初祖达摩所传的嫡系学派为正宗，禅宗自称"宗门""宗下"，称其他佛教流派为"教下"。后中国人常以正宗来表达"正统的""真正的"意思。最后说说"方便"。《法华经·方便品》中佛谓："吾从成佛以来，种种因缘，种种譬喻，广演言教，无数方便，引导众生令离所执。"后有经疏注解说："理正曰方，言巧曰便"，佛教以方便指利益他人、化度众生的智慧和方式，后中国人常以方便来表达"便利""适宜"等意。

在音译和意译的基础上，佛教还以"半音半义"的方式创造了许多"合璧词"来充实汉语的词汇量。比如"佛"原本是"佛陀"（梵语 Buddha）音译之略，以之为基础，加上其他表义的汉字，组成了大量的新的语汇：佛土、佛曲、佛牙、佛事、佛经、佛像、佛身、佛骨、佛塔、佛龛、佛教、佛学、佛门、佛手、佛老、佛堂、佛爷、念佛、拜佛、佞佛、成佛、信佛、活佛、卧佛、如来佛、弥勒佛、欢喜佛、接引佛等。

此外，汉语中还有许多成语是通过凝练佛经故事或经文教义而来。比如昙花一现、清规戒律、心领神会、味同嚼蜡、弃暗投明、见风使舵、无风起浪、白璧无瑕、僧多粥少等。此处亦可详解三例。首说"一厢情愿"。它来自《百喻经》。说的是一个愚人爱上了公主，不顾公主根本不认识他的事实，只想和公主结婚，结果害了单相思病以致卧床不起的故事。后中国人以"一厢情愿"泛指单方面的愿望和计划。再说"盲人摸象"。这个成语凝练的是《涅槃经·狮子吼品》等佛典中的故事。这个佛经故事在中国可谓是家喻户晓。国王请众盲人摸象，"其触牙者，即言象形如芦菔根；其触耳者，言象如箕；其触头者，言象如石；其触鼻者，言象如杵；其触脚者，言象如木臼；其触脊者，言象如床；其触腹者，言象如瓮；其触尾者，言象如绳"，众盲人囿于所摸所感，对象的理解认知大不相同却又固执地认为自己才是正确的。佛经以此故事比喻众生无明，以妄想执着故而不能见佛性。后中国人常以"盲人摸象"指观察事物以偏概全。最后说说"天花乱坠"。这个成语源自《法华经·序品》等佛典。据传佛祖说法时，天神致敬，撒下香花以表供养和皈敬。这个词本指讲经说法有声有色、极其动听，后禅宗因反对巧言令色、浮言浪语，就从贬义角度使用该词，如《景德传灯录》卷十五中说："聚徒一千二千，说法如云如雨，讲得天花乱坠，只成个邪说，争竟是非。"因为禅宗在中国文化中的影响力很大，后中国人承禅宗所讲，常用"天花乱坠"指人言谈虚妄、不切实际或用甜言蜜语骗人。

另外，汉语中还有很多的谚语、歇后语也是通过化用佛教文化而来的。比如丈二和尚摸不着头脑、无事不登三宝殿、跑得了和尚跑不了庙、临时抱佛脚、送佛送到西、伸手不见五指、求人不如求己、阎王好见小鬼难求、解铃还须系铃人、泥菩萨过江——自身难保、弥勒佛吹螺号——一团和气、铁打的罗汉——腰板硬，等等。这些谚语、歇后语大多可以顾名思义，在日常生活中也是被频繁使用。

总而言之，通过各种造词法的使用及各种佛教故事的凝练、各种佛教文化符号的化用，佛教文化极大地充实了汉语语汇宝库。近代佛学名家丁福保所编的《佛学大辞典》，收录有佛教语汇三万条，佛教文化对汉语语汇的丰富于此可见一斑。有学者认为，汉语较大规模地吸收外来语汇的时期共有三个：一是战国秦汉时期，主要是匈奴、西域来的词语；二是魏晋至隋唐时期，主要吸收梵语系统来的佛教词语；三是明清时期，主要吸收来自西方语源的词语。"其中中古时期来自梵语系统语源的词语其数量却远远超过第一次和第三次。这是鸦片战争以前，对汉语影响最大的一次"。① 可以说，佛教文化对丰富汉语语汇功不可没。

第二节 日常语言中的佛教道德语汇

通过各种方式进入汉语中的佛教语汇大致又分为两类：一类主要是"僧"使用，用来表示菩萨名、罗汉名、僧人法号、教义、僧制僧职、法事法器的专有名词，像佛身、弥陀、法船、涅槃、监院、知客、水忏、焰口等，主要由佛教界人士使用；一类完全进入"俗"语中，成为老百姓日常生活中的习惯性用语，像世界、差别、乐观、转变、正宗、赞叹、翻案等。在这些百姓日常运用的与佛教有关的语汇中，有大量是蕴含伦理道德色彩的，这就是日常语言中的佛教道德语汇。

对于佛教语汇大量融入中国人日常生活的现象，很多人可能并没有意识到，正所谓"百姓日用而不知"。赵朴初先生曾说："现在许多人虽然否定佛教是中国文化的一部分，可是他一张嘴说话，其实就包含着佛教成分。语言是一种最普通最直接的文化吧！我们日常流行的许多用语，如世界、如实、实际、平等、现行、刹那、清规戒律、相对、绝对等都来自佛教语汇。如果真要彻底摒弃佛教文化的话，恐怕他们连话都说不周全了。"② 他还说："晚清的时候，我们有大批的留学生到日本去学习，学西方的哲学等。日本明治维新学西方，他们先学了，我们再向日本学。日本把西方哲学名词翻译成日文，我们又把它引进来，作为外来语。实际上是错了，日本人用的实际上是中国佛经上常用的字词，他们是用佛教语言来翻译西方的东西。我们不少人以为是外来的，其实就是中国的，就在中国

---

① 梁晓虹. 论佛教词语对汉语词汇宝库的扩充 [J]. 杭州大学学报（哲学社会科学版），1994（4）.

② 赵朴初. 赵朴初文集：下 [M]. 北京：华文出版社，2007：1106.

的佛经里，可见人们对佛教很缺乏了解。"①

搜集那些原本来自佛教或与佛教有关而在群众日常生活中得到广泛应用的语汇是很有意思的事情。中国佛教文化研究所做了这方面的工作并编写了一本名为《俗语佛源》的书。这本书收集了五百余条日常生活中的佛教语汇。当然正如编者所说，"这还是佛教文化海洋中的一滴"。通过这些语汇，有关佛教文化对中国人日常生活的影响，我们可知一二。

还有一个值得关注的事实是，在中国人日常生活中所应用的与佛教文化有关的语汇中，有许多是有伦理道德意蕴的，我们把这些带有伦理道德意蕴的语汇称之为道德语汇。以中国佛教文化研究所编《俗语佛源》为主要查找依据，再辅之以杜继文编《佛教小辞典》、陈兵编《新编佛教辞典》等工具书，我们对民众在日常生活中所应用到的与佛教文化有关的道德语汇做了一个旨在把握其大致面貌的非精确搜罗。这些语汇是我们研究佛教文化道德蕴含的最直接材料，现部分列举如下：

一人吃斋，十人念佛；一心不乱；十恶不赦；大无畏；大彻大悟；大慈大悲；广结善缘；习气；开化；天魔外道；无恶不作；不受福德；不看僧面看佛面；六根清净；认贼为子；心病难医；劝化；功德无量；平等；打成一片；业报；业障；弘扬；吉祥如意；执着；有口皆碑；早知今日，悔不当初；同床异梦；好事不出门，恶事行千里；自立；自由自在；自作自受；自觉；自欺欺人；杀人不眨眼；庄严；妄心；妄语；妄想；忏悔；安心；安身立命；导师；投机；报应；报恩；求人不如求己；利他；做贼心虚；佛口蛇心；忍辱；供养；舍身；舍身求法；金口；金刚不坏身；金刚怒目；放下屠刀，立地成佛；放生；放逸；定力；定性；净土；现世报；苦海无边，回头是岸；若知牢狱苦，便发菩提心；顶礼膜拜；面壁；竖起脊梁骨；拜佛修斋；看破红尘；信仰；前世作孽；觉悟；降魔；勇猛精进；结习；恶口伤人；恶魔；根性；恩爱；圆成；圆满；圆融；圆通；造口孽；修行；随缘；爱河；逢场作戏；家贼难防；逍遥自在；菩萨心

① 张雪扬. 印象与领悟：当代中国文化名人访谈记 [M]. 上海：学林出版社，1994：140-141.

肠；救人一命，胜造七级浮屠；救人须救彻，杀人须见血；救苦救难；唯我独尊；做功德；偏执；清规戒律；欲火；宿命；冤冤相报；超凡入圣；跳出三界外，不在五行中；超度；善根；慧眼；善有善报，恶有恶报；善男信女；善财难舍；善知识；善恶到头终有报，只争来早与来迟；普度众生；道高一尺，魔高一丈；割爱；高僧；罪过；解脱；慈心；慈行；慈悲为本；方便为门；境界；神通；恶道；善道；中道；修道；外道；愚痴；轮回；布施；有为；惭愧；懈怠；无愧；恶作；恶见；邪见；法眼；顿悟；大师；大德；皈依；威仪；五毒。

以上语汇，我们还可以再分析、再梳理，以进一步了解为何说其是道德语汇。首要的一类语汇，本身是带"善""恶""道""德""慈""邪"等字根的，如十恶不赦、广结善缘、善有善报、功德无量、高僧大德、慈悲为怀、邪门歪道等，其道德意味从字里行间就能看出。还有一类语汇，比如弘扬、忏悔、惭愧、境界、忍辱、罪过、信仰、皈依、超度等，主要是在人的精神生活、道德生活中使用，在其他场合很少使用。另外一类语汇，比如舍身、投机、报恩、觉悟、自觉、庄严、供养等，虽无"善""恶"等字镶嵌词中，但对中国人而言，它们所表达的道德蕴意也是听之即明的。说一个人总爱投机占便宜、觉悟不高、自觉性差、不供养父母不懂报恩、干什么都不庄重庄严，其人大概率会羞愧难当，因为他能够听出这是对他德心德行有所欠缺的批评。最后一类语汇，像执着、偏执、妄想、妄心、安心、定性、根性、随缘、慧眼、法眼、顿悟、愚痴、圆满等，虽然表面看与伦理道德关联不大，但要注意到佛教（其实儒家道家都一样）谈"心"谈"悟"，不是一般的心理活动或一般的物理事理，而多指向人之欲望抑制和人之境界攀升，指向人之大解脱大自由，所以，仍可将上述语汇视为重要的道德语汇。比如法眼、慧眼，其眼之看，不是一般的物体物理，而是看透善恶本相；再比如圆满，往往和功德放在一起说。

事实上，佛教所理解的"善"，比我们日常所理解的某人是好人或做了一件好事要宽泛得多。在佛教中，"善"是梵文 kuala 的意译，广义指一切"顺益"的心理活动和行为，顺谓顺于真实之理，如因果、真如等，益谓有益于自他，有益于今生后世有益于此世；狭义指法相宗心所法之一类，有信、惭、愧、无贪、无嗔、无痴、精进、轻安、不放逸、行舍、不害等11种。由此观之，除去做好人做好事之外，上到对人生、宇宙本质的探索把握，下至自身心理的心平气和、心安理得，这在佛教看来都是善。从这一点看，佛教文化中道德语汇的数量可谓庞大。

如前所说，以上所列举、分析的道德语汇基本上都可以找到"佛源"——或有佛经文字记载，或凝练佛教故事而成。少部分，虽然最初的源头并不在佛教典籍，但是其在日常生活中的流行是在受到佛教文化影响后，故而亦可视其与佛教文化息息相关。比如"罪过"一词，最早其实见于儒家典籍，是一个比较专业的法律术语。《周礼·秋官·大司寇》有言："凡万民之有罪过而未丽于法，而害于州里者，桎梏而坐诸嘉石。"意思是对那些有过错，但又够不上判处徒刑，而对治安又有妨害的人，罚他坐在官府门外的嘉石上悔过。正是在佛教文化盛传之后，"罪过"一词才在日常口语中流传开来。

以上这些源于佛经佛典的语汇，它们更多的是佛教人士所造。此外，在本章第一节中我们讲过，在百姓日常生活中，还有大量与佛教因素或符号相联系的歇后语得到使用，这些歇后语大多是百姓依据生活经验和智慧自创的。它们中亦有相当部分是道德语汇。

我们也列举一些如下：佛爷脸上刮金子——刻薄（剥）；泥捏的佛像——没安人心；刽子手念经——假充善人；屠夫念经——假慈悲；千日拜佛，一朝添丁——善有善报；窃马贼戴佛珠——冒充善人；娃娃供神佛——你哄我，我哄你；唐僧和尚念佛经——一本正经；泥菩萨——没心没肺；黑瞎子装弥勒佛——面善人不善；吃猪肉念佛经——假善人；弥勒佛吹螺号——一团和气；歪嘴和尚吹喇叭——一股邪（斜）气；老虎戴佛珠——假慈悲；老虎扮和尚——人面兽心；乐山的大佛——老实（石）人；当面诵善佛，背后念死咒——阳奉阴违；镀金的佛像——华而不实；和尚打伞——无法（发）无天；和尚背枷——知法犯法；念完了经打和尚——没良心；阎王爷贴告示——鬼话连篇；沙和尚挑行李——义不容辞；把妖魔当成菩萨拜——善恶不分；阎王扮观音——神不神，鬼不鬼；赤脚拜观音——诚心实意；买鱼放生——菩萨心肠；烧香砸菩萨——不知好歹；罗汉的肚子——假大空；铁打的罗汉——腰板硬；观音斋罗汉，罗汉斋观音——互相帮助。

以上这些歇后语在日常生活中得到了较高频次的使用。它们往往与"佛""僧""经"等佛教因素或符号联系在一起，不过很难说其有什么"佛源"，因为我们很难考证它们最初来自哪本佛经或浓缩于哪个佛教典故。它们大部分是老百姓附会佛教文化符号而自创的，有的甚至带有地域色彩。事实上，作为歇后语，其核心意义还是在后半部分。之所以说上述所列举的歇后语是日常生活中的道德语汇，是因为它们的后半部分将其道德蕴意明显揭示出来了。当然，这种揭示是建立在前半部分形象铺垫的基础上的。所以，像"泥捏的佛像——没安人心""和尚背枷——知法犯法""罗汉的肚子——假大空"这些歇后语，前后对照，一听一看一想，人们就知道其所蕴含的道德意义是什么了。

不过，需要指出的是，以上歇后语有些是通过抓住佛、法、僧的某些特征而做文章，具有戏谑色彩，显得不太庄重。有学者这样阐释这种现象："这首先与歇后语的性质密不可分。歇后语来源于群众的口头语言，贴近群众生活，表现人们的心态，多呈贬义的表情性能和诙谐的修辞意趣，体现出一种非积极、非庄重的基调。其次，与中国对待宗教的立场也有关联。中国的政治从来不在制度层面上接纳宗教势力，一直以来，还没有一个地位高到足以被尊为国教的宗教。佛教传入中国后，虽然产生了比任何其他宗教都大的影响，但人们多数只是限于接受它，而很少从心灵深处虔诚信仰。这些歇后语正是从对菩萨的贬低这个侧面来折射出中国文化和群众习俗的独有特点。"① 当然，这是对此种道德语汇出现及应用的一种学理解释。在实际的交际活动中，尤其是与佛教界人士交际交流的过程中，我们还是要有礼佛敬人之心，还是要有"口德"，不能随便将以上道德语汇脱口而出。

---

① 刘明阁. 跨文化交际中汉英语言文化比较研究 [M]. 开封：河南大学出版社，2009：51.

第三节　佛教道德语汇在生活中的应用

在对日常生活中较为常见的佛教道德语汇作一个大致梳理后，我们想进一步分析下这些道德语汇在中国人的生活中（主要是道德生活中）是如何得以应用的，以及这种应用对中国人的生活产生了什么影响。

佛教道德语汇在中国人的日常生活中被广泛应用。比如，我们可以设想这样一个生活场景：一个"不孝子"有打骂父母的行为，这时候，旁人有人义愤填膺，站出来说："你这个不孝子，竟然打骂父母，简直就是十恶不赦！你就不怕遭报应吗？赶快给父母赔礼道歉，回头是岸。"这一段话中，"十恶不赦""报应""回头是岸"，皆是佛教道德语汇，人们用它们对"不孝子"打骂父母的行为进行批评评价、教育引导，从而使其意识错误并改正错误。

概而言之，佛教道德语汇在生活中具有以下几类应用场景：

第一，对人进行道德评价。

中国文化整体上是一种伦理型文化，善恶问题在中国文化中是一个非常重要的问题，一个人如果在日常生活中品德不好、名声不好，他就很不受周边人乃至宗族人待见；相反，一个多有嘉言懿行、老时德高望重、死后德泽后世的人，则经常会被人称颂、怀念。佛教文化在中国民间之所以能够得到认可和传播，乃是因其对善恶有鲜明的态度，及时性地对人的道德行为进行好坏评价是其呈现出来的基本面貌。

佛教道德语汇的一个基本功能就是责恶扬善。比如十恶不赦、无恶不作、恶魔等语汇，便是对恶人恶行的批评。在日常生活中，说一个人"无恶不作"那就是批评他坏透了，如果说他"十恶不赦"，那就是罪大恶极，依佛教宣扬，罪大恶极的人必定是"恶有恶报"，是要下地狱的。当然，道德批评有对他人的，也有对自己的。像惭愧、忏悔、悔不当初等语汇，往往用在对自身德心德行的自我反省和自我批评上。依佛教，"惭"意为对自己所犯过错自觉羞耻，"愧"意为在别人面前因犯错而感到不自在，害怕被别人议论。说"我对自己的这种行为惭愧得很"，就是说自知这种行为有不合道义之处或有未完善之处。

前面讲到那些与佛教文化符号紧密相关的歇后语，日常生活中，老百姓喜欢拿它们对看不惯的、不道德的行为进行批判。这些语汇不仅诙谐幽默，而且还有很深的讽刺意味，对一些丑恶行为可以起到很好的批评效果。我们略析三例。首先说说"佛爷脸上刮金子——刻薄（剥）"。人们常说"佛靠金装"，在佛教文化中，黄金被赋予真常不变、纯净无瑕、无碍通达、富贵长久的特殊含义，佛典中常用"金色身"或"妙色身"来表示佛身的圣洁与不可侵犯，佛镀金身也由此而来，这既能够显耀佛的尊贵感和神秘感，也能够增强人们对佛的崇敬感。但是，很多人不了解的是，基于节俭及工艺的考量，给佛像镀金一般用金箔，金箔是黄金锤成的薄片，一些贪图蝇头小利的人不顾佛法的庄严，竟然搜刮佛像身上的金箔，这实在是一种令人愤恨和唾弃的行为。"佛爷脸上刮金子——刻薄（剥）"这一歇后语，批判的就是那些冷酷无情、苛求小利的人。有一首元曲道："夺泥燕口，削铁针头，刮金佛面细搜求：无中觅有。鹌鹑嗉里寻豌豆，鹭鸶腿上劈精肉，蚊子腹内刳脂油。亏老先生下手！"就讽刺了"佛爷脸上刮金子"这样的贪图小利者。再来说说"屠夫念经——假慈悲"。在佛教看来，出家人以慈悲为怀，吃斋念佛是增长慈悲心怀的举动，屠夫以杀生为生，操持此业是难讲慈悲的，而如果有一天屠夫还未放弃杀生职业却也吃起了斋、念起了佛、讲起了慈悲，那这里面一定大有问题。这个歇后语透过屠夫一边杀生一边念经这一矛盾行径，揭露和批评了某些人的假仁假义、假慈假悲。最后说说"阎王爷贴告示——鬼话连篇"。阎王是管地狱的神，是小鬼的上司，阎王贴告示是让小鬼们看的，告示的内容自然是鬼话。在老百姓看来，"鬼话"不可信。透过这个歇后语，人们鞭笞了那些撒谎的人、骗人的人。

责恶的同时也需要扬善。在佛教道德语汇中，像功德无量、菩萨心肠、有口皆碑等便是对善人善行的一种肯定。比如，我们经常听说"修桥铺路，功德无量"，因为这种行为虽然在某种程度上"牺牲"了自己的时间、劳动、金钱，但是却方便了别人，让更多的人受益，而且还能给他人做些榜样，因此是特别值得赞美和肯定的行为。比如在日常生活中，我们会说某某人"真是个大慈大悲的人""真是菩萨心肠"，意指他常怜悯他人、帮助他人、救助他人。不过，还有一种意思，即他不计仇恨，常宽宥他人。比如茅盾先生的文章《赵先生想不通》中有这样的句子："啊哟！大少奶奶，大慈大悲的嫂子！下次我再说，罚我烂舌头！"① 这句就是说"嫂子"心地善良，不计较别人对她的伤害。另外，日常生活中还经常说"有口皆碑"。它指一个人的善言善行受到了普遍的赞美，众人赞不绝口为其竖立了座座无形的丰碑。宋代学者俞琰《书斋夜话》有一联："娶妻不用求良媒，书中女子颜如玉；有名何必镌顽石，路上行人口似碑。"这里就告诫人们，不必刻意把名字刻在石头上以求不朽，真正有德行的人，大家都会称颂他。

第二，对人进行道德教育。

佛教不仅通过"十恶不赦"这类语汇对人的行为进行评价，从而让人知善知恶，还对人进行道德教育，劝人弃恶从善。所谓道德教育，一般要让被教育者知道自己错在哪里，这种错误会产生怎样的后果，正确的方面具体又该怎么做，同时，还要给被教育者以改正错误的决心和信心。以上道德教育的诸方面，佛教道德语汇都有涉及。

首先，让被教育者知道自己错在哪里。比如佛教讲戒、定、慧，这要求众生做人做事要遵从规矩、不起歪心。另外，佛教又将贪、嗔、痴、慢、疑视为"五毒心"。在日常生活中，某人做错了事，人们会说"你破戒了""你没有定力""你是痴心妄想""你六根未净""你着了邪魔外道"。听了这些话，过错者能够明白自己到底错在哪里，错在犯了规矩、动了歪心、起了贪欲、未能坚持正确的教导等方面。

其次，让被教育者知道所犯错误会产生怎样的后果。比如，对打骂父母的"不孝子"说："你小心'遭恶报'"。"遭恶报"是一种严重的后果。佛教通过"善有善报，恶有恶报"的说法，宣扬了一种因果报应观，

---

① 茅盾. 茅盾选集：第5卷［M］. 成都：四川文艺出版社，1994：226.

教育人们要时刻警醒自身行为，否则会"遭报应"，甚至是"下地狱"。佛教的地狱文化当然有其非理性甚至是迷信的成分，但"善恶有报"的说法强调道德主体要对自己的道德行为负责，对中国民间仍有较为积极的影响。很多人就是通过听佛教因果报应故事而产生道德敬畏的。

再次，让被教育者知道正确的方式该如何具体去做。佛教在教育人行善上有许多正面的、具体的指点。像"救人一命，胜造七级浮屠"就教育众生要时刻保持慈悲心肠，在紧要关头要能够救苦救难，从而实现自身的大功德。还有像吃斋念佛、广结善缘、布施、供养等道德语汇，就教育人们所谓积德行善，不一定非得做出多大的牺牲，可以从身边诸多小事做起，最基本的可以从不吃荤腥不杀生、帮助身边困难之人、礼敬佛法僧等小事做起，积小善成大德，最终必有好报。

还有，让被教育者树立改正错误的决心和信心。佛教在道德教育方面，特别强调个体的道德修养要靠自身努力，像自立、自在、自觉、求人不如求己、有为、无愧等道德语汇都强调了这一点。它很鲜明地凸显了自我是道德修养的主体，所谓"佛在灵山莫远求，灵山只在汝心头。人人有个灵山塔，好向灵山塔下修"，只有自我不断勇猛精进，才能修成正果。此外，佛教在劝人弃恶上能够给人以机会、以信心。"放下屠刀，立地成佛""苦海无边，回头是岸"等道德语汇，是中国人再熟悉不过的了。佛教认为，杀生是遭受地狱报应的最大恶业之一，但只要彻断此心此行，仍旧可证果位、前景光明，并且这种光明前景甚至是可以立即显现的。上述道德语汇教育那些一向作恶的人不要有破罐子破摔的心态，一旦改恶从善则"浪子回头金不换"，从而给他们以信心、以机会。

第三，对人进行道德境界招引。

佛教劝人积小善成大德。那么，大德是一种怎样的境界或气象呢？佛教道德语汇对此有所涉及。比如，大无畏、大彻大悟、大慈大悲、超凡入圣、跳出三界外不在五行中等，就显示了佛教所推崇的大德境界。在佛教看来，所谓"大无畏"，有无私无我之心，敢于降伏一切妖魔外道。所谓"大彻大悟"，意指彻底的觉悟，亦即完全证到"不生不灭"的真如实相，属于大菩萨的境界。所谓"大慈大悲"，意指能拔一切众生苦、与一切众生乐。所谓"超凡入圣"及"跳出三界外，不在五行中"，指能断惑证真，不在六道轮回而超出生死。佛教给我们展示了真正的大德气象，即不是一时一地做件好事、获得赞誉，而是要彻底地抑制邪欲、跳出轮回、摆脱痛苦、获得快乐，而且还能够为一切众生的离苦得乐作启迪、作接引、作奉献，并且还在这个过程中无所畏惧、勇往直前。佛教讲"四弘誓愿"：众生无边誓愿度，烦恼无尽誓愿断，法门无量誓愿学，佛道无上誓愿成，这就是大德气象。

综合前面所讲，其实佛教在道德修养教育上给我们展示了一个逻辑链条：明恶知善——弃恶从善——成就大德。首先要知道什么是善、什么是恶，其次要时刻检点自己，不要作恶，多多积善，再次要引导人们勇猛精进，积小善成大德，彻底摆脱轮回之苦，获得一种大自在，并且在帮助他人的过程中成就一种大快乐。十恶不赦——广结善缘——超凡入圣等佛教道德语汇就展示了以上逻辑关系。

第四，促成和谐人际关系实现。

伦理道德的一个基本功能就是调节人际关系，佛教道德话语有许多是对人际关系进行描述的，即揭露并贬斥那种虚情假意的、相互利用的人际关系，引导人们形成那种和美团结的人际关系。诸如恶口伤人、认贼为子、同床异梦、逢场作戏、家贼难防、不看僧面看佛面、割爱、利他、慈悲为本、方便为门等佛教道德语汇，在揭露扭曲人际关系及建构和美人际关系上得到广泛的应用。

像恶口伤人，一出口就得罪人、就伤害人、就要置人于死地，这是赤裸裸的与人为敌，明显是不想与人搞好关系。像同床异梦、逢场作戏、家贼难防等语汇，揭示的就是人际关系中的一种虚情假意，这是人际关系的扭曲。有意思的是，这三个词进入百姓日常生活中，都与中国禅宗的诠释有关。相较于醉心自我，中国人更加注重人我关系，作为中国本土化的佛教宗派，禅宗对人际关系的和谐尤为关切。"同床异梦"，源于《景德传灯录》，"山僧虽与他同床打睡，要且各自做梦"，谓指人与人之间各自境界不同，这原本也是符合事实情况的，但是，就因为人之境界不同，所以很多事儿就想不到一起去，就合拍不到一起去，这样，在交往之时虽表面密切、合拍，但暗地里却各自盘算乃至是相互利用，这就是人际关系的丑恶之态了。"逢场作戏"，这个词原本指游方艺人到了哪里就在哪里搭台，搭好台后再唱戏，这原本也是一个遵从客观实际、无可厚非的做法，但是经过佛教《景德传灯录》里"话头"的重释，这个词就有贬义含义了，指人与人之间那种不真诚、凑热闹、应付式的交流。"家贼难防"，这是禅宗《五灯会元》里的典故，禅宗将人之眼耳鼻等"六根"视为"六贼"，"六根"向外认假作真，乃至追逐声色犬马之欢娱，从而败坏人本性中的善法，故说"家贼难防"。在日常生活中，"家贼"之所以难防，就在于我们平时视之为"自己人"的那些人，以一种假面目示人，天天一起生活，你对他以诚相待，他却同床异梦、另有盘算，逢场作戏、以求信任，只要时机成熟、机会到来，他就背后下毒手，捞取不当利益。

人与人之间相互虚情假意、相互盘算、相互倾轧，结果肯定是互相作恶，最终必是冤冤相报。这样，这个世界怎么可能好？作为一种调节人际关系的方式，道德的重要性就凸显了出来。道德是通过提倡礼让乃至是必要牺牲而处理人与人之间的利益相争难题的。"在现实社会中，协调个人利益和社会利益的矛盾是道德的主要任务。这种协调大多是以限制个人的自由、解放，节制个人的欲望和要求来实现的。协调社会关系的目的在于给人创造良好的自我实现的环境，当然，这种协调又总是以约束个人、抑制个人的欲望为主要手段的。"①

佛教文化就是通过强调个体的礼敬、谦让来构建和谐的人际关系和社会关系。比如割爱、利他、慈悲为本，方便为门等道德语汇就显示了这一点。"爱"在佛教文化中是"贪欲"的别名，有"爱"便有贪嗔痴，便容易产生自身的烦恼和人际关系的紧张，正如《楞伽经》卷三所言："生老病死，忧悲苦恼，如是诸患，皆从爱起"。只有"割爱"，才能兴起真实、清净、无私的慈悲心，才不会以一种小我之心、自私之心去待人。佛教提倡在待人接物上要以"慈悲为本，方便为门"。所谓"慈悲"，就是要为他人拔苦、要与他人以乐，当然，仅仅这样还不够，还要因时、因地、因人

---

① 王泽应. 伦理学原理［M］. 北京：中国人民大学出版社，2021：79.

而异帮助他人，让好心扎扎实实、妥妥帖帖地落到实处。上述这些道德话语，很明显反对了极端个人主义，反对了精致的利己主义，显示出了为他人着想的道德精神。这样的道德话语，显然能够推动和美人际关系的构建。

第五，凸显道德生活重要地位。

人有不同的需求，这意味着人要过不同的生活，最常见的有经济生活、政治生活、道德生活等。只有这几个维度的生活得到一个大致的和谐或平衡，人才有全面发展的可能，才能够获得幸福，否则的话，人只能是单向度的"经济人""政治人""道德人"。在现时代，很多人认为经济决定一切，只一心一意地赚钱、消费，而忘却了道德生活的改善，因而人之发展越来越单向度、越来越不幸福。

佛教文化重视人的"善根"。人有善根，这是人区别于禽兽的地方。这种区别要求人不能仅仅像动物那样混口吃的再自然老死，而是要过一种道德生活，要修成正果、得道成佛。佛教极其强调人的道德生活的重要性。在日常生活中，信仰、修行、修道、觉悟、顿悟、圆满、解脱、皈依等道德语汇的应用，就是要提醒人们不要忘记道德生活。比如，在市场经济的大潮中，一些人贪图享乐乃至纵欲无度，还有一些人产生严重的精神危机、道德危机，这时候，我们就会经常听人说"人要有信仰""要多加修行""要有觉悟"，以凸显修身养性对人的全面发展、美好生活的重要性。可以说，有"信仰"才能让人们从精神危机和困顿中"解脱"出来，并走向人生的"圆满"。

通过梳理佛教道德语汇在日常生活中的应用，我们可以看到，中国人向往大彻大悟、大慈大悲、超凡入圣这样的道德境界，常常用十恶不赦、无恶不作、做贼心虚、勇猛精进、功德无量、菩萨心肠来作道德评价，还经常用放下屠刀立地成佛、苦海无边回头是岸、若知牢狱苦便发菩提心、善有善报恶有恶报等词语来进行道德劝诫，用广结善缘、忍辱、供养、放生、面壁、拜佛修斋、六根清净等启示道德修养，用不看僧面看佛面、平等、打成一片、割爱、利他、慈悲为怀等引导处理人际关系，还用信仰、修行、修道、觉悟、顿悟、圆满、解脱、皈依等引领人们摆脱精神危机与道德困顿。可以说，佛教道德语汇在人们的日常道德生活中得到了广泛的应用。

　　这种应用从多个方面影响着中国人的道德生活。比如，帮助中国人认识到道德修养和境界追求的重要性，帮中国人认识到哪些是善哪些是恶，帮中国人认识到该以什么样的方式做哪些事情弃恶从善，帮中国人认识到如何建构和谐和美的人际关系，帮中国人在经济生活、政治生活、道德生活上维持一个大致的平衡。正如有学者所说："佛教词语汉化后，对我国人民的道德观念、价值尺度和修养水准有着极大的影响，像'诸恶莫作，众善奉行''救人一命，胜造一七级浮屠''苦海无边，回头是岸'等等，这些词语的产生与我们现在提倡的'讲文明，讲礼貌，讲道德'很有相似之处，以至于在我国民间，特别是信徒中常常以这些词语来约束自己言行，使自己在人类这个大家庭中能够处理良好的社会关系。"① 总而言之，百姓对佛教道德语汇听得多了、用得多了，自然会在日常道德生活中留下一些积极的影响。

---

　　① 袁江. 浅论佛教与汉语词汇 [J]. 法音，1993（9）.

第五章　佛教道德叙事

语汇的一个很重要的功用就是叙事。对佛教道德话语研究的一个重要方面就是研究佛教的道德叙事。佛教经典浩瀚繁多，蕴藏其中的道德叙事资源亦十分丰富。整体来看，佛教道德叙事围绕着阐释佛理、引人向善而展开，形式多样、灵活，在教化众生上产生了积极的效果。许多中国人的道德成长过程中都有接受佛教道德叙事教育的经历。

第一节　道德叙事与个体德性成长

一般而言，"叙事"就是"讲故事"。听故事是人类很早就产生的接受道德教育的一种方式。通过听不同的道德故事，人们会比较故事中不同的人和事，就会知道谁更好谁更坏，就会产生"见贤思齐，见不贤而内省"的道德冲动，进而去审视自己的道德行为，激发自己的德性成长。很多佛教道德故事在中国流传甚广，比如《西游记》的故事在中国可谓家喻户晓，这些故事对中国人起到了很明显的道德教育作用。

叙事是当下学术研究中使用较为频繁的一个概念。按照一般的解释，叙事就是对一个或一个以上真实或虚构事件的叙述，说得简单和通俗点，叙事就是"讲故事"。作为一项古老的人类文化活动，叙事的表现形式多样，"不仅早期的神话、寓言、传说有这样明显的叙述类型，甚至历史与哲学也都是以叙事知识的方式存在的。先秦的哲学著作也可以视为某一个人物（哲学家）的所言、所思、所为的故事。"① 从这个角度看，我们可以将人类历史上很多的经典文本视作叙事文本，比如，对于很多人而言，《圣经》《论语》《史记》等，首先是一本"故事书"。

叙事与道德是密不可分的。因为在讲故事的过程中，不可能不表达某种爱憎立场或某种道德情感。可以说，叙事是表达道德观点、立场、态度的一种重要方式。《庄子·外物》中有一个"涸辙之鲋"的故事。有一天，庄子家又到了揭不开锅的地步，无奈之下，他只好硬着头皮到监理河道的监河侯家去借粮。监河侯本是一个很小气的人，但看见这么清高的庄子登门求助，便爽快地答应借粮，不过说道："借你粮食当然可以，不过得等我收了老百姓的租税之后才能借给你，你觉得可以吗？"庄子见监河侯不愿马上借粮，十分生气，他恼怒地对监河侯说："我昨天从家里走了很远的路到你这里来，走在半路上，突然听到喊救命的声音。我当即朝发出声音的地方走去，一看，原来是躺在干枯的车沟里的一条小鱼在呼救。"庄子叹了口气接着说："它见到我，像遇见救星般向我求救。我当时连忙上前去问道：'小鱼啊，你为什么来到这里？'小鱼回答说：'我原本住在东海，今天不幸落在这车沟里，快要干死了，请你给我一升半斗的水，救救我的命吧！'"监河侯听了庄子的话后，问他是否给了水救助小鱼。庄子冷冷地说道："我当时说：'好吧，等我到了南方，去劝说吴、越两国国王，把西江里的水引来救济你，让你随江水愉快地游回东海去，你看怎么样？'"监河侯一听傻了眼，认为庄子的救助方法十分荒唐，便说："那怎么行呢？"庄子说："是啊，小鱼听了我的主意，当即气得睁大了眼，气愤地说：'我失去了依赖的水，没法活下去。我现在只要得到一升半斗的水，就能活命了。如果等你引来西江水，我早就死在这里了。那时候，你只能到卖鱼干的店铺里去找我了。'"很明显，庄子并不是要向监河侯传递有关"小鱼求救"的客观事实信息（因为根本不存在这个事实），而是通过

---

① 耿占春. 叙事美学：探索一种百科全书式的小说 [M]. 郑州：郑州大学出版社，2002：15—16.

虚构并讲述"小鱼求救"这个故事，表达对监河侯见死不救、小气吝啬、缺乏爱心、为富不仁、虚伪狡诈的不满和批评。

叙事与道德之间的紧密联系尤其体现在道德教育中。长者贤者对晚辈讲一个故事，往往期待其能够从中获得教益。从西方看，叙事在古希腊时期的道德教育中便得到了相当程度的重视。在古希腊，道德在神话、史诗、戏剧、哲学等诸多的叙事形式中得以保存、展示、理解和教育。"一般来说，对美德采取一种姿态也就会对人类生活的叙事特征采取一种姿态。"① 比如雅典的孩子们，正是在吟诵、倾听和阅读《荷马史诗》中才对正义等道德概念有所理解的，所以麦金太尔才说，讲故事在从英雄社会到中世纪后的那一道德传统的道德教育中具有关键作用。通过听故事而获得一种道德教育，这种情况在中国同样存在。比如，在听三国故事的过程中，人们知道了什么是忠孝节义，在听水浒故事的过程中，人们知道了什么是不平则鸣、什么是兄弟情谊。

从道德教育的角度来看，所谓"道德叙事"，是指教育者通过口头或书面的话语，借助对蕴含道德因素的故事（包括寓言、神话、童话、歌谣、英雄人物、典故等）的叙述，促进受教育者思想品德成长、发展的一种活动过程。上面讲到，听故事是人类受教育的一个重要渠道。故事听多了，人们就算"闻多识广"，进而对不同的人和事进行比较，就知道什么是好坏、什么是丑恶，就会以之为参照，提高或反省自己。"通过生命叙事可以使人不断的反思其经验，也可以去感受他人的生命经验。在这一过程中，每个参与生命叙事的个体，都在其过程中自觉不自觉地横向比较着、掂量着自己的道德准则与道德水平，并自觉不自觉地借鉴着他人的道德原则而修正自己内心的道德原则，并能够不断提升自己的德性发展。"② 这说的其实就是"见贤思齐焉，见不贤而内自省"的道理。另外，在听故事的过程中，通过一些想象、共情，人们的同情心、慈悲心、爱心、正义感往往被激活激发，从而促使他们更加自觉地去做一个不伤害他人的好人

---

① 麦金太尔. 追寻美德［M］. 宋继杰，译. 南京：译林出版社，2011：182.

② 李贺. 生命叙事：关注人的德性生长的重要途径［J］. 当代教育论坛，2007（2）.

或创造一个好人都有好报的好社会。总而言之，听故事能拓展一个人生活的边界，增强人的道德见识、道德同情、道德想象、道德反省等方面的能力，进而提高人的德性。

佛教是"生命的学问"，它抓住生命的苦痛而说法，其目的之一就是要实现苦痛的消释，让生命离苦得乐。不像世界上有的宗教，人神之间永远有一条不可逾越的鸿沟。佛教明确指出，人人都有佛性，人人皆可成佛。为了坚定众生修行成佛的信心，佛教讲了大量的故事，不仅有佛菩萨悲悯众生、助力众生出离苦海的故事，也有高僧大德得道成佛的故事，甚至还有愚人罪者悟道成佛的故事，当然也有罪业深重而又不愿悟道者遭受劫难的故事。这些故事引人入胜。更重要的是，它能够激活众生的菩提善心，引导众生审视自身的道德行为，从而更加谨慎地做到"诸恶莫作，众善奉行"。李叔同就说过，读佛教故事、听佛教故事能够使自己德性进步："比如我们想做一位清净的高僧吧，就拿《高僧传》来读，看他们怎样行，我也怎样行，所谓：'彼既丈夫我亦尔。'又比方我想将来做一位大菩萨，那就当依经中所在的菩萨行，随力行去。"① 像盲人摸象、猴子捞月、玄奘取经、一休和尚，很多佛教故事在中国妇孺皆知。很多中国人正是在倾听、揣摩佛教道德故事的过程中获得道德教育，实现德性成长的。

关于佛教道德叙事对中国人的德性成长的教育作用，我们以《西游记》为例略作说明。《西游记》的故事在中国可谓家喻户晓。直到今天，每逢寒暑假，电视荧屏上必有《西游记》播放。即便孩子们看了一遍又一遍，甚至连里面的台词都会背，仍然目不转睛地盯着电视看。很多孩子是看着《西游记》长大的。《西游记》用故事告诉孩子们善与恶、是与非，让孩子们坚信正义必然战胜邪恶。儿童在看《西游记》故事的时候，还能够从人物行为中体会到慈悲友善、见义勇为、无惧困难、正义勇敢的精神品质。比如，孙悟空疾恶如仇、见义勇为、救人危难、尊师重道，成为很多中国儿童心中的道德榜样。还有唐僧的那颗慈爱之心，对他人的同情帮助，对动物的爱护保护，亦让中国儿童深受教育。一些家长有意利用《西

---

① 弘一法师. 悲欣交集：弘一法师自述 [M]. 北京：文化艺术出版社，2015：157.

游记》故事对孩子进行道德教育。比如，我们经常听到"熊孩子"的话题，一些孩子没有规矩规则意识，放任自己的行为（像划破车辆、玩火焚物之类），给他人生命财产安全造成了伤害。一些家长就教育这些"熊孩子"说："你看孙悟空，即便可以上天入地、呼风唤雨，但是也不能想怎么样就怎么样，他还是要听师父的话，要是他不听师父的管教，他就会闯大祸，师父就会念紧箍咒让他头疼让他付出代价。"这样教育就是给孩子戴上规矩的紧箍咒，让孩子从小就树立规矩意识、代价意识，让孩子明白不守规矩就要付出代价。有人说："自孩提时代起，我们确实依据他人来塑造自己，受他人的性格和素质的影响，而我们的文化仍继续着这个过程，并影响我们的道德选择。"①《西游记》的故事对中国儿童的道德教育作用也证明了这一点。

鲁迅先生曾说，《西游记》是中国人的"教科书"，它让中国人知道了人是有正邪之分的，并且往往邪以正显，这教会中国人以一种变化、怀疑的眼光看人看事，尤其是那些"看见显得正人君子模样的人物"。鲁迅这样说是很有深意的，他在告诉人们不要相信人是永恒的善或永恒的恶，要看清那些伪善的人的面目。"不管当权者对立的双方怎样变换面孔，变化招法，'两面都是妖怪'，统治者的反动本质和吃人本性，万变不离其宗。所以，对于他们的'变化'，不惊奇，更没有吓得气绝，而且要持'怀疑'态度，就是不相信他们会变好，他们的'变'，其实就是骗，本质还是'妖怪'。"② 在鲁迅看来，《西游记》教会了中国人在一个伪善的世界中怎样去辨识正邪、善恶、忠奸。

毛泽东也非常强调《西游记》故事对人民的道德教育作用。他把《西游记》视为"民主文学"，并认为它"影响对人民的教育"。③ 在毛泽东看来，《西游记》中阴司地狱是封建社会黑暗的写照，孙悟空张扬个性、追求自由平等，是对封建礼教、传统意识的束缚在一定程度上的挣脱，而唐

① 拉曼·塞尔登. 文学批评理论——从柏拉图到现在 [M]. 刘象愚，等译. 北京：北京大学出版社，2003：499.
② 董志新. 毛泽东读《西游记》[M]. 沈阳：万卷出版公司，2011：28.
③ 董志新. 毛泽东读《西游记》[M]. 沈阳：万卷出版公司，2011：24.

僧的方向明确、意志坚定，八戒的牵马挑担、拱泥蹚路，沙僧的看堆守摊、照顾师傅、踏实勤恳，加上观音的救苦救难，他们共同组成了一个战天斗地、反抗邪恶的正义群体，人民群众可以从《西游记》中受到反抗黑暗、追求自由、精诚团结的教育。

第二节　佛教道德叙事的主要类型

　　道德故事在宣扬佛理、教化众生方面起着重要的作用。佛教道德故事多如牛毛。从主旨内容上概而观之，赞美佛、菩萨、高僧大德的精神境界，宣扬善恶报应，教导人们如何在日常生活中持戒修行、行善去恶，启示众生悟道精进，是佛教道德叙事的基本类型。对以上类型的划分和了解，有助于我们从整体上粗略地把握佛教道德叙事内容面貌。

　　佛教经典浩瀚繁多，其中的故事也多如牛毛。"如是我闻。一时，佛在……"，这种叙说，事实上就拉开了讲故事的架势。"本缘部"佛经，其所讲的，是有关释尊、弥陀、弥勒等佛菩萨，或佛弟子等，于过去世之永劫中，受生为各种不同的趣类、身形、角色、身份等，而行菩萨道之故事。归于"本缘部"的佛经，中国人比较熟悉的有《贤愚经》《百喻经》等，它们算得上是专门的"佛教故事集"。

　　辑录佛教故事的现代著作亦甚多。台湾佛光山出版社出版有《佛教故事大全》，收录了四百七十多篇故事，具体的类别有：供施篇、因果篇、信修篇、悔愿篇、忍进篇、智愚篇、苦空篇、本生篇、弟子篇、警语篇。潘明权等编著的《佛经故事》，收录了佛与菩萨故事、修行者故事、智者故事、善者故事、贪嗔痴人故事、愚人故事、恶人故事、动物故事等诸多类别的佛教故事。朱瑞玟编著的《佛教故事》，选录了佛教典故故事、佛教义理故事、佛教警示寓言、高僧大德故事及与佛教有关的世俗逸闻等。由上述分类可知，除少数属于专门的义理阐释外，佛教故事大部分都具有道德蕴含，从其主旨内容看，它们或赞美佛陀大德，或讲述善恶报应，或教导持戒修行，或启示悟道精进。下面，我们以这四个类型为基本考察视角，对佛教道德叙事作一个大致的把握。

第一类是赞美佛陀、菩萨及其他高僧大德道德精神、道德境界的叙事。这方面主要有佛本生本行故事、民间流传的一些菩萨的故事、《高僧传》记载的一些高僧大德的故事。佛教讲前世今生、生死轮回，这就有本生本行之分。所谓佛本生故事，主要讲的是佛陀前世修行轮回的故事，所谓佛本行故事，主要讲的是佛陀今生今世的故事。佛本生本行故事内容多样，但其中有很多是歌颂佛陀大慈大悲、大智大勇的。比如汉译的《本生经》，多有佛陀慈悲为怀、自利利他、自我牺牲、精诚求道的故事记载。三国时期康僧会所译《六度集经》，汇集了80多个佛本生故事，其中比较有名的有舍身饲虎、以肉贸鸽、凡人求道等故事。

舍身饲虎的故事。佛陀过去世曾为婆罗门，住在山泽中专心修习佛道。有一天在山里寻找果子的时候，在路上遇到一只老虎。老虎喂了幼虎之后，又累又困，饥饿难当之下想要吃了幼虎。佛陀看到虎吞幼子，怅然心悲，回身四顾，又没有什么东西可以救幼虎之命。他就想："老虎是肉食动物呀。我可以用我的肉身去满足它。我立志学道，本是为了众生脱离苦海，帮助众生渡过难关。我以后老死了，身体也是要放弃的，不如现在就做好事，成就我帮助众生的德行。"于是，他就自己把头伸到老虎口中让老虎吃而不觉得疼痛。老虎和幼虎都保全了生命。

以肉贸鸽的故事。在久远劫以前，释迦牟尼佛曾是一位大国国王，名叫萨波达，布施众生，德泽四方。帝释天王想要试探他，于是邀约身边的另一位王者说："你变作一只鸽子在前面飞，我变作一只老鹰在后面追，你去请求他的保护，咱们看看他的反应。"萨波达国王因之就看到了一幕老鹰追鸽的景象。鸽子惊慌失措，钻到萨波达国王的腋下。老鹰追到国王跟前，对国王说："这只鸽子是我的食物，我肚子很饿，请大王还给我。"国王说："我已经立下了誓愿，要救拔天下一切众生苦厄，鸽子求救于我，我决不能将它交给你。你还可以吃别的肉吗？我会满足你的。"老鹰说："如果国王你能割自己身上与鸽子体重相等的肉给我的话，我就接受。"国王说好，马上就从自己的大腿上割下一块肉，命人拿秤一称，那块肉却轻于鸽子，于是再割，直到身上的肉都割尽了，都不能与鸽子重量等同，国王一心只想救活鸽子，他不顾疼痛，命令近臣取出自己的脑髓加上去。帝释天王被国王坚强的意志和慈爱的心怀所感动，还复原形，对国王说："国王能做如此难行的菩萨道，为的是什么呢？是想取代我做帝释天王吗？"国王回答说："我所追求的，并非三界中的尊贵与荣耀，而是佛道，我要使一切众生远离苦厄。"帝释天王听说后，即用天医神药使国王立即恢复健康之身并愈显庄严。

凡人求道的故事。在某一世时，佛陀是一凡人。他听闻佛道庄严而又能度人苦厄，就一心想求闻佛道，甚至于为此朝思暮想、哭泣不已。这时候，邻近有个对佛道精义有所了解的人知道了凡人的渴求，就说："我知道佛道精义，你想领受吗？"凡人听了欢喜得无法估量，于是，叩头至邻人的脚下，伏在地上请求传授。知道佛道精义的人说："这种无上的智慧，你想白白地听到，难道有这样的好事吗？如果你确实诚恳的话，那么就用针刺你身上的每一个毛孔，倘若流血疼痛不已而心中还不后悔，我才愿意将大道说给你听。"凡人回答："即便一听到佛道精义就死去，我也高兴去做，何况是刺身而活着呢？"他立即铺开针来刺自身，血如泉涌，但他沉浸在即将能听到大道的喜悦中，浑然不知疼痛。见此情景，那位邻近的人就如实相告所知佛法了。

以上三则故事表现了佛陀大慈大悲、救苦救难、一心求道、不惧牺牲的伟大形象，这种高尚道德形象的塑造对众生修行是一种指引，并且激励了众生勤修"菩萨行"。正如有学者所说："本生故事是以佛陀的人格为理想人格，塑造的主人公为了他人的幸福，往往不惜自己的一切，包括财产、地位、妻子、儿女乃至自己的肢体与生命。因此，本生故事的出现对大乘佛教的'菩萨应普度众生"思想的产生，起到了极大的促进作用。随着佛教的发展，僧伽成为佛教的核心，更多的本生故事被编写出来，佛陀的形象越来越高大，越来越丰满，逐渐地被神格化了。同时，大乘佛教的菩萨行也随之普及于世间，成为广大佛教徒的志愿：要将自己和一切众生从苦恼中解脱出来，而得究竟安乐；要将自己和一切众生从愚痴中解脱出来，而得彻底的觉悟，就要实践菩萨行。"①

关于菩萨和高僧的道德故事，中国人最熟悉的莫过于观音和玄奘。事实上，在中国历史上，像玄奘这样不畏艰难、一心求法，或者全力弘法以拯救世道人心的高僧大德还有很多。比如在玄奘之前就有东晋法显西行求法，玄奘之后又有鉴真和尚东渡日本传法。《高僧传》记载法显西行求法路上的艰难险阻："西渡流沙，上无飞鸟，下无走兽，四顾茫茫，莫测所之。唯视日以准东西，望人骨标行路耳，屡有热风恶鬼，遇之必死，显任缘委命，直过险难。有顷，至葱岭。岭冬夏积雪，有恶龙吐毒，风雨沙砾，山路艰危，壁立千仞。昔有人凿石通路，傍施梯道，凡度七百余所。又蹑悬絙过河，数十余处，皆汉之张骞、甘英所不至也。"② 法显西行求法，历时十五年，有时只能靠太阳来辨方向，有时只能望人骨来做路标，有时又遇飞沙走石、暴雪野兽，有时要攀爬凿在悬崖上的天梯，有时又要踩着悬空的大绳索渡河，最终又遭海难才返回中国。鉴真东渡日本传法，前五次因遭官府阻拦或遇飓风皆未能成功，其间双目失明，至第六次才东渡成功。中国佛教发展历史过程中涌现的高僧大德形象，激励了中国人凭着信仰的力量，凭着一股子精气神勇敢地站起来、活下去，帮助中国人挺立了为人处世的脊梁。正如鲁迅先生所说："我们自古以来，就有埋头苦干的人，有拼命硬干的人，有为民请命的人，有舍身求法的人……虽是等于为帝王将相作家谱的所谓'正史'，也往往掩不住他们的光耀，这就是中国的脊梁。"③

第二类是有关善恶报应的叙事。业报思想是佛教中的重要思想，也是支撑佛教道德话语体系建构的重要基点。佛教中的许多故事，就是向人们宣扬"善有善报，恶有恶报"的思想。尤其是面向民间百姓，佛教一直重视因果报应故事的传播。另外，在佛教中，像前世今生、天堂地狱、生死轮回之类的故事也往往与善恶报应类叙事紧密相关。下面，我们从《杂宝藏经》和《法句譬喻经》里分别选取一个"善有善报、恶有恶报"的故

---

① 康僧会. 六度集经［M］. 蒲正信，注. 成都：巴蜀书社，2012：前言 1.
② 慧皎. 四朝高僧传：第 1 册［M］. 北京：中国书店，2018：35.
③ 鲁迅. 拿来主义［M］. 成都：四川人民出版社，2017：215.

事，对佛教善恶报应的叙事作一简单了解。

"小沙弥救蚁延寿"的故事。佛在世时，有一比丘已证道果，得六神通，知道随侍身边的小沙弥，再过七天，性命将尽。因此命沙弥回家探省母亲，并吩咐他七天后再回到寺院。小沙弥听完师父吩咐以后谨记在心，就此拜别师父返乡而去。在家待够了七天后，小沙弥竟然真的回到师父的身边了。比丘觉得很奇怪，于是入定观察究竟。原来小沙弥在回家途中，看见蚂蚁穴被水浸入，千万蚂蚁顺水漂流，即将死去，小沙弥顿发慈悲之心，随即脱下袈裟装起泥土挡住水流，并把那些遭遇水困的蚂蚁拾起来放到高的干燥之处，它们便都活了下来。原来是有此功德，小沙弥才七日不死并延年益寿的。

"一牛断三命"的故事。有一天，一个叫弗迦沙的人在城门口被一头牛撞死了，牛的主人怕这头恶牛闯更多更大的祸，就将其低价卖给了他人。买牛的这位新主人，在牵牛回家途中，想给牛饮水，没想到"强按牛头不喝水"，恶牛反而又将新主人顶死了。新主人的家人一怒之下，便把这头恶牛宰杀了，将牛头便宜卖给了一个农夫。那个农夫在担着牛头回家途中，走得又渴又热，于是将牛头挂在树上，自己坐在树下休息，哪曾想绳子断了，挂着的牛头一下子掉了下来，当场把农夫砸死了。一头牛，一天中，连害三命，这不得了，众人将此蹊跷事情告诉国王，国王又请佛陀告知原委。原来，被害的这三个人前世是一起做生意的三个商人，他们到邻国做生意，租住在一个孤苦无依的老妇人家里，本来约好是要给多少多少租金的，但是他们某一天趁着老妇人外出时偷偷溜走了。当老妇人追上他们讨要房租的时候，他们却欺负老妇人年老体衰、无依无靠，不仅百般抵赖，说已经付过了，而且还对老妇人进行谩骂羞辱，老妇人气愤不已，说来生一定要报复他们。佛陀告诉大家，触死三个人的这头凶牛，就是老妇人的后世，欺负老妇人的三个商人，就是同日被牛触死的那三个人，他们是自作自受。

以上两则故事，一是善报，一是恶报，一是报于当下，一是报于来世，诠释了佛教"善有善报，恶有恶报，不是不报，时候未到，时候一到，立刻就报"的理念。当然，这类故事中有不合常理乃至是迷信的成分——尤其是其被封建统治者加以利用的时候。不过，正因为不能证其真伪，很多人才宁信其有、不信其无，以信仰待之。可以说，善恶报应已经成为中国人的一种道德信仰。佛教善恶报应的故事在中国民间广为流传，在一定程度上对百姓起到了一种"诸恶莫作，众善奉行"的道德劝诫作用。尤其是当某人要做或正做坏事时，旁人说"你不怕报应吗?""你会遭报应的!"这样的提醒会让行为者多少有所顾忌。

第三类是有关持戒修行的叙事。主要包括一些贤者、善者的故事，涉及信仰、持戒、布施、慈善、宽恕等各方面的内容。当然，还有一些对恶人恶事的记叙与谴责的故事，它们可以从"反面教材"的角度归于此类。总而言之，这一类故事主要讲在坚信佛教生死轮回、善恶报应、涅槃寂静等学说的基础上，如何强化修行、度己度人，从而解除人生的痛苦并获得快乐、幸福。下面我们看看《六度集经》中的两则故事。

农夫安贫不杀生的故事。从前，有一个农夫，能听懂飞禽走兽的语言。但是他生活贫困，靠为商贩出苦力挑担、搬货谋生。有一天，农夫在随商贩送货途中，卸下担子在河边吃饭。这时候只听见一群乌鸦在头顶盘旋鸣叫。商人听见乌鸦叫，恐慌不已，以为有祸事降临，吓得身上的汗毛竖了起来。农夫听见了，只是微微笑了笑，照常吃饭，吃完饭继续上路。一路跋涉终于到达商人的家乡，商人在付脚力钱的时候，问农夫："那会儿在河边听到乌鸦叫时，你付之一笑，这是为什么呢?"农夫回答："乌鸦说，河里有蚌，蚌有白珠，价格昂贵，你杀它取珠，我吃它的肉。我听闻此言就笑了一笑。"商人问："你为何不去杀蚌取珠呢?"农夫说："我一直诵读佛经，知道要善待那些飞行蠕动的生灵，好杀擅取者不是一个仁义的人，这样的人是没有善报的。作为佛的弟子，我宁愿贫贱而死，也不愿违背佛的教诲，过谋财害命的生活!"

金盘子的故事。很久以前，有位年轻人和他舅舅结伴到各地做买卖。这天，他们来到一个国家，遇到一条大河，为了察看河对面的情形，舅舅先行过河，落脚于岸边的一户人家，这家里住着一个寡妇和一个小女孩。看到一个商人进入家里来，女孩对妈妈说："妈! 咱们后屋有一只大盘子，很多年没用了，我看多少可以拿来换一颗珍珠，我真想要一颗珍珠!"母亲想顺了女孩的心愿，便走进后屋，从一堆破烂杂物中，翻出一只很久没用的盘子递给商人。商人轻轻刮了一下，立刻发现盘子是金的，知道这是无价之宝，但他却假装很鄙视的样子，把盘子往地下一摔，轻蔑地说："我以为是什么宝贝呢！别让这不值钱的破铜烂铁弄脏我的手！"说完转身就走了，留下那对母女不好意思地站在那里。不一会儿，年轻人也过了河，正好沿着这个方向来找他舅舅。女孩见又来了一个商人，再次向妈妈提出换珍珠的事。妈妈说道："还是算了吧，免得又被他人奚落耻笑。"女儿不同意，说："他们不一样啊！您看这个年轻人，相貌堂堂，和善又正直，完全不像刚才那人那副嘴脸。"女儿不听母亲的劝阻，又将盘子拿给年轻人看。年轻人一看，告诉她们说："这只盘子是用非常贵重的紫磨金制成的，不是一般的值钱，我要拿我所有的货物和您换，行不行？"母亲很高兴地说："当然好啦！"年轻人连忙找到舅舅，告知原委，还借了两枚金币，去雇人把货物运过河来。舅舅一听这茬，就趁外甥去河对岸运货时，赶快回到寡妇家，装作很大方很仁慈的样子说："其实您这只盘子不值什么钱，不过，看在你们生活也不富裕的份上，我就拿几颗珍珠和您换吧，我吃一点亏就算了，谁让我是个好心人呢！"那寡妇已经看透他的把戏，气愤地说："好你个家伙，又来了！告诉你吧，一个好心的年轻人说我的盘子是一只金盘，他要拿他所有的货物和我交换，你还想蒙我占便宜。真是个贪财、奸诈的骗子！快走吧，再不走，我就要用我手中的拐杖打你了。"商人见此苗头，赶快逃了出来，一口气跑到河边，悔恨交加，气得捶胸顿足地叫："我的金盘子啊！"一气之下竟然吐血而亡。当他的外甥来找他还那两枚金币时，他早已经断气了。年轻人难过地说："舅舅啊！您这样贪财，竟然失去了自身性命，实在是不值得啊！"

以上两则故事，都围绕一个"贪"字在转。农夫宁愿受苦受穷，也不愿意杀蚌取珠，因为他认为这谋财害命的事儿，有违佛祖"不可杀生"的训诫，终究也会有恶报的，不管面对多大的利益诱惑，作为修行者，他都将守好戒、求善报放在第一位，仁心不失。而商人却不一样。他贪婪成性，不仅欺诈、羞辱人家孤儿寡母，而且还见不得亲外甥得利。商人一心只有私利，哪里还装得下诚实、仁爱、公平、友善、共享这些美德，他最终吐血而亡，是心眼太小，也是恶报。相反，作为生意人，商人的外甥尽管也以获利为目标追求，但是他却有一个基本的信仰，那就是童叟无欺、公平交易、与人为善，换句话说，他守得住良心。这样的人必将得到善报。佛陀在讲这个故事时，说商人是"贪欺以丧身"，商人的外甥是"守信以获宝"，并说那位外甥是自身的前世，商人是与自身敌对之恶比丘调达多的前世。佛陀这里讲的"守信以获宝"之"信"字，有三层意思：一是信用，做人做生意最基本的要讲信用，不能坑蒙拐骗，不能口是心非；二是信仰，要相信善恶报应的佛教道理；三是信心，只要按照佛教的教导，勤加修行，最终必然会得善报。

第四类是有关悟道精进类叙事。一个人假如没有正确的道德认知，那么也不会有正确的道德行为。佛教认为，众生之所以人生迷茫、言行错乱，乃是对世界的真谛缺乏正确的认知。佛教中有大量智者或愚人的故事，这些故事就是要启发众生，如何去认识、守护生命的本真，如何坚定地在正道正信上走下去，从而离恶趋善、修行得道。

《杂譬喻经》中有一个国王"悟道得乐"的故事。过去有一个国王，抛弃江山社稷做了和尚。他在山中用茅草盖起房舍，以蓬蒿作席子，在那里研习佛理。一天，他认为找到了人生的真谛和归途，大笑不止，痛快异常。这时候，旁边有人忍不住问他："你有什么值得高兴的呢？现在你一个人坐在深山里学道，孤孤单单，又有什么乐趣呢？"国王回答道："我做国王时，心中所担心的东西真是太多了：有时候担心邻国会来入侵；有时候担心别人劫取我的财宝；有时候担心我会被他人所算计；有时候还经常担心大臣们为贪财而谋反。现在我做了和尚，一无所有，也就没有算计我的人了。所以我的快乐不可言喻呀。"

佛教认为，众生之所以有种种烦恼，乃是因为心眼太小、执念太重，总贪念着这是我的、那是我的而不得，总堤防着他人对自我利益的觊觎，这样势必造成自我与他人关系的紧张，使自我身心疲惫不堪。上述故事中的国王认识到，江山也好，财富也好，其实与自身都没有本质的、必然的联系，自身曾经拥有它们，仅仅是一个"缘"字，缘有生亦有灭，若明白缘生缘灭、四大皆空的道理，才能有一种不拘于物、不役于物的大境界、大快乐。国王"悟道得乐"的故事启发众生，只有抛弃我执、身见、贪欲，才能一身轻松、人己和谐、自由自在。

《出曜经》卷六中有一个"愚人"的故事。"昔有一人，多牧群牛。舍己群牛，数他群牛以为己用。己所有牛，或遇恶兽，或失草野，日有损耗，不自知觉。便为众人所见嗤笑：'世之愚惑莫甚于卿，认他群牛以为己有。'"这个故事的大意是：有一个人养了一大群牛，他把自己的牛群扔到一边不管，却把别人的牛群当作是自己的，这样，渐渐地他自己的牛群或是被野兽吃掉，或是在荒野中丢失了，每天都在不断地减少，可他自己却还不知道。众人见了，都嗤笑他，说他真是天底下最愚蠢的大笨蛋，丢下自己的牛群不管，却把别人的牛群当作是自己的。

从佛教的角度看，这个牧牛人将精力放在他牛之上而忘却并最终丢弃了己牛，这是迷上了邪魔外道而没有守护好本心，没有遵循佛教正道。究其根本，还是牧牛人认为他人的即是好的，还对他人的东西存在非分之想、贪求之念。结果肯定是他人的东西得不来，自己的东西也丢了，白白忙了一场。在佛教看来，有"善知识"，有"恶知识"，要想证得涅槃寂静，就需要扎实的修行，就需要不断地与异见、外道、谬论作斗争，与自己的贪欲作斗争。愚人的故事启示众生，要识得自身的本心佛性并一心一意地滋养它，而不能被外道的花言巧语所迷惑，只有这样，人生才能不断产生充实感、获得感、满足感、喜悦感。

从主旨内容上看，赞美佛、菩萨、高僧大德的境界，宣扬善恶报应，教导人们如何在日常生活中持戒修行、行善去恶，启示众生悟道精进，如此种种，是佛教道德叙事的基本类型。当然，这是为了方便我们更好地从整体上把握佛教道德叙事主旨内容的不完全概括或粗线条概括。另外，还需要注意的是，很多佛教道德故事，有时候很难把它归于上述类型的某一类。比如有的本生故事，既讲了佛陀在过去某一世中的大慈大悲、大智大勇，又宣扬了因果报应，还蕴含着佛理精义。所以佛教的道德故事，即便短小精悍，也意蕴丰富，需要我们仔细体味。

第三节　佛教道德叙事的表现形式

佛教道德叙事内容多样，形式亦不拘一格。寓言、诗偈、变文、语录、绘画、石刻等都被佛教借以展现道德叙事。通过抓好利用好以上表现形式的各自特点和表现效果，佛教道德叙事表现出深入浅出、内容精炼、接近大众、感染力强、吸引力大等整体特征。

佛法艰深难懂。佛陀和高僧大德在为众生宣讲佛法时，比较喜欢打比方或打比喻。由喻体及本体，由浅义及深义，是佛教诠释佛法常用的手法。唐代法藏法师在长生殿为武则天讲《华严经》，但是讲完后，武则天等一众人茫然无解，法藏就指着金銮宝殿的一角，结合那里的一对金狮子再讲一次，以金狮子作比喻，揭示无尽缘起之玄旨、六相圆融之奥秘，武后遂豁然开朗。这次讲经给中国佛教史上留下了《华严金狮子章》。可以说，《华严金狮子章》真正诠释了什么是"深入浅出"。

作为一种表达技巧，打比方最大的特点就是深入浅出。说其"浅出"，是因为它听起来不费劲，而且容易被人听得进，说其"深入"，乃是它背后还有深层次的含义有待揭示和思量，而且，听的人还非想思量清楚不可。在呈现一些比较复杂的道理时，人们往往喜欢用寓言故事打比方。

春秋战国是百家争鸣的时代，为了更加形象、更加深入地阐释自家思想，寓言广受重视。"战国时期，'寓言'的创作进入繁荣期，在百家争鸣的局面中，为了增强自身理论学说的吸引力和说服力，诸子各家争相运用'寓言'这一手段，'寓言'的创作异彩纷呈。除庄子外，《孟子》《列子》《韩非子》《吕氏春秋》等子书中的'寓言'，总数在千篇以上。"① 佛教也特别重视寓言。佛教有"十二分教"的说法，即将全部佛经分为契经、应

---

① 戴俊霞，阮玉慧.《庄子》文学的跨文化研究［M］. 北京：光明日报出版社，2020：44-45.

颂、授记、讽颂、自说、因缘、譬喻、如是语、本生、方广、未曾有、论议十二类。契经一般为散文体，讽颂一般为偈颂体，而譬喻一般就是寓言。

寓言是佛教道德叙事最常用的表现形式。佛教故事较集中的"本缘部"佛经，许多经名本身就带"喻"字，比如《杂譬喻经》《法句譬喻经》《百喻经》《佛说譬喻经》《佛说医喻经》等。中国人最为熟悉的莫过于《百喻经》了。鲁迅先生当年就出资刊印过此经并为之作序推荐。《百喻经》每篇由"寓"和"法"两部分组成，"寓"是前面简短的寓言故事，"法"则是对寓言所蕴佛理和教义的揭示。从内容上看，《百喻经》中的绝大部分寓言故事都富有道德意味——当然是带有佛教色彩的，比如坚守正道、持戒修行、善恶报应、悟空解脱等。

试举一例。《百喻经》第三十则，讲了一个"牧羊人"的寓言故事。从前，有一个人，很会牧羊，他的羊繁殖增多，以至成千上万。但这人极端吝啬、贪财，不肯让别人用他的羊。这时，又有一个人，善于诈骗，便寻找机会，到他那儿去和他结成亲友，对牧羊人说："我现在和你最相亲相爱，就像一个人一样，没有一点儿差异。我认识的一家有个漂亮的女儿，我一定为你去求亲，让她做你的妻子。"牧羊人听了，心里欢喜，便送给他许多羊和别的财物。不久，这个人又对牧羊人说："你的妻子今天已经生了一个儿子。"牧羊人还没有见过妻子，听说她已经生了一个儿子，心里十分欢喜，就又给了这个人许多东西。这个人后来又对牧羊人说："你的儿子生了下来，现在已经死了。"牧羊人听这个人这样说，便大声哭泣、叹气，哽咽不止。

表面看，这是一个傻子被骗子骗了的故事，但里面蕴含的道理却没有这么简单。《百喻经》在宣示这个故事的寓意时说："世间之人，亦复如是。既修多闻，为其名利，秘惜其法，不肯为人教化演说。为此漏身之所诳惑，妄期世乐。如己妻息，为其所欺，丧失善法，后失身命，并及财物，便大悲泣，生其忧苦。如彼牧羊之人，亦复如是。"①《百喻经》很深

---

① 周绍良．百喻经译注 ［M］．北京：中华书局，1993：58．

刻地指出了牧羊人身上的三个问题：吝、贪、蠢。首先说其吝。他为人自私小气，从不愿意将其牧羊的技法拿出来与人分享，也从不愿意急人所难（比喻一些人知道一些佛法精义，但只用于自我解脱，而不愿为他人教化言说）。其次说其贪。一听别人要给他介绍漂亮姑娘做妻子，他就满心欢喜被别人吸引了去（比喻不识己身佛性，信仰不坚定，贪图俗世享乐，易被外道外欲所迷惑）。最后说其蠢。他坚信被人虚构的、虚无缥缈的老婆、孩子一直实际存在，最后竟然为之动了感情、去了财富、伤了身子（比喻不识缘起性空，以假有为真有，以虚有为实有，并全力以赴去追逐，最终只能是越来越远离善法）。

事实上，吝，舍不得花钱、不愿意分享，也是一种贪，因为少花一分就多有一分，少分享一点就多留存一点。贪，最容易让人们心智和双眼被蒙住，从而不辨真假所在、不识危险来临。只要他人说得好听一点，允诺的多一点，贪婪之人就随之而去了，最终在生命财产安全上肯定是要吃亏的。贪是人性的弱点，因此"牧羊人"的故事是"我们"的故事。佛教认为，只有认识到缘起性空，破了我执，才能对治贪婪，一个没有贪心杂念的人，其慈爱之心就会涌动起来，他就会更多地考虑到别人而不是满世界仅仅只有自己。这也是"牧羊人喻"给我们的道德启示。

牧羊人的故事"可笑""好玩""有意思""不可思议"。为什么要将"庄严"的佛法与"好笑"的寓言联系起来？《百喻经》的作者僧伽斯那说："此论我所造，和合喜笑语。多损正实说，观义应不应。如似苦毒药，和合于石蜜。药为破坏病。此论亦如是。正法中戏笑，譬如彼狂药。佛正法寂定，明照于世间。如服吐下药，以酥润体中。我今以此义，显发于寂定。如阿伽陀药，树叶而裹之。取药涂毒竟，树叶还弃之。戏笑如叶裹，实义在其中。智者取正义，戏笑便应弃。"① 由此观之，佛教正是利用寓言故事"可笑""好玩""有意思""不可思议"等特点，引人倾听、深思，从而悟出佛理以助修行。

当然，除了《百喻经》这类直接以"喻"字入经名的佛经外，还有其

①　周绍良. 百喻经译注 [M]. 北京：中华书局，1993：188.

他许多佛经也以寓言的形式来展现佛教道德叙事，比如《生经》《出曜经》《贤愚经》《六度集经》《杂宝藏经》《大庄严经》《撰集百缘经》《佛说九色鹿经》等。《佛说九色鹿经》是一部篇幅不长的佛经，里面讲了一个关于"九色鹿"的寓言故事。一个汉子掉到河里去了，叫天不应叫地不灵的时候，被一头身上有九种颜色的九色鹿救起来，九色鹿不求汉子的任何报答，只央求他不要告诉别人自己的藏身之所，免得遭人猎杀。某天，王后在梦中梦见了这只九色鹿，她渴求得到它美丽的皮毛，国王于是贴出布告，赏求能抓到九色鹿的人。汉子见有利可图，就带着国王的军队去把九色鹿紧紧围住。九色鹿对国王说，它救过他的国民。国王这才知道事情原委，他狠狠地责罚了那个汉子，并且下令将九色鹿保护起来。其他的鹿见状纷纷聚集在九色鹿身边，依附于它。此后，鹿群不再侵害庄稼，国家也风调雨顺，国中的百姓都过上了幸福生活。九色鹿的故事教育众生要有仁爱之心，不能见死不救，更不能忘恩负义，只有以仁待人，才能团结人、感化人，才能获得福报。九色鹿的故事趣味性强、情节曲折，是一个很好的道德教育故事，在中国曾被拍成动画片，深受广大少年儿童喜爱。

佛教道德寓言故事有一个显著特点，就是故事的很多主角是动物，因此，有一些佛教故事集还专门设有"动物故事"栏目。佛教讲动物故事，这不仅符合生死轮回的教义（比如某人前世是一牛、一狗），让人知晓道德修行是一个事关前世、今生、来世的重大事情。而且，还将道德关系从人与人方面拓展到人与动物方面，加大了道德言说的空间。假如没有人与动物的关系，佛教道德故事的数量恐怕会严重萎缩。另外，以动物言道德，能对人起到强化道德教化的作用。比如上面的九色鹿故事，就会让人觉得动物尚且如此知道仁德，人怎么能连动物都不如呢？故事中，国王正是听了九色鹿的话后"甚大惭愧"才施仁政的。

佛教道德寓言故事另外一个显著特点，就是在讲故事的时候夹杂着运用偈子。简而言之，偈子就是佛教用来赞颂佛菩萨功德、表达佛法的类似于诗的东西。这类诗大多对仗工整，义理丰富，而且读起来朗朗上口，让人印象深刻。《法句譬喻经》是讲寓言故事的，但在故事中夹用偈子。这些偈子对于人们理解并记住寓言故事的寓意很有帮助。

试举一例。《法句譬喻经》中讲了一个"佛陀教化猎人不杀生"的故事。一众猎户生活在深山老林中，他们以猎杀动物然后食肉衣皮为生。有一天，当猎人们都外出打猎的时候，佛陀就来到他们的住所，以神通照亮他们的村庄，然后为他们的妻子说法，让她们起仁慈恻隐之心。待到猎人们回来的时候，他们的妻子都没有像往常一样出去迎接，猎人们惊愕不已，以为发生了什么变故。当知道他们的妻子在听佛陀讲法时，猎人们气不打一处来，差点动手打佛陀，不过在他们妻子的劝说下，猎人们还是安静下来并耐心聆听了佛陀的教诲。听完后，他们纷纷长跪佛前表示忏悔。后来，佛陀请求国王赏赐田地给猎人们，让他们劳作耕种养活自己，由此这些猎户们告别了打猎的营生并过上了幸福的生活。

《法句譬喻经》在讲上述故事的时候，穿插了佛陀所讲的偈子。佛陀对猎人们的妻子说："为仁不杀，常能摄身。是处不死，所适无患。不杀为仁，慎言守心。是处不死，所适无患。垂拱无为，不害众生。无所娆恼，是应梵天。常以慈哀，净如佛教。知足知止，是度生死。"佛陀对猎人们说："履仁行慈，博爱济众。有十一誉，福常随身。卧安觉安，不见恶梦。天护仁爱，不毒不兵。水火不丧，在所得利。死升梵天，是为十一。"① 佛陀对猎人们的妻子反复说要"不杀"和"仁慈"，又对猎人们具体说了"不杀"的诸多好处，比如睡觉会心安睡得稳，会常常得到上天的庇佑从而免遭各种灾难，死后会得到福报。佛陀四字一句、娓娓道来，显示了其教化众生的耐心和智慧。

事实上，也有单独的以诗偈来叙述、展现佛教道德故事的。这方面的典型例子就是马鸣菩萨的《佛所行赞》（又名《佛本行经》）。该经以诗体形式叙述佛陀行迹故事。其中有"降魔"一章，讲的是佛陀在修行过程中如何破除魔王干扰的故事。魔王害怕佛陀修成正道从而对自身的统治构成威胁，不断要求佛陀放弃修行，并放箭射杀佛陀，佛陀不为所动。魔王又召集各种妖魔鬼怪做各种法事、各种恶相恐吓佛陀，佛陀仍不为所动。魔王又让自己的女儿和姊妹作种种媚态勾引佛陀，佛陀还是不为所动。这

---

① 荆三隆. 法句譬喻经注释与辨析［M］. 北京：中国社会科学出版社，2013：69-70.

时候，天空中一声巨响，有护法天神出现并斥退魔王。《佛所行赞》中是
这样记叙护法天神斥退魔王的：

> 空中负多神，隐身出音声：
> "我见大牟尼，心无怨恨想，
> 众魔恶毒心，无怨处生怨；
> 愚痴诸恶魔，徒劳无所为，
> 当舍恚害心，寂静默然住，
> 汝不能口气，吹动须弥山。
> 火冷水炽然，地性平软濡，
> 不能坏菩萨，历劫修善果。
> 菩萨正思惟，精进勤方便，
> 净智能光明，慈悲于一切，
> 此四妙功德，无能中断截，
> 而为作留难，不成正觉道，
> 如日千光明，必除世间暗。
> 钻木而得火，掘地而得水，
> 精勤正方便，无求而不获。
> 世间无救护，中贪恚痴毒，
> 哀愍众生故，求智能良药，
> 为世除苦患，汝云何恼乱？
> 世间诸痴惑，悉皆着邪径，
> 菩萨习正路，欲引导众生，
> 恼乱世尊师，是则大不可，
> 如大旷野中，欺诳商人导。
> 众生堕大冥，莫知所至处，
> 为燃智慧灯，云何欲令灭？
> 众生悉漂没，生死之大海，
> 为修智慧舟，云何欲令没？

忍辱为法芽，固志为法根，

律仪戒为地，觉正为枝干，

智慧之大树，无上法为果，

荫护诸众生，云何而欲伐？

贪恚痴枷锁，轭缚于众生，

长劫修苦行，为解众生缚。

决定成于今，于此正基坐，

如过去诸佛，坚竖金刚台。

诸方悉轻动，惟此地安隐。

能堪受妙定，非汝所能坏。

但当轻下心，除诸憍慢意。

应修智识想，忍辱而奉事。"

魔闻空中声，见菩萨安静，

惭愧离憍慢，复道还天上。

魔众悉忧戚，崩溃失威武，

斗战诸器仗，纵横弃林野，

如人杀怨主，怨党悉摧碎。

众魔既退散，菩萨心虚静，

日光倍增明，尘雾悉除灭，

月明众星朗，无复诸暗障，

空中雨天花，以供养菩萨。①

　　这是一段无比精彩的文字。首先斥责魔王见不得他人好，常以恶毒的心在没有怨恨的地方制造怨恨；再说佛陀有正确的见解、不屈不挠的精神、无边的智慧之光、平等的慈悲之心"四妙功德"护体，坚不可摧；又说佛陀怜悯众生，以引导众生脱离苦海为毕生志向，这样的至好至善之人是不应该被阻挠的；还说佛陀有忍耐的行持、坚定的志愿、端庄的行为、正确的见解，相信其一定能修成正果，并且劝告像魔王那样的恶人，及时

---

① 黄宝生. 梵汉对勘佛所行赞［M］. 北京：中国社会科学出版社，2015：368-374.

生起惭愧的心，远离一切恶行。

佛教为什么喜欢用诗偈的形式展开道德叙事？就在于诗的语言典雅优美、含义深刻，读起来富有韵味、抑扬顿挫，能够更好地吸引人倾听道德教化。比如，上面佛陀教化猎人夫妇的偈子四言一句，断句清晰，概括性强，有助于猎人夫妇们听得清、记得牢、思得深，从而更好地对他们起到教化作用。护法天神所言的偈子，从形式上看，五言一句，句句在理，朗朗上口，抑扬顿挫，有力体现了对至善的赞美和对至恶的鞭笞。

佛教不仅有"百喻千诗"，还有"俗讲变文"。什么是"俗讲"？佛经要对着佛弟子讲，这是"僧讲"，同时也要对着普通百姓讲，这是"俗讲"。即便是俗人里面，人之慧根不一样，讲授的形式变化及内容深度也应该不一样，这样，就要变着法子将经文变得通俗易懂，这就有了"佛教变文"。变文是将佛经中的道理旨意或故事加以改造，并以一种普通百姓更喜闻乐见的形式（比如说唱）呈现的东西。整体来看，中国佛教变文的主要特点有二：第一，庶民色彩浓厚，变文产生的目的就是要向世俗人宣扬佛理、悦邀布施，因此，它要以通俗易懂的语言贴近百姓的生活与心灵；第二，伦理色彩浓厚，变文的很多东西都是讲忠孝，这符合中国普通百姓的价值判断和心灵诉求，比如变文中的地狱故事，即多与孝道有关，这既能引起普通人的兴趣，也对其有警示性，使其常怀恐惧之心，进而激发其行孝、从善、向佛之心。

以变文形式展开的佛教道德故事，我们亦举一例。《大目乾连冥间救母变文》是中国有名的佛教变文，它根据竺法护译的《佛说盂兰盆经》敷演而成。这一变文主要的故事情节是：大目乾连之母青提夫人，因不信佛教、不习修行，死后堕入地狱并在其中受尽磨难，大目乾连不忍心母亲受此苦难，历尽艰险，最终救母出地狱与母团圆。下面的文字表现的是母子两人在地狱门口相见的故事情节：

> 娘娘昔日行悭吝，不具来生业报恩。
> 言作天堂没地狱，广杀猪羊祭鬼神。
> 但悦其身眼下乐，宁知冥路拷亡魂。

如今既受泥梨苦，方知反悔自家身。

悔时悔亦知何道，覆水难收大俗云。

何时出离波咤苦，岂敢承圣重作人。

阿师是如来佛弟子，足解知之父母恩。

忽若一朝登圣觉，莫望娘娘地狱受艰辛。

目连既见娘娘别，恨不将身而自灭。

举身自扑太山崩，七孔之中皆洒血。

启言娘娘且莫入，回头更听儿一言：

母子之情天生也，乳哺之恩是自然。

儿与娘娘今日别，定知相见在何年？

那堪闻此波咤苦，其心楚痛镇悬悬。

地狱不容相替代，唯知号叫大称怨。

隔是不能相救济，儿亦随娘娘身死狱门前。①

我们可以从上面这段引文中看出，目连母亲不信业报轮回，杀生享乐，终遭地狱之苦，也方有悔恨之心。目连为报母恩，想以身代母受罪而不可得，眼睁睁地望着母亲被拖到地狱里去，彻骨伤心，举身投地，七孔之中，皆流进鲜血，晕死过去，良久方苏。母子之间的对话令人震撼，尤其是目连孝亲报恩的形象令人动容。另外，上述引文亦是诗歌形式，但是与前面《佛所行赞》中的诗偈相比，更加通俗易懂，更加朗朗上口，更加显示出故事性。总之，这个变文以一种通俗、上口的语言讲孝道、讲轮回、讲业报，显示出极强的故事性，又与中国人道德生活实际相贴近，因而在中国很有影响。我们今天在文学作品或影视戏剧中见到的关于"幽冥界"和"阎王殿"的描写，主要来源于这一变文。

除去寓言、诗偈、变文外，佛教还以"语录"形式叙事。这方面尤以禅宗为典型。禅宗将一些高僧大德在日常生活、交际、传法中的话语记下来，让弟子或众生"参话头"或"参公案"（"公案"本义为官府中判决是非的案例，禅宗谓高僧语录一如政府的正式布告，既尊严不可侵犯，又

---

① 郑振铎. 中国俗文学史［M］. 南昌：江西教育出版社，2018：169.

可供人研究、启发思想，而且还可作为后代言语行为依凭的法式，故亦称高僧语录为"公案"），以获得思想和修行的启迪。比如，《景德传灯录》就是一本叙述历代禅师语录和品行的书，具有很强的故事性和道德蕴意。它这样记载达摩与梁武帝见面的场景：

帝问曰："朕即位以来，造寺、写经、度僧，不可胜纪，有何功德？"师曰："并无功德。"帝曰："何以无功德？"师曰："此但人天小果，有漏之因，如影随形，虽有非实。"帝曰："如何是真功德？"师曰："净智妙圆，体自空寂，如是功德，不以世求。"帝又问："如何是圣谛第一义？"师曰："廓然无圣。"帝曰："对朕者谁？"师曰："不识。"帝不领悟。师知机不契，是月十九日，潜回江北。[1]

达摩祖师从西天而来，梁武帝闻其贤，礼请他相见。一见面，梁武帝就说自己做了多少多少好事，夸耀自己的功德。达摩则当场泼下冷水，说您做的那些其实算不上功德，梁武帝追问什么是真正的功德，达摩说真正的功德是悟空得道、度己度人。梁武帝不能理解达摩所说的话，达摩也看出来与梁武帝难得默契，就离他而去了。这后面紧跟着的就是传说中的"一苇渡江"的故事：得知达摩离去的消息后，梁武帝深感懊悔，马上派人骑骡追赶，追到幕府山中段时，两边山峰突然闭合，一行人被夹在两峰之间（此地后即叫"夹骡峰"），达摩正走到江边，看见有人赶来，就在江边折了一根芦苇投入江中，化作一叶扁舟，飘然过江。

这个故事引人思考。在常人看来，梁武帝做这些事就是功德无量啊，但为什么达摩祖师说他实无功德呢？在《坛经》中，有弟子也向慧能问了这样的问题。慧能回答："实无功德，勿疑先圣之言。武帝心邪，不知正法。造寺度僧，布施设斋，名为求福，不可将福便为功德，功德在法身中，不在修福……见性是功，平等是德。念念无滞，常见本性，真实妙用，名为功德。内心谦下是功，外行于礼是德。自性建立万法是功，心体离念是德。不离自性是功，应用无染是德。若觅功德法身，但依此作，是真功德。若修功德之人，心即不轻，常生普敬。心常轻人，吾我不断，即

----

① 道原. 景德传灯录［M］. 张华，释译. 北京：东方出版社，2017：22-23.

自无功。自性虚妄不实,即自无德。为吾我自大,常轻一切故。善知识!念念无间是功,心行平直是德。自修性是功,自修身是德。善知识!功德须自性内见,不是布施供养之所求也,是以福德与功德别。武帝不识真理,非我祖师有过。"①

慧能讲得很清楚。梁武帝怀着一种自求福报、居高临下的姿态,问达摩自身是否于佛门贡献甚多、功德甚多,内心既不谦下,外行亦显无礼。在禅宗看来,真正的佛教徒对功德不能这样自夸,要隐藏。"佛陀告诫弟子做功德事,也就是做利益众生的事情。做了利益众生的事情还深自覆藏,不给人家知道,而自己的缺点和过失倒反而要暴露出来。这是什么道理呢?因为敢于暴露自己的缺点才能及时改正,争取进步;而做了功德不自夸耀,才能契入无我得到解脱。"② 当然,更重要的是,梁武帝这么说,显示他还执着于布施相:有能布施的自我执着,有所布施的物品执着,有受布施的受者执着。并且,梁武帝因为布施而增长傲慢,以商品交易的态度来追求功德,与禅宗破除我执烦恼、究竟无我利他精神背道而驰。"因此,梁武帝造寺度僧,布施设斋,是住相布施而求其功德,这样的'求',就还是执着在一切法相中修证佛法。如果是在相中求福德、求功德,就只能是被方便法所度!禅宗的法要是直指人心,见性成佛。若然见性,就应认识到,所谓功德也是空生幻有,所以,达摩会答:'实无功德。'因为梁武帝还在执虚幻为实有,是小根众生,与上根大智的达摩根本不在一个频道上,当然就无法理解达摩表达的究竟义理。佛法的究竟义理是:实相无相,只有认识到一切皆是心生,功德法身也是心生幻有,进而能够解脱烦恼苦和生死苦,这样才是究竟彻底的功德所在。"③ 在禅宗看来,真正的功德是无功德可得,以无我的智慧,破除我执,以无我的精神利益众生,如此无我利他,时时与平等真如相契,自然普敬一切于外,念念谦下于内。

禅宗的语录故事还有很多。比如"南泉斩猫":南泉和尚因东西堂争猫儿,泉乃提起云:"大众,道得即救,道不得即斩却也!"众无对,泉遂

---

① 赖永海. 佛教十三经:坛经 [M]. 北京:中华书局,2013:63.
② 巨赞. 中国近代思想家文库:巨赞卷 [M]. 北京:中国人民大学出版社,2015:87.
③ 高月明. 坛经月明说 [M]. 北京:宗教文化出版社,2018:114.

斩之。晚，赵州外归，泉举示州，州乃脱履安头上而出。泉云："子若在，即救得猫儿！"① 再如"德山骂佛"："我先祖见处即不然，这里无祖无佛，达摩是老臊胡，释迦老子是干屎橛，文殊普贤是担屎汉。等觉妙觉是破执凡夫，菩提涅槃是系驴橛，十二分教是鬼神薄、拭疮疣纸。四果三贤、初心十地是守古冢鬼，自救不了。"②

说一些互相矛盾的话、一些模棱两可的话、一些言此意彼的话、一些骂佛呵祖的话、一些离经叛道的话、一些惊世骇俗的话，总之，都是些不好理解、不可思议的话。这是禅宗语录故事的一个特点。恰是这个不好理解、不可思议会迫使听者用心寻思这些话语后面的真正蕴含：点醒真实的道德自我——无我。佛教讲究"八戒""口德"，"禅宗却大开'骂'戒，不但不遵循基本的礼貌原则，连佛教所规定的'不妄语'戒中的'不恶口'的基本戒律都没有遵守。尤其是'呵佛骂祖'更是大逆不道、极为不恭的表现，从教理上说是要受到'恶报'的。那么，是什么力量驱使禅师要发出那么多不礼貌的'骂詈语'呢……从禅宗修辞的目的在于开悟以及禅宗张扬人的主体意识的独立、强调'自性自度''不假外求'的宗旨来讲，他们的'骂詈'无非在于希望通过这种比较极端且激烈的表现手法来体现对依赖'他度'的否弃即破除对权威名教的盲从以及超越名相言诠的束缚，从而开启学人悟性思维。"③ 上述公案告诉人们"千万不要寻文觅字、引经据典，也不要胡乱思索、注解。因为，纵然你注解得十分清楚，说得有头有脑，也都不过是歪门邪道。倘若疑情不破，则生死交加，烦恼不断；如果疑情破除，则生死烦恼之心断灭。一旦生死之心断灭，那么，无论是'佛见'还是'法见'都不再存在了。'佛见'和'法见'尚且都不复存在，更何况众生'烦恼见'呢！只要把你那迷惑烦闷的心，移到'干屎橛'上，紧紧抵住，那时，害怕生死轮回的心，迷惑烦闷的心，思量分别计较的心，以及自作聪明灵利的心，自然也就不起作用了。"④

---

① 李森. 中国禅宗大会 [M]. 长春：长春出版社，1991：491.
② 普济. 五灯会元：中册 [M]. 苏渊雷，点校. 北京：中华书局，1983：374.
③ 疏志强. 禅宗修辞研究 [M]. 济南：山东文艺出版社，2008：160-161.
④ 释宗杲. 大慧普觉禅师语录 [M]. 潘桂明，释译. 北京：东方出版社，2018：294-295.

当然，以"棒喝""斩猫""骂祖"这样的形式来开悟众生，用意深远，但是也不可避免地沾上了"不道德"的色彩，在某种程度上破坏了佛教经典的神圣性和佛教精神的本色。"南泉斩猫"的故事当然意蕴丰富："有人说，南泉冒着杀生会落入果报的危险，毅然行事，为的是拯救痴迷的众僧，这就是佛菩萨为普度众生而甘愿下地狱的大慈大悲情怀。有人说，东西两堂争论的是猫儿有无佛性，南泉斩猫是为了截断有无相对的偏执之见，是施行佛法正令。也有人说，南泉以一种极端的方式先真正否定，'大死一番'，进入真空无相的境界，然后真正肯定，'再活现成'，回到真空妙有的境界。更有人说，菩萨的杀生与凡夫有极大的不同，因为其'心能转物'，来去自如，破戒只是一时善巧方便，难以测度。"① 不过，有人也还是从"南泉斩猫"中看到了异意："按照大乘佛教的教义来看，世界上没有一种真理必须牺牲一条无辜的生命才能表达其意义。更何况，按照禅宗的观念来看，佛性自我具足，不需外求。既然痴迷生于人心，而不在猫身上，错在人，而不在猫，那么斩猫又怎能真正斩断众僧的愚执呢？"② 其实，南泉很可能为斩猫之事而懊悔，因为当赵州和尚从外面归来时，他又重提此事，说明他并没有完全从此事中走出来。赵州听说后也受到震撼，于是脱下草鞋，放到头上，转身出走。鞋本应穿在脚上走路，现在却戴到头上。赵州和尚的这一个动作，不知是不是告诉乃师南泉"本末倒置""倒行逆施"？故而南泉叹息道："刚才要是你在此，猫儿就有救了。"

我们经常提到"禅语""禅的故事"。由上可见，禅宗语录故事展开的道德叙事，一般短小精悍，主要通过语言矛盾、语言模糊处的不可思议及故事情节处的不可思议，倒逼参禅悟道者在不可思议处悟空识道、明心见性。

除寓言故事、诗偈故事、语录故事外，佛教还借助一些其他的样式展开道德叙事。很多佛教道德故事就是通过音乐、绘画、建筑等艺术形式表

① 周裕锴. 百僧一案：参悟禅门的玄机 [M]. 上海：上海古籍出版社，2007：48-49.
② 周裕锴. 百僧一案：参悟禅门的玄机 [M]. 上海：上海古籍出版社，2007：49.

现出来的。这里简要说说通过佛教造像展现的道德故事。中国境内与佛教相关的石窟众多。这些石窟中有很多造像，包括一些故事性造像：或反映释迦一生的佛传故事，或反映个人奋斗的佛本生故事，或反映善恶有报的佛教因缘故事，或反映各种经变故事。这些造像不仅具有很强的艺术价值，也有深刻的道德意蕴和道德教育价值。

比如，在甘肃北石窟寺中，通过石刻浮雕，再现了佛教"萨埵太子舍身饲虎"的故事。北石窟165窟的浮雕（北魏时期建造）虽遭风化破坏，仍可看出其中的故事发展情节过程。浮雕分上下两段，仍有11个故事画面可以比较清晰地辨识。①三太子出游：上段北侧两座两面坡式建筑，其中北侧建筑内的人物已难辨认。南侧建筑内二人，一人向南侧似招手。建筑外的数人，应为萨埵三兄弟告别父母出外游玩。②三兄弟遇虎：下段正中间，一虎卧地，后三人站立共语。表现的是萨埵三兄弟在林中游玩时看见饥饿得快要死了的老虎，萨埵与二兄谈论的情景。③萨埵返回老虎处：上段南侧，有数人行走，一人向北侧行进。表现萨埵哄二兄前行，自己却返回饿虎处。④萨埵跳崖：下段南侧最北，一人双手上举，做跳跃状。下山石耸立。⑤被虎啖食：下段南侧，山崖下一人长发铺地横躺，一大虎张口做啖食状，上方山岩间二虎。⑥王后惊梦：下段最北侧一四阿式建筑内，一贵妇斜倚身体，一人在旁。右上方一鹰，表现王后梦见三鸽游玩林间，其中小者被鹰捉食。惊醒后向国王诉说梦中情景，言鸽者即子孙，小鸽即小儿。⑦二兄回宫报信：下段北侧，一四阿式建筑内，二人共坐，前一人跪地。表现王后梦觉后，即见两太子来告知萨埵投崖饲虎的经过。⑧王后闷绝倒地：下段北侧，一贵妇人斜倒于地，一人跪地抱头，一人在身侧扶持，表现王后听到凶信后闷绝倒地的情形。⑨王及王后赶赴现场：下段北侧，两人侧身向南，作行走状，前二人站立。王及王后苏醒后立即起身赶往出事现场。⑩收拾遗骨：下段最南侧，画面一人倒地斜躺，身旁两人俯身跪地扶持，前两人跪地，头低垂，后又一人坐地，表现国王及王后带领两个儿子和宫女赶赴现场，见到了萨埵的遗骨，并将遗骨收聚。⑪起塔供养：下段南侧，中间一方形单层塔，塔前共有五人跪地做供养状。国王及王后收拾遗骨盛入棺材后掩埋，又在坟墓上建塔供养。①

　　能够用石刻浮雕的形式展现出这么复杂曲折的故事，且今日仍能辨析，真的是艺术功力非凡。艺术越是卓越和不朽，人们越是从中看到佛教蕴含的伟大的道德精神：对一切生命真正眷爱的悲悯情怀，因救苦救难而无私无畏的自我牺牲精神。当然，佛教艺术中的道德意蕴是丰富多彩的，在这里我们仅以石雕造像所展示的道德故事为例做简要了解。下一章，我们再专门谈佛教艺术中的道德话语意蕴。

---

　　① 胡同庆，安忠义. 佛教艺术 [M]. 兰州：敦煌文艺出版社，2004：51.

第六章　佛教艺术中的道德话语

佛教艺术是佛教文化大观园景色中靓丽的组成部分，是佛教思想呈现的重要载体。佛教音乐、佛教绘画、佛教建筑等艺术形式中，蕴藏着丰富的道德话语资源。这不仅使佛教道德话语得到了不同形式的呈现，也使佛教道德话语得到了更好更快的传播，并且在引导众生强化佛性修养或提升道德素养上起到了一定的积极作用。

第一节　佛教音乐中的道德话语

音乐是佛教中的重要艺术形式。佛乐以"兴佛化俗"为主要目的，被称为"弘法之舟楫"。传颂佛德、开示众心是佛乐的两大方面内容。佛乐具有声音清净、悠扬的特点。听闻佛乐，能感受到佛祖的道德感召，让人心境平和、改恶迁善、坚定信仰。

音乐是全人类共有的艺术形式。印度佛教有"梵呗"，呗为梵文呗匿（pāthaka）音译之略，意为止息或赞叹，梵呗指印度佛教徒以短偈形式赞唱的颂歌，它事实上就是佛乐、梵乐。佛教音乐是佛教"在举行日常宗教活动时所奏唱的一类音乐，这类音乐不独是佛教弘扬教法和赞颂佛、菩萨等美好事物的声乐，也包括佛教寺院两序大众在日常修行、法会仪式、宗教文化推广上所诵唱的赞偈、经文、咒语、词牌等音乐艺术形式，此类艺术形式广泛地存在并运用于佛典仪轨之中"。①

关于印度的佛乐，有一个动人的传说。昔日佛陀在世时，曾带领诸位弟子在树林中行走，当时有只夜莺见佛陀形象很好，俨若金山，便于树林中唱出雅音，犹在赞咏。佛陀当下回过身对徒弟们说："这只鸟见到我感到高兴，不知不觉地叹息出美妙的声音。因为这一功德，我去世之后，它将获得人身，名叫摩咥里制吒，到处赞颂我的德行。"以后，这只鸟转生为人，最初皈依了其他宗教，后来又皈依佛门，他非常遗憾不能亲见佛陀，便编写赞歌赞颂佛的功德，先是写了四百首，后又写了一百五十首。他写的赞歌文辞既像天上的云朵一样优美，又像地上的高山一样庄严，以后印度佛教制作赞歌，都以他为榜样，印度出家人出家时，都先学唱他编的赞歌。无论是大乘还是小乘的信奉者，大家一致认为听唱他的赞歌具有六大好处："一能知佛德之深远，二体制文之次第，三令舌根清净，四得胸藏开通，五则处众不惶，六乃长命无病。"② 也就是说，听闻他的赞歌，能感受到佛祖的道德感召，让人胸襟开阔、心境平和、身体康健。

佛经对佛教音乐的特点和功用多有论述。《长阿含经·阇尼沙经》中说："其有音声，五种清净，乃名梵声。何等五？一者，其音正直；二者，其音和雅；三者，其音清澈；四者，其音深满；五者，周遍远闻。具此五者，乃名梵音。"这也就是说，真正的"梵音"具备正直、和雅、清澈、深满、周遍远闻等特征。《根本说一切有部毗奈耶杂事》卷四中记载，佛陀说："于我法中所有声闻弟子，音声美妙，善和苾刍（比丘）最为第一。由其演畅，音韵和雅，能令闻者发欢喜心。"《十诵律》卷二十五记载："佛语亿耳：汝比丘呗！亿耳发细声，诵波罗延萨陀舍修妒路竟。佛赞言：善哉比丘！汝善赞法。汝能以阿槃地语声赞诵，了了清净，尽易解。"《十诵律》卷三十七记载："有比丘名跋陀，为呗中第一，是比丘声好，白佛言：世尊！愿听我作声呗。佛言：听汝作声呗。呗有五利益：身体不疲、不忘所忆、心不疲劳、声音不坏、语言易解。"上面佛陀赞许了三位比丘

---

① 张碧霞，蒋建辉. 佛教梵呗音乐的伦理审视［J］. 湖南大学学报（社会科学版），2020 (2).

② 义净. 南海寄归内法传［M］. 华涛，释译. 北京：东方出版社，2018：211.

的佛乐，由之可以看出，听了佛乐，能够让人"发欢喜心""了了清净""身心不疲"。

佛教徒认为，佛教音乐的目的主要有两个，一个是"赞佛功德"，一个是"宣唱法理，开导众心"。佛教音乐确实具有让人离恶向善的功效。"佛教音乐起源于梵呗——用清净的声音（梵）来赞咏（呗）……将经典中特定的文句加上曲调演唱出来，能够对听众产生更大的摄受力，帮助人们修行……佛教音乐无论形式如何变化，本质上却是一致的，最后的落脚点都是'以微妙音声歌赞于佛德'，这种音乐有助于'止息''净心'，从而有助于完成某种法事，或者辅助修行。"① 可以说，帮助众生避恶趋善、提升修行境界，这是佛教音乐不同于一般音乐的根本特质。这一点，也可以从"梵呗"之含义中看出来。"梵音""梵呗"之"梵"，有"清净""离欲"之意；"梵呗"之"呗"，全称"呗匿"，意为止断、止息或赞叹。"梵""呗"的"离欲""止断"含义，规定了佛教音乐的道德蕴含特征。

佛教音乐在中国的发展有一个过程。佛教传入中国的初期，中国以译经为主，很少传授梵乐。《法苑珠林》记载，曹植在游鱼山时，听到传来梵天之响，首制"鱼山梵呗"，这被视为中国佛教音乐的开始。此后，经过高僧大德、文人雅士、民间百姓的多方融合和创新，中国佛教音乐逐渐兴盛起来。陈兵《新编佛教辞典》对中国佛曲有以下大致介绍：中国佛曲除来自印度梵呗外，还源于西域佛曲，西域格调的佛曲，尤兴盛于唐代，唐代佛曲还吸收了民间音乐和古乐；敦煌卷子中所载唐代佛曲名如《婆罗门》《悉昙颂》《散花乐》等，有 281 首，明永乐二年（1404），敕编《诸佛世尊如来菩萨尊者名称歌曲》行世，共收唐以来通行的佛曲 400 余首，近代通行佛曲近 200 首，多用六句赞；佛曲形式有声乐和器乐等多种，声音有独唱、领唱与齐唱结合、齐唱、轮唱，曲调主要有赞、偈、咒、白四类，器乐主要演奏曲牌，所用乐器有磬、引磬、木鱼、铛、铪、钟、鼓、管子、笛、笙、箫、螺号等；藏传佛曲则别具特色，所用乐器亦不同。②

---

① 张一．关于当代中国佛教音乐现状的几点思考［J］．法音，2021（10）.
② 陈兵：新编佛教辞典［M］．北京：中国世界语出版社，1994：318.

上述简介有助于我们从形成路径、传世数量、基本内容、演唱形式、所用乐器等方面对中国佛教音乐有一个基本的了解。

　　当然，从道德的角度来看，中国佛乐也是围绕着颂扬巍巍佛德、劝导众生向善而发展进步的。比如，在中国流传甚广的《三世因果歌》，歌词出自《佛说三世因果经》，现根据中国长城艺术文化中心发行的《红尘禅》唱片将歌词摘录如下：

> 善男信女听言因，听念三世因果歌。
> 因果报应非小可，佛言真语莫看轻。
> 今生做官为何因，三世黄金妆佛身。
> 穿绸穿缎为何因，前世施衣济僧人。
> 有食有穿为何因，前世衣食施贫人。
> 无食无穿为何因，前世不肯舍分文。
> 相貌端严为何因，前世采花供佛前。
> 聪明智慧为何因，前世吃斋念佛人。
> 父母双全为何因，前世敬重孤独人。
> 多子多孙为何因，前世开笼放鸟人。
> 今生长命为何因，前世买物多放生。
> 今生短命为何因，前世宰杀众生人。
> 今生聋哑为何因，前世恶口骂双亲。
> 今生驼背为何因，前世笑了拜佛人。
> 今生无病为何因，前世施药救病人。
> 雷打火烧为何因，大秤小斗不公平。
> 万般自作还自受，地狱受苦怨何人。
> 莫道因果无人见，远在子孙近在身。
> 不信吃斋多布施，但看眼前受福人。
> 前世修来今世受，今生修绩后世身。
> 若人不信因果报，后世堕落无人身。
> 若是因果无感应，目莲救母为何因。

若人深信因果报，同生西方极乐国。

三世因果说不尽，皇天不亏善心人。

三宝门中福好修，一文喜舍万文收。

为君寄在坚牢库，世世生生福不休。

　　上述歌词列举一件件具体的"德行"和一个个具体的"福报"，在七言句式中反复咏唱"何因"，配以木鱼清脆的敲打声，让听者认真思考所作所为，令其深刻地意识到人生祸福与道德修行是紧密结合在一起的。整首歌声音清脆、音节和缓、道理浅显、平易近人，在寺庙中常被传唱，在民间亦流传甚广。

　　另外，像我国蒙古族的佛教音乐《六字真言颂——怙主三宝》也在四言句式中通过反复吟唱"唵嘛呢呗咪吽"来促人向善。现亦根据中国长城艺术文化中心发行的《六字真言颂》唱片将歌词摘录如下：

虔心皈依，怙主三宝，真心怜悯，慈母众生。唵嘛呢呗咪吽。

佛为导师，法为正道，僧为善侣，同为救主。唵嘛呢呗咪吽。

登山阶梯，过河船舟，驱愚慧灯，险隘坦途。唵嘛呢呗咪吽。

口诵真言，心中祈祷，地狱烈火，从此熄灭。唵嘛呢呗咪吽。

唱颂六字，胸中发愿，冷狱冰雪，消融变暖。唵嘛呢呗咪吽。

诵持六字，威力无比，十八地狱，变成乐土。唵嘛呢呗咪吽。

世间无实，因缘难料，生死轮回，行善为要。唵嘛呢呗咪吽。

万物无常，善恶交替，向善精进，矢志不渝。唵嘛呢呗咪吽。

暇满人身，难得至宝，虚度此生，实为可惜。唵嘛呢呗咪吽。

贪心无尽，欲望皆空，恶趣业因，弃之从善。唵嘛呢呗咪吽。

万恶烦恼，罪孽根源，时刻提防，凡夫痴念。唵嘛呢呗咪吽。

强壮身躯，入土荒野，驱走死神，上师引路。唵嘛呢呗咪吽。

嘛呢颂词，怙主三宝，诺言活佛，顺口编唱。唵嘛呢呗咪吽。

虔诚顶礼，观音菩萨，消除罪孽，速证佛果。唵嘛呢呗咪吽。

如来佛子，慈悲引路，众生往生，极乐佛土。唵嘛呢呗咪吽。

　　歌词中每个"唵嘛呢叭咪吽"唱四次。"唵嘛呢叭咪吽"是藏传佛教中观世音菩萨的咒语，六字合并之意义乃是：观世音菩萨慈悲清净，是一切众生的如意宝和坚固莲华，给予一切众生清凉救度，满足一切愿望使之到达智慧之彼岸，六字真言是十方三世一切诸佛的慈悲与智慧在声音上的方便显现。从歌词中可看出，《六字真言颂》即要让人通过反复吟唱、听闻"唵嘛呢叭咪吽"，熄灭欲火，以行善为要，不断勇猛精进，进而实现有价值的人生。或者说，听唱《六字真言颂》，人们会意识到，人生苦短，应该珍视来之不易的生命，积极追随佛祖大德，不断强化自我修炼，做有益于众生之事，如此这般才不枉为人身，不枉来人世，也才会有平安喜乐。

　　因为围绕着颂佛德、化众生而展开，佛教音乐所输出的道德话语信息具有叩击人心的力量。如前所述，听闻佛乐，能感受到佛祖的道德感召，让人心境平和、改恶迁善、坚定信仰。著名哲学家牟宗三在其人生处于堕落、低谷状态的时候，因为听闻佛乐而增添无限的悔恨、反省和前进的力量。在《五十自述》中，他详细地记载了自己"离恶趋善"的心路历程。他说："一夕，我住在旅店里，半夜三更，忽梵音起自邻舍。那样的寂静，那样的抑扬低徊，那样的低徊而摇荡，直将遍宇宙彻里彻外最深最深的抑郁哀怨一起摇荡而出，全宇宙的形形色色一切表面'自持其有'的存在，全浑化而为低徊哀叹无端无着是以无言之大悲。这勾引起我全幅的悲情三昧。此时只有这声音。遍宇宙是否有哀怨有抑郁藏于其中，这无人能知。但这声音却摇荡出全幅的哀怨。也许就是这抑扬低徊，低徊摇荡的声音本身哀怨化了这宇宙。不是深藏定向的哀怨，乃是在低徊摇荡中彻里彻外，无里无外，全浑化而为一个哀怨。此即为'悲情三昧'。这悲情三昧的梵音将一切吵闹寂静下来，将一切骚动平静下来，将一切存在浑化而为无有，只有这声音，这哀怨。也不管它是做佛事的梵音，或是寄雅兴者所奏的梵音，或是由其他什么发出的梵音，反正就是这声音，这哀怨。我直定在这声音、这哀怨中而直证'悲情三昧'。那一夜，我所体悟的，其深微哀怜是难以形容的……我之体证'悲情三昧'本是由一切崩解撤离而起，由虚无之痛苦感受而证。这原是我们的'清净本心'，也就是这本心的

'慧根觉情'。慧根言其彻视无间，通体透明；觉情言其悱恻伤痛，亦慈亦悲，亦仁亦爱。慧根朗现其觉情，觉情彻润其慧根。悱恻、恻怛、恻隐，皆可相连为词……但是这悲情三昧，慧根觉情，它不显则已，显则一定要呈用，在它显而呈用以'润身'时，它便是'天心仁体'或'天理良知'。这就是由消极相而转为积极相。"① 从这段心路历程中，我们可以看出，佛乐能够"将一切吵闹寂静下来，将一切骚动平静下来，将一切存在浑化而为无有"，最后让人意识到"我们的清净本心"才是其真正拥有的东西，只有让这个"清净本心"运动起来或者作用起来，润己身度他人，人生才能化解各种哀怨忧愁，才有充实、幸福的感觉。

　　佛教音乐清净、悠扬的特点，能够让人悟空离欲，进而往精神追求上走、往道德境界上走。普通信众对佛教音乐的教化功效亦有较深入的体会。2007 年 11 月，上海玉佛寺梵乐团出访东南亚三国，马来西亚的一位信徒听了梵乐演奏后感叹："突然之间喜欢上了梵乐那种音乐，可以让人瞬间恢复平静、安详，进而体会快乐。"新加坡的一位信徒说："在现实世界中，我需要远离尘世的烦恼，不至于因俗世的噪声而干扰自己平静的心灵。"印尼的一位信徒说："心绪烦乱的时候听听梵乐，它会给你一份你希望得到的宁静和力量。"② 有学者谈到，中国的佛教音乐，实在不是"象牙塔"里"人间难得几回闻"的"雅乐"，从来不但不"脱俗""离俗"，反而是一贯以"俗人"为服务对象，以"通俗""化俗"为宗旨的，正因为中国的佛教音乐公开以"兴佛化俗"为目的，因此，历代的高僧大德才把佛教音乐称为"弘法之舟楫"，《高僧传》里亦有颇多用佛教音乐"兴佛化俗"的高僧事迹记载。③

---

① 牟宗三. 五十自述 [M]. 台北：联经出版社，2003：152-154.
② 祁志祥. 佛教美学新编 [M]. 上海：上海人民出版社，2017：79.
③ 田青. 田青文集：第 6 卷 [M]. 北京：文化艺术出版社，2018：267-268.

第二节 佛教绘画中的道德话语

绘画是佛教中常见的一种艺术形式。佛画有表现释尊、观音等庄严法相的，也有表现佛教情节故事的。它一般用作佛教徒敬奉之用或用作寺庙装饰之用。其目的在于显示法相庄严或增加信众的道德修行信心。

绘画是佛教中常见的一种艺术形式，其起源与显示佛法庄严之相有关。《根本说一切有部毗奈耶杂事》卷十七记载，一个叫给独孤长者的富商皈依佛陀后，捐赠了一个花园并建设了一些房屋给佛陀，他作如是念："若不彩画，便不端严。佛若许者，我欲装饰。"佛言："随意当画。"于是他便召集画工，并请示佛陀该画些什么及如何画。佛言："长者！于门两颊应作执杖药叉，次旁一面作大神通变，又于一面作五趣生死之轮，檐下画作本生事，佛殿门旁画持鬘药叉，于讲堂处画老宿比丘宣扬法要，于食堂处画持饼药叉，于库门旁画执法宝药叉，安水堂处画龙持水瓶着妙璎珞，浴室火堂依《天使经》法式画之，并画少多《地狱变》，于瞻病堂画如来像躬自看病，大小行处画作死尸形容可畏，若于房内应画白骨髑髅。"听闻佛言，长者便礼足而去，依教画饰。

释迦牟尼逝世后，其弟子迦叶尊者命人"于妙堂殿如法图画佛本生像"，即画释迦牟尼在过去生中为菩萨时教化众生的种种事迹。不过，在相当长的时期中，印度佛画没有释迦牟尼具体、完整的形象，这是因为早期的佛教认为释迦佛是超人化的，一切艺术手法都不可能具体表现其风貌，所以那个时代的佛教艺术中表现的佛前生（本生）和今世平生的绘画和浮雕都运用象征手法，例如，佛到某一处就刻一脚印，说法就刻一法轮、宝座或菩提树等。直到2世纪犍陀罗时代才出现了佛的完整的画像形象。《贤劫经·四事品》说："作佛形象坐莲花上，若摸画壁缯氎布上，使端正好，令众欢喜，由得道福。"

佛画随着佛教传入我国而进入人们的视野。据《历代名画记》记载，汉明帝梦见"金人"知其名"佛",乃命大臣取印度所画释迦像,再令工匠画于南清宫清凉台及显节陵台上。到了魏晋南北朝时期,中国佛画日趋兴盛起来,乃至有学者说魏晋南北朝时期"可说是完全的佛教美术"时代。① 顾恺之就是这一时期善画佛画的代表人物。据张彦远《历代名画记》记载,顾恺之曾经在瓦官寺的墙壁上画了一幅《维摩诘像》,而这幅《维摩诘像》是顾恺之送给瓦官寺的"见面大礼"。原来,最初瓦官寺向朝中官员募集资金,士大夫们没有人捐款超过十万的,待到顾恺之来,直接就写了一个一百万。大家都以为他开玩笑,没想到他只说给我准备一堵墙壁即可,于是他关门作画,月余成《维摩诘像》。将要给像点睛的时候,他对寺僧说:"第一天来看的观众请他们每人施舍十万,第二天的五万,第三天来看的请他们随意布施就可以了。"等到画完开门,画像的光照耀了整个寺院,来看的人很多,把路都拥堵了,很快寺院就得到了一百万钱。于此故事中可以看出顾恺之对自身擅画佛像的自信,以及其所画佛像艺术之精妙。

佛画到了唐代进一步得到发扬光大。被称作"画圣"的吴道子曾在长安、洛阳等地作了许多佛教壁画,他的画被很多人视为前无古人后无来者的"神品"。"凡画人物、佛像、神鬼、禽兽、山水、台殿、草木,皆冠绝于世,国朝第一……寺观之中,图画墙壁,凡三百余间。变相人物,奇踪异状,无有同者。上都唐兴寺御注《金刚经》院,妙迹为多,兼自题经文。慈恩寺塔前文殊、普贤,西面庑下降魔、盘龙等壁,及景公寺地狱壁、帝释、梵王、龙神,永寿寺中三门两神,及诸道观寺院,不可胜言,皆妙绝一时……吴生画兴善寺中门内神圆光时,长安市肆老幼士庶竞至,观者如堵。其圆光立笔挥扫,势若风旋,人皆谓之神助。"② 上述这段文字集中地说明了吴道子所画佛画的地点、类型和效果。"可见吴道子在中国画坛上的崇高地位,与佛教绘画的普及性和佛画历史的悠久性有着密切的关系,也可以看到他对于中国绘画有何等巨大的贡献和影响。吴道子的伟

---

① 傅抱石. 傅抱石美术文集 [M]. 南京:江苏文艺出版社,1986:21.
② 朱景玄. 唐朝名画录 [M]. 温肇桐,注. 成都:四川美术出版社,1985:2-3.

大成就，一方面是基于他本人所具备的天才条件，一方面是佛教在各阶层渗化之伟力。造就了他的声誉。"① 吴道子之后，佛画的兴盛场景维持到了宋代。有人统计，从北宋熙宁七年到南宋乾道三年有名气的画家 144 人，其中仙佛鬼神画家 34 人，占有百分之二十四。② 明清之际的佛画创作整体呈现衰落之势。

佛画的内容多样，整体来说，可分为非情节类和情节类。前者主要指画像类，如释迦牟尼像、菩萨像、佛祖师像、高僧像等。后者主要根据佛经里面的故事绘画，如佛祖说法图、佛祖本生图、十八罗汉过海图等多种经变图，另外还包括依僧人传奇故事而作的故事图。一般而言，作画当然是供人欣赏。但对佛画而言，其目的还有二：一是备佛教徒供养敬奉以启示其智慧德行；二是备寺庙点缀装饰以显示佛法庄严。因此佛画能够体现出很明显、很深刻的道德意蕴。

对于非情节类的佛画而言，观音画像是中国人比较熟悉的佛画。直至今日，中国民间百姓家常见挂有观音画像。观音信仰起源于印度，是产生于解救"黑风海难"和"罗刹鬼难"的信仰，其从一开始起，就蕴含着救苦救难、保佑平安的特质，这一点尤被中国佛教信众所接受。最初传入中国时，观音是"勇猛丈夫"的形貌，直到唐代，观音的画像形貌发生了转变，即从男相变成了女相。"观音呈现女相的外貌特征，很大程度上反映了南北朝以来佛教女性信众势力不断发展的趋势。从女性的角度来看，她们希望能够有一位女性的佛、菩萨来代表她们的利益，并能够帮助她们解决生活中的困惑、人生中的障碍和生命中的痛苦，以此点燃她们生活的希望和梦想。另外，由于女性天生具有的柔顺、慈爱、悲悯、善良、淳朴和富有爱心的身份特征，在心理上更容易让广大信众接受。'大慈大悲救苦救难观世音菩萨'的名号，其中包含女性所具有的各种优良品质，更容易使女性对观音产生共鸣，产生心理上的归属感，从而加深对观音的信仰程度。"③

---

①　张建华. 汉传佛教绘画艺术［M］. 北京：今日中国出版社，1992：11.
②　张建华. 汉传佛教绘画艺术［M］. 北京：今日中国出版社，1992：21.
③　张森. 疑伪经与中国佛教研究［M］. 北京：宗教文化出版社，2018：148.

中国人特别亲近观音，并且根据不同的场景和信仰需求创造了不同的观音形貌和画像，具体来说有"三十三观音"：杨柳观音、龙头观音、持经观音、圆光观音、游戏观音、白衣观音、莲卧观音、泷见观音、施药观音、鱼篮观音、德王观音、水月观音、一叶观音、青颈观音、威德观音、延命观音、众宝观音、岩户观音、能静观音、阿耨观音、阿摩提观音、叶衣观音、琉璃观音、多罗尊观音、蛤蜊观音、六时观音、普悲观音、马郎妇观音、合掌观音、一如观音、不二观音、持莲观音、洒水观音。上述"三十三观音"很有人情味、亲和力，很贴近百姓对美好生活的各种向往和需求。但是她们并非妄造，是历代画工、文人画家根据《妙法莲华经·普门品》中观世音菩萨示现三十三化身之说所创作的。

这些不同的观音显相图后面有不同的道德故事。比如，鱼篮观音展现的是脚踏鳌鱼背上、手提盛鱼的竹篮的民间少妇形象，其背后蕴含的是观音菩萨教化众生之良苦用心的故事。明代宋濂《鱼篮观音序》概述其故事如下："予按观音感应传，唐元和十二年，陕右金沙滩上有一美艳女子挈篮鬻鱼，人竞欲室之。女曰：妾能授经，一夕能诵《普门品经》者，事焉。黎明能者二十人。女辞曰：一身岂堪配众夫耶？请易《金刚经》。如前期，能者复居其半。女又辞，请易《法华经》，期以三日，唯马氏子能。女令具礼成婚，入门女即死，死即糜烂立尽，遽殡之。他日，有僧与马氏子启殡观之，唯黄金锁子骨存焉。僧曰：此观音示现，以化汝耳。言讫，飞而去。自是，陕西多诵经者。"①

传说观音菩萨得道之后，经常化作普通百姓，深入下层人民之中，对他们进行教化。有一次，观音得知东海之滨（中国民间流传的鱼篮观音故事，地点多是"东海之滨"而非宋濂所谓"陕西金滩"，且故事情节比宋濂所记载更加丰满、生动）的一个小镇住着很多化外之民，不懂礼仪、愚昧可怜、生活凄苦，于是化成一名渔妇去行使教化。正巧赶上小镇的集市时日，观音便化作一个卖鱼女，提着一只装着两尾鱼的鱼篮，杂入卖鱼人中。众人忽然看见一个很漂亮的渔妇来卖鱼，便一拥而上，纷纷抢着买

---

① 王树村. 观音百图［M］. 广州：岭南美术出版社，1995：21.

鱼。可是渔妇却问他们：“你们买鱼做什么用呢？”众人都说：“当然是回去做菜下饭吃。”渔妇却笑着说：“我这鱼呀，不能卖给你们做菜下饭，只能卖给你们放生。”众人一听，都不愿意，谁也不想花钱买条鱼又放了。有人甚至还讥讽说，与其花钱买鱼放归大海还不如直接向大海撒钱来得干脆。结果渔妇站了一天，两尾鱼都没有卖出去。第二天早上，渔妇又来卖鱼，却依然坚持昨天的要求，结果还是没有人愿意买她的鱼。但渔妇毫不气馁，接下来几天，依旧天天到市街如此卖鱼。这时候有个叫马郎的人开始注意到渔妇。他发现渔妇卖的总是那两尾鱼，可是那鱼离开水这些天还活蹦乱跳，真是不可思议。

因为渔妇貌美动人，不久，小镇上的那些未婚男子，纷纷寻来说亲。渔妇笑着说：“你们这么多人，叫我嫁给谁呢？这样吧，我教你们诵经，你们谁先在一夜之内背会，我就嫁给谁。”大家一听，都觉可行。渔妇便教他们念诵《普门品》，结果一夜之后，竟有二十来人背会了。渔妇又说：“看来《普门品》不能最后分出胜负，那我再教你们念《金刚经》，谁还要是能在一夜之内背会，我就嫁给谁。”那些人都同意了，但最终能完全背会的，竟还有一半人。渔妇就对经两轮筛选后剩下的那些人说：“胜负难定，还是背经吧！我这里还有一部大乘宝藏《法华经》，内容精深，谁能在三天之内背会，我就嫁给他。”结果三天之后，只有马郎一个人背会了。于是渔妇便嫁给了马郎。

可是新婚那天，渔妇却无缘无故地死了，而且尸体很快就腐烂了。马郎很是难过，可又没有办法，虽然心存疑惑，感觉事情发生得比较突然、比较蹊跷，也只好将尸体掩埋。此后，因思念妻子，马郎经常念诵渔妇教给他的三部经书，念来念去，竟也悟出了很多道理。

观音菩萨经过一段时间的观察，发现马郎开始悟道，又化成一个老和尚，前去与他谈经论道，指点迷津。后来又告诉他，他原先娶的那个渔妇其实是观音菩萨为点化他而做的化身，不信可以掘坟以探究竟。马郎将信将疑，跑去掘开坟墓，发现里面只有一副黄金锁子骨。那老和尚说：“现在相信我的话了吧！菩萨既然教给你三部经书，你就应该宣扬佛法，劝导众生，切莫辜负菩萨一片度化之心。”马郎听了，连连点头称是。回去之后，便把自己三间草屋变成佛堂，又塑了菩萨的神像供奉起来，仍然是渔妇的模样，人们便称之为"鱼篮观音"。

宋代有一个寿涯禅师，很有学问，据说连周敦颐的学问也源于他。他曾写过一首《渔家傲·咏鱼篮观音》的词："深愿弘慈无缝罅，乘时走入众生界。窈窕丰姿都没赛。提鱼卖，堪笑马郎来纳败。清冷露湿金襕坏，茜裙不把珠缨盖。特地掀来呈捏怪。牵人爱，还尽许多菩萨债。"① 这首词称颂了观音菩萨度化众生的慈悲善心和无上智慧。

关于观音菩萨画像背后的道德故事还有很多。比如，杨柳观音画像，展现的是观音手持杨柳、净瓶的形象，这是中国人最为熟知的观音形象。其后的道德故事是：相传中州地区民风败坏，致使天怒人怨，旱灾严重，观音菩萨知道后，便前来点化民众，显现真身，并从玉净瓶中取出杨柳枝，醮着甘露洒向四野，顿时天降大雨，旱情解除。杨柳观音画像表示观音菩萨对众生怀有慈悲之心，众生如做错了什么事，只要诚心改过，就会得到菩萨的原谅与仁爱。再比如，延命观音画像，展现的是倚水上之岩，右手支颐，头戴宝冠设阿弥陀佛之圣像。其背后的故事是：相传太仓有许多小孩患了痧疫，观音菩萨知道有一种赤柽柳可以治病，便化成一位老翁前来送药治病，当地人们为感谢菩萨的恩德，便塑了一尊手持赤柽柳的观音宝像供奉起来。还比如岩户观音画像，展现的是端坐于岩洞中静思入定的圣相。其背后的故事是：相传有个叫吴璋的孝子为了寻找母亲历尽千辛万苦，有一次，吴璋在途中被毒蛇咬伤，生命垂危，观音菩萨念其纯孝，便现出大慈宝相，将吴璋救醒，最终让他们母子团聚。

总之，有关观音三十三相的画作和故事在中国民间广为流传。以更多样、更丰富、更有生活意趣的画像来展示观音形象，能够更加让百姓接收到如下信息：观音慈悲之心、慈悲之行离人不远，她在日常生活中随处可见，每一个人都可以随时感受到她并向她学习，最终也成为一个慈悲为怀的善人好人。这与儒家所说的道不远人、人能弘道意蕴颇为类似。中国佛教"不断消解印度佛教在观音显像信仰方面的神秘性、神圣性，在观音显

① 张培锋.佛语禅心：佛禅歌咏集［M］天津：天津人民出版社，2017：167.

像彻底通俗化的同时，使观音显像和伦理教化完全结合起来……按照中国的观音显像信仰，只要谁真的大慈大悲为众生拔苦与乐，谁就是观音，所以每个人都可以成为观音，每个人都可能是观音。这种信仰必然引起人人都做观音菩萨、大家都发慈悲之心的倡导"。①

画观音像是一件严肃的事情，也是一件不容易的事情，最为根本的是要能体现出佛法庄严和观音的慈悲情怀来。宋代郭若虚《图画见闻志》中有一节"论妇人形相"的文字："历观古名士画金童玉女及神仙星宫中有妇人形相者，貌虽端严，神必清古，自有威重俨然之色，使人见则肃恭，有归仰之心。今之画者，但贵其娉丽之容，是取悦于众目，不达画之理趣也。观者察之。"② 郭氏虽主要论及道家画像，但他批评一些画宗教画的人没有宗教信仰意识、缺乏责任心、一味讨好世俗，这对画佛画同样有警示作用。总的来说，画观音菩萨相一定要凸显其柔丽慈祥、端严威重、清古温肃的面貌情态。

情节类的佛画是一种"连环画"，它以绘画的形式将佛经中的一些佛教故事、佛教义理表现出来。地狱变壁画即是这一类画作。地狱是佛教中的一个重要语词。佛教认为，那些十恶不赦的人会下地狱。中国老百姓经常听闻的有"十八层地狱"：第一层，拔舌地狱；第二层，剪刀地狱；第三层，铁树地狱；第四层，孽镜地狱；第五层，蒸笼地狱；第六层，铜柱地狱；第七层，刀山地狱；第八层，冰山地狱；第九层，油锅地狱；第十层，牛坑地狱；第十一层，石压地狱；第十二层，舂臼地狱；第十三层，血池地狱；第十四层，枉死地狱；第十五层，磔刑地狱；第十六层，火山地狱；第十七层，石磨地狱；第十八层，刀锯地狱。如此十八层地狱，每一层都有不同的酷刑对付那些罪孽之人，让其遭受无尽的苦难和折磨。地狱变便是根据以上内容创作的画作。

中国的许多石窟中都有地狱变壁画。比如，新疆柏孜克里克石窟中的地狱变壁画，画中描绘了恶鬼、畜生、人等，以及很详细地描述了地狱的

① 张志刚，张祎娜. 宗教中国化研究论集［M］. 北京：宗教文化出版社，2018：101-102.
② 郭若虚. 图画见闻志［M］. 沈阳：辽宁教育出版社，2001：9.

169

各种苦相，如恶鬼驱赶被毒蛇缠绕的罪人上剑山、狱卒以刃物杵春臼中的罪人、厉鬼将罪人投入热釜中等。像地狱变这一类依据佛教故事画的一些佛画，虽然也或多或少地夹杂了一些非理性成分，但是其对民间百姓的道德教化作用是不可忽视的。上文讲到的吴道子最擅长画地狱变。吴道子画的地狱变相，与一般人画的不一样。在吴道子画的地狱变相中，你虽看不到刀林、沸镬、牛头、阿旁等恐吓之物，但阴森惨烈的画面气氛，却令人看后汗毛直竖，不寒而栗。《唐朝名画录》中记载了一个故事，据景云寺老僧说："吴生画此寺地狱变相时，京都屠沽渔罟之辈，见之而惧罪改业者，往往有之，率皆修善。"① 吴道子的画作使得京城的屠夫改业，还使得其他一些人惧罪修善，这不仅表现了吴道子画佛画的功力，也表现了百姓观看佛画后得到的震撼和教化。如果说佛经中对地狱的描述是令人惨不忍"读"的话，那么吴道子在壁画中所画的就是让人惨不忍"睹"了。事实上，对那些目不识丁的信众而言，他们从佛教绘画那里得到的道德教化或许是更为直接的。

对佛教绘画而言，无论是表现佛祖庄严的画像，还是表现观音慈悲的画像，还是各种地狱变画像，它们都含有十分明显的道德话语信息，尤其是中国人最为常见的观音画像和地狱故事图，"包含着大量超出宗教范畴的社会伦理思想，具有强烈的社会教化倾向，因为这些故事大多是济困扶危、惩恶扬善等方面的内容，除了宗教的目的外，还在于倡导助人为乐、尊老爱幼、和平友善、廉洁奉公、忠诚坦荡等良好的社会风气和做人准则，鞭笞尔虞我诈、阳奉阴违、自私狭隘、凶残暴虐、以强欺弱、淫荡堕落等丑恶现象和卑劣人格，体现了中国自古以来的神道设教特色"②。

第三节　佛教建筑中的道德话语

建筑是无声的语言，也是一幅幅伦理画卷。人们能从建筑中发现不少

---

① 朱景玄. 唐朝名画录 [M]. 温肇桐，注. 成都：四川美术出版社，1985：2-3.
② 张志刚，张炜娜. 宗教中国化研究论集 [M]. 北京：宗教文化出版社，2018：102.

道德言说的信息，或者说，人们可以用善恶好坏来评价一所建筑："建筑是关系到我们的生活是否安全、健康、幸福和美好的一个权重极大的因素，因此，建筑的善恶就凸显为一个重要的问题。凡是改善、提升了人的生活，满足和增进了人的需要和人的幸福的建筑，或者从更抽象的意义上说，凡是运用合乎人性化的尺度，对人的尊严与符合人性的生活条件予以肯定，以及对人的存在与发展的状况全面关怀的建筑，都是善的建筑。"①佛教以慈悲为怀，其建筑亦必然体现善的言说。

印度阿育王皈依佛教后，佛教建筑快速增多起来。阿育王曾敕令在交通要道以及佛塔前竖立石柱，今天尚遗存40余座这样的石柱，人称"阿育王石柱"。尽管阿育王石柱是现存最早的佛教建筑，但对后世影响最大的佛教建筑却是"佛塔"和"石窟寺"。塔，梵文称窣堵波（Stupa），意译方坟、圆冢、高显处、灵庙、功德聚等，最初为埋藏佛和僧尼遗体、舍利的圆冢，后来也供奉安置经文、法物，由台、复钵、平头、竿、伞五部分组成。作为佛陀的化身，塔始终是佛教徒供养礼拜的对象，印度早期佛教建筑更是以佛塔为主。石窟寺是印度另外一种重要的佛教建筑形式，它是在河畔山崖开凿的修行道场，主要有两个类型，一种是礼拜石窟，一种是僧侣居住石窟。印度现存1200余座宗教石窟，其中约有四分之三是佛教石窟。除石柱、佛塔和石窟寺外，印度佛教建筑还包括地面寺院。它也有两种样式，一种是"僧伽蓝摩"（samgharama），简称"伽蓝"，是供僧众居住的园林或寺院，另一种叫"阿兰若"（Aranya），简称"兰若"，是用于少数出家人修行与居住的僻静场所。印度最早的寺院是佛陀时代的两个精舍，即王舍城的竹林精舍和舍卫城的祇园精舍。我们今天在佛经中会经常看到对这两个精舍的记载。

汉语中的"寺"原指古代的官署，如掌管朝祭礼仪的机关称为鸿胪寺、掌管宗庙礼仪和博士选试的机关称为太常寺。佛教初传中国时，中国尚无专门的寺庙，一般由官府安排外域僧人下榻鸿胪寺，后世便以此称僧

---

① 秦红岭. 追寻建筑伦理［M］. 北京：中国建筑工业出版社，2016：2.

俗供佛读经的处所为"寺"。随着中国佛教的发展，佛寺日益增多，其名称也越发多样，如凿山供佛处称窟、奉礼神佛处曰庙、禅宗僧侣居住的地方叫院、藏传喇嘛庙中的扎仓称林，其他的称呼还有兰若、招提、福地、丛林、僧院、宝刹等。塔传入中国后，结合中国建筑传统，也衍生了不同的形式，如楼阁式塔、密檐塔、亭阁式塔、金刚宝座塔、喇嘛塔、花塔、过街塔等。而且，中国佛塔内部不但可供奉佛像，阁楼式塔还可层层登高，凭栏远眺，增加了佛塔的功能。

佛教传入中国之初，寺院建筑参照印度佛寺模式，以塔为中心，四周建有殿堂，例如，河南洛阳永宁寺和山西应县的佛宫寺即是这种。晋唐以后，殿堂逐渐成为主要建筑，塔被移于寺外。"佛寺中国化的特点就是由以佛塔为中心逐渐转变为以佛殿为中心，向着中国传统宫殿、贵邸的形式发展。"① 另外，在印度地区，佛塔和石窟所占比重更大，汉地的情况则与其不同，地面佛寺更成佛教建筑主流。而且，汉地寺院主要殿堂也比较规范，依次为山门、天王殿、大雄宝殿、法堂、毗卢殿或藏经楼、方丈室等，东侧有僧房、香积厨、斋堂、职事房、茶堂、延寿堂等，西侧多为接待云游僧人的禅堂等。一些大寺院，门前还有放生池。当然，上述是一般的规制，具体到某一寺院，其建筑样式就很灵活了。

中国佛教建筑所蕴含的道德话语首先体现在佛寺佛塔的名称上。陈兵编著的《新编佛教辞典》第十部分是"寺塔名胜"，介绍了中国各省的主要佛寺佛塔。我们可以此为主要参考资料，来看看中国一些佛寺佛塔的名称：广化寺、万寿寺、报国寺、慈悲庵、溥仁寺、崇善寺、多福寺、善化寺、普救寺、崇福寺、圣寿寺、慧济寺、慈相寺、普慈寺、延福寺、慈恩寺、大报恩寺、普德寺、报恩寺塔、广教寺、光孝寺、普济寺、国清寺、长庆寺、广慈寺、明教寺、佑民寺、普贤寺、大安寺、孝严寺、会善寺、古德禅寺、广德寺、承恩寺、开福寺、大慈寺、大德寺、崇圣寺塔、德安寺、功德林、慈恩寺、大兴善寺、兴教寺、慈善寺、保安塔、康济寺塔。上述佛寺佛塔的名称可以凸显中国佛教如下的道德价值追求：以"善"

---

① 傅熹年. 中国古代建筑史：第2卷 [M]. 北京：中国建筑工业出版社，2003：472.

"德"为念，以"慈悲"为怀，"化"民"教"民，引导民众"崇圣"
"孝亲""报恩""报国"，帮助民众追求"安""寿""福"。

中国佛教建筑所蕴含的道德话语还体现在佛教寺院一些具体门、楼、
阁、堂、殿的设置和布置上。山门、放生池、钟鼓楼、大雄宝殿、藏经阁
等是中国人在日常生活或电影、电视剧中最常见到的佛教建筑。这些建筑
不仅由砖、石、梁、瓦等"硬件"组成，依附其上的还有建筑名称、对联
绘画装饰、文化典故、规制禁忌等"软件"，后者蕴含着十分丰富的道德
意蕴。下面我们做一些详细的解说。

首说山门。"天下名山僧占多"，佛寺一般依山而建，故而多设置有
"山门"。佛教的山门一般是一大二小，中间大者是大门，左右二座小者是
小门，所以又称为"三门"，意思是"三解脱门"：中间正山门为"空
门"，左边为"无相门"，右边为"无作门"（或"无愿门"）。马一浮先
生这样解释"三解脱门"："烦恼惑业，名之为结，亦名为缚。如人身被桎
梏，不得自由。解脱者，解去缠缚，身得自在，即能超出一切违顺境界，
不被境界所拘。门以能通为义，谓由此能通至涅槃也。一、空解脱门。谓
观一切法，皆从因缘和合而生，自性本空，无我我所，如是通达，则于诸
法无不自在，名空解脱门。二、无相解脱门。凡所有相，皆是虚妄。由于
一念颠倒忆想分别而起。譬如翳眼见空中花，此花云何，任汝执捉。故云
一切法无相，即是诸法实相。如是通达，即得自在，名无相解脱门。三、
无作解脱门。知一切法空、无相，则于三界生死业无所造作。既无造作之
业，即无果报之苦，而得自在，名无作解脱门。"① 很多人将出家视为"遁
入空门"，即是从山门的中间正门进入佛寺过一种修行生活，最终获得一
种大解脱、大自由、大自在。

佛教山门左右还有金刚与力士"二王尊"。他们睁眼鼓鼻，上身裸露，
体魄健壮，手持武器，为大力士与大武士模样。其神态威严，怒视凡间一
切邪恶，尽职尽责，把守山门，保卫佛国与佛法永远不受侵害。通例，他

---

① 马一浮. 马一浮集：第 1 册［M］. 虞万里，校点. 杭州：浙江古籍出版社，1996：879-
880.

们一个张口，一个闭口，开口发"阿"声，闭口发"吽"声。此两音何义？其为佛教咒语，按一般的理解，"阿"是开口时首先发出的声音，为一切字、一切声的本源，"吽"是闭口时所发出的最后字音，因此此二字在佛教中象征诸法的本初与终极；或者依佛教，"阿"是万有所以发生的形而上的原则（或说性空理体），相当于菩提心，是求取觉悟的发端，"吽"是万有的归宿，相当于涅槃，是菩提心的结果。① 中国民间百姓对"阿吽"之义不十分了解，依二王尊之口型，释读出"哼哈"两音。著名神魔小说《封神演义》更是附会出"哼哈二将"的传奇故事：哼将郑伦，曾拜昆仑度厄真人为师，真人传给他窍中二气，将鼻一哼，响如钟声，并喷出两道白光，吸人魂魄；哈将陈奇，曾受异人秘传，养成腹中一道黄气，张口一哈，黄气喷出，见之者魂魄自散；两将同为商王督粮官，郑伦降周战死，陈奇被周将杀死，周灭商后，姜子牙封神，特封两将"镇守西释门，宣布教化，保护法宝，为哼哈二将之神。"

山门常常还有门联。这些门联往往能够提振人们的精神层次，对人们起到道德教化的作用。比如，安徽龙兴寺山门对联："大肚能容容天下难容之事，慈颜常笑笑世上可笑之人。"贵州天台山寺门联："纵目无边，河岳星辰凭俯仰；会心不远，飞潜动植妙卷舒。"这两副对联一下子警醒了人们：人际关系的紧张、冲突实在是因为人们的心眼太小，那些只见自身一点点私心私利的人实为"可笑"，因为他们自我束缚，失去了领略更美风景的机会，可谓因小失大，只要心头一宽、眼界一开，很多事情便能迎刃而解，人们也会发现自己拥有更大的世界。福建建善寺山门对联："谆谆宗风，昔日灯传沩水；欣欣气象，于今春满南天。"镇江定慧寺山门对联："从方便门入如来室，依大乘法度有缘人。"读这两副对联，能够意识到自身身处正道，遂豁然开朗，精神振奋。

篆刻在佛教建筑上（不仅在山门）的对联还有很多。镇江定慧寺还有一联："眼前都是有缘人，相近相亲，怎不满腔欢喜？世上尽多难耐事，自作自受，何妨大肚包容！"杭州上天竺寺联："山中鸟语花香，活泼天

---

① 史有为. 新华外来词词典［M］. 北京：商务印书馆，2019：13–14.

机，好参妙谛；湖上风清月白，真空景象，即是如来。"杭州韬光寺联：
"松声，竹声，钟磬声，声声自在；山色，水色，烟霞色，色色皆空。"汉
阳归元寺联："古今来宗教几何？自由平等，无如我佛；东西国文明进化，
言论高尚，独让法王。"普陀普济寺联："暮鼓晨钟，惊醒世间名利客；经
声佛号，唤回苦海梦迷人。"佛光山头山门联："问一声汝今何处去？望三
思何日君再来！"佛光山寺大雄宝殿联："兜率娑婆去来不动金刚座；琉璃
安养左右同尊大法王。"佛光山寺万寿堂联："永念亲恩，今日有缘今日
度；本无地狱，此心能造此心消。"佛光山寺福山寺山门联："福地同登，
万修万人去；山门直上，一念一如来。"美国西来寺山门联："东方佛光普
照三千界；西来法水长流五大洲。"仔细品读上述对联，可使人心胸开阔、
境界骤升，顿悟人当为和不当为之妙谛。

一些比较大的佛教寺庙里设置有放生池。它一般坐落在山门后正门
前，面积可大可小。放生池内蓄水，池边遍植杨柳树木，池中心建一小
岛，岛上有朱红栏杆的凉亭等小规模模拟性建筑，凉亭立"放生池"石碑
一块。放生池的设置有很强的道德引导、道德教化含义和功效。佛教讲众
生平等，反对残害生命，认为人死之后轮回转世，现世中的动物可能在前
世或来世为人，所以寺院外建有放生池，用来象征佛教的慈悲宽宏和爱惜
生命。旧时人们常在四月初八佛诞日举行放生会，把捕获的鸟、鱼、龟等
放归自然，这是佛教引导的善举。

较大的寺院还有钟鼓楼。击钟鼓能起召集僧众的作用，但是其道德意
蕴也十分明显。即要警醒世人沉迷之心，助其断除烦恼，催其勇猛精进。
古代文人雅士从寺院里晨钟暮鼓处获得的人生启示颇多。唐代诗人杜甫说
"欲觉闻晨钟，令人发深省"。皎然《闻钟》写道："古寺寒山上，远钟扬
好风。声余月树动，响尽霜天空。永夜一禅子，冷然心境中。"唐代诗人
爱在"钟"前加"疏""夜""暮""晚""霜""清""远""微"等字，
这些字就能够凸显寺庙钟声的特色和警醒人心的作用："疏钟"，主要就钟
声的节奏而言，它节奏从容舒缓，似断若连，能够使人慢下追名逐利的脚
步，淡泊心志，拂去惆怅烦恼；"夜钟""晚钟""暮钟"，主要就钟声的
时间而言，它回响在世俗活动业已停息之时，它帮助人们开启了一个宁静

而超远的世界；"霜钟""清钟"，主要就钟声给人的感觉而言，它使人听若见霜之清白，给人一种清寒高洁之感，使人神清骨寒，心灵得到净化；"远钟""微钟"，主要就钟声的传播效果而言，若有若无，勾人思考。"钟声从寂静中响起，又在寂静中消失，意味着永恒的静，本体的静，把人带入宇宙与心灵融合一体的非常灵异的精神境界。"①

大雄宝殿是寺庙之正殿，为僧众朝暮集中修持之地。一般寺院的大雄宝殿，以供奉佛教教主本师释迦牟尼佛为主，也有供奉三宝佛者，即外加药师佛、阿弥陀佛，或以象征解行并重的大迦叶、阿难尊者侍立佛陀左右，也有供奉华严三圣——毗卢遮那佛、文殊菩萨、普贤菩萨，西方三圣——阿弥陀佛、观音菩萨、大势至菩萨，乃至十八罗汉、十二药叉、八大金刚等。作为正殿，大雄宝殿的设计和室内摆设，都有极强的宗教伦理维度的考量。"一般而言，佛殿内，尤其佛前的供桌，不宜摆设过杂，应以整洁明净为主，因此，除了一对佛前灯、三炷清香、一盆鲜花、四盘供果、三杯供茶之外，不宜多置余物。甚至鲜花也不必天天有，一者节省开支，再者可免花谢后造成的污染，尤其香炉上不要插满香，最好时时保持三炷清香，让袅袅青烟烘托大殿的清静庄严、宁静祥和，乃至佛像也不宜太大，好让瞻仰者远远望去，感觉佛像如处云雾缥缈中，更觉佛陀的崇高伟大，而油然生起恭敬、景仰之情。此外，灯光的明暗亦应合宜，并且要保持安静、整洁，不可在殿内戏笑、喧哗、躺卧、吃食等。总之，大雄宝殿内应该保持庄严肃穆、宁静祥和，使人一进殿内，自然生起虔诚敬仰之心，甚至忍不住要从心底发出赞叹。"② 身处大雄宝殿，瞻仰上述佛像，思忆上述佛名，能让人向往庄严、清净、平等之世界，增添许多修行的力量。

藏经阁指收藏经文之建筑物，其位于佛寺建筑群中轴线的末端，一般其殿堂后即是寺庙围墙。佛教认为，供养和诵读佛经典籍，是开启智慧的殊胜因缘，故而佛教"专修净业之所……供所请频伽书册藏，以为研究佛

---

① 周裕锴. 唐诗中的寺庙钟声 [J]. 文史知识, 2002 (12).
② 慈庄法师. 法相：进入佛教堂奥之钥 [M]. 北京：东方出版社, 2016：225-226.

法之据"①。印光法师说："一大藏教，义理无尽，而法不自宏，宏之在人……倘能知之，则用以自奉，并以周济一切，无不称己所欲，而悉充足，其藏仍复不减丝毫，以此宝藏，是无尽藏，取之不尽，用之不穷，尽未来际，无或罄竭。所愿一切四众，同皆探此宝藏，以自利利他，则灯灯相续，明明不绝。"② 这就是说，藏经阁之用意，在于鼓励僧侣钻研佛理、自我提升、传承佛法、普度众生。

最后，中国佛教建筑所蕴含的道德话语还体现在佛教寺院的整体布局上。整体来看，中国的佛教寺庙平面布局的突出特点是四合院形式，讲究聚合、对称、主次等。四合院形式建筑发展的集大成者首推中国的宫殿建筑。"这种以单座建筑构成庭院，再以庭院空间为单元组成各种形式建筑组群的平面布局规律，构成了独特的中国建筑布局体系。它体现了中国长期封建社会所形成的以家族为中心的、封闭的、向心的、主次分明的、尊卑有序的伦理观念。在这种传统思想的制约下，中国佛寺建筑与上述礼制、宫殿建筑一样，不可逾越地被纳入同一建筑体系……这种以四合院为基本单元的佛寺，外观上的功能特点并不突出，但是借用沿纵轴布置，强调主殿地位的布局方式，可以有效地引导徒众有秩序地一步一步进入宗教崇拜的情绪高潮。"③

① 印光法师. 印光法师文钞：下 [M]. 北京：宗教文化出版社，2008：1081.
② 印光法师. 印光法师文钞：下 [M]. 北京：宗教文化出版社，2008：1081-1082.
③ 韦然. 中国古建筑大系：佛教建筑 [M]. 北京：中国建筑工业出版社，2004：33.

第七章　佛教话语道德

道德话语与话语道德是紧密相连的两个概念。一个有话语道德意识的人，不仅会在交际中说"道德的"话语，而且对与伦理道德相关的问题亦有较深入的觉察、思考与表达。考察佛教道德话语必须对佛教话语道德有所涉及。佛教为什么高度重视"口德"，如何引导众生说"善语"，在一些言语交际难题上的应对对现代人又有什么道德启示？这些是本章所关注的主要问题。

第一节　口业及其善恶果报

话语交流是人际交往的主要载体。一个人的话语态度、话语艺术直接关系到人际关系的维系。在诸多的德行德目中，佛教尤其重视"口德"，将修口德视为"修行第一方"，认为这不仅体现修行者的内在修为，而且也是营造和谐人际关系的基础。在佛教大量的因果报应故事中，不讲"口德"而遭恶报的故事比比皆是。

说话是人最为基本的日常行为。佛教将说话理解为口业。"业"是梵文 Karma 的意译，意为造作，泛指众生有意识的一切活动。人之活动，主要集中在身、口、意三业。身业指身体所做举手、动足等一切事，口业指发声、说话、吟唱等，意业指心中所思，包括审虑、抉择、思维、想象等意识活动。佛教一般从道德角度和所生果报的苦乐着眼，又将业分为善、恶、无记三种：对自我他人的今生后世有益、顺于理者为善业，反之为恶业，不善不恶者称为无记业。

佛教谈论较多者有"十善业"和"十恶业"。十善业又称"十善业道"，亦可简称"十善"，分别为身善业三、口善业四和意善业三。身善业有三：不杀生而慈心于仁，不偷盗而义利节用，不邪淫而贞良守礼。口善业有四：不妄语而诚实无欺，不两舌而无争是非，不恶口而出言慈和，不绮语而言说有礼。意善业有三：不悭贪而慈心舍施，不嗔恚而慈忍积福，不愚痴而多闻增智。

"十恶业"与十善业相对而言，亦称"十恶业道"，简称"十恶"。即一者杀生，杀害有情识的众生；二者偷盗，不与即取；三者邪淫，与系属于他者的异性及同性、阴阳人行淫，及非支（指非性器官处）、非时、非处、非量的性交；四者妄语，说假话；五者两舌，说离间语，挑拨离间；六者恶口，说粗恶语，粗犷鄙恶、伤人骂人；七者绮语，夸张不实而无益于人、渲染色情风流韵事、无益戏笑诤讼、夸饰吹牛等；八者贪欲，希图占有他人的财产等；九者嗔恚、憎恶、怨恨、愠怒等；十者邪见，确认并宣扬无善恶报应，否认前生后世，毁谤佛法等。

在身口意三业之中，一般人可能认为身业最重，但是佛教认为意业最重。因为人的行为，先意念，然后口发，然后身行，意有颁发言行指令的作用，意动则能说能行。《佛说兴起行经》卷下说："身三、口四，皆系意钉，意不念者，身不能独行。"佛陀明确告知众生，身业口业的"绳子"是被意业这颗"钉子"牢牢拴住的，没有意识到这一点，是"无智"的表现。

从上面所列条目中可以看出，"十恶业""十善业"中与"口业"相关者皆有四。这说明佛教特别重视"口业"。这种重视是基于口业易造作、易察觉这个事实的。这很好理解。对人而言，言语之活动频次远高于其他身体行为，言语之显露程度又远高于意念，故而可以说，言语是人之显现出来的第一活动。从这个意义上看，我们讲修业，最方便修的第一业就是口业；我们讲造业，最容易造的第一业也是口业。

《无量寿经》说："善护口业，不讥他过；善护身业，不失律仪；善护意业，清净无染。"将口业放在首位而警醒世人，这里面有很深的意味："假若有人常说坏话，久而久之，即能生起是非，则道业被其障碍。如说打人，虽当时未打人，终久便因此一言而有打人的事实。况且若恶口骂人一句，能令人一生怀恨，记忆不忘。若打人一下，不过一时痛。所以学佛之人，对于谈论一切言论，要依经教为根据。使口业常谈佛法，不造诸恶。令意业不起恶念，身业自然清净。就是修行的基础。所以修行断烦恼最为要紧的，就是防护口业。言语往往为身行先，假若从来未曾发诸言语，而身先违犯之事甚为少见。且谈论非法语言之时，意业当然也随之不善。意业不善牵及身业，尤为势之必然。"① 言为心声、心发行令，和动物不一样，人说话不只是简单地传达信息，还要通过说话来表达情感、意愿、思想，也还要通过说话进行人际交流，维持人际关系，一个言语不和善的人，意念行为亦会邪恶。

佛教不仅讲业，还讲"业报"。业报指善恶业因所生果报。佛教认为众生所受的一切苦乐及生活环境、体质、美丑、境遇等现实生活中的好坏，都是自己所造之业所感召的果报，亦即"自作自受"。佛经里讲"欲知前世因，今生受者是。欲知来世果，今生作者是"。中国民间常说的"善有善报，恶有恶报""善恶到头终有报""现世报""报应来了"等俗语，就体现了佛教的业报思想。关于佛教因果报应思想的具体内涵，前面第二章第三节中有详细说明，这里不再赘述。

上面所讲的"十善业"即有"十善业报"。具体说来：一者不杀生，能成就于众生普施无畏、常于众生起大慈心、永断嗔恚习气、身常无病、寿命长远、恒为非人（神）所守护、常无噩梦、解除众怨、无恶道报、命终生天十种离恼法；二者不偷盗，能成就资财盈积不可散灭、多人爱念、人不欺侮、十方赞美、不忧损害、善名流布、处众无畏、具财命色力辩才、常怀施意、命终生天十种保信法；三者不邪淫，能成就诸根调顺、永离喧掉、世所称叹、妻莫能侵四种智人所赞法；四者不妄语，能成就口常

---

① 周叔伽. 周叔伽大德文汇［M］. 北京：华夏出版社，2012：583-584.

清净香洁、世间信服、发言成证而得人天爱敬、常以爱语安慰众生、得胜意乐、三业清净、言无误失、发言尊重、智慧殊胜八种人天所赞法；五者不两舌，能成就得不坏身、不坏眷属、不坏信、不坏法行、不坏善知识五种不可坏法；六者不恶口，不恶口可成就言不乖度、言皆利益、言必契理、言辞美妙、言可承领、言则信用、言无可讥、言尽爱乐八种净业；七者不绮语，可成就定为世人所爱、定能以智如实答问、定于人天威德最胜三种决定；八者不贪欲，可成就三业、财物、福德，王位、所获物超过本所求百倍殊胜五种自在；九者不嗔恚可成就无损恼心、无嗔恚心、无净讼心、柔和质直心，得圣者慈心、常作利益安乐众生心、身相端严众所尊敬、速生梵天八种喜悦心法；十者不邪见，可成就得真善意乐、深信因果、唯皈依佛、真心正见、常生人天、福慧增胜、永离邪道行于圣道、不起身见舍诸恶业、住无碍见、不堕诸难十功德法。

当然，如果作"十恶业"，其恶报也自是难逃。具体有：杀生业得短命、多病报；偷盗业得贫穷、共财不得自在报；邪淫业得妻不贞良、得不随意眷属报；妄语业得多被诽谤，为他所诳报；两舌业得眷属乖离、亲族弊恶报；恶口业得常闻恶声、言多净讼报；绮语业得言无人受、语不明了报；嗔恚业得常被他人求其长短、常被他人恼害报；邪见业得生邪见家、其心谄曲报。再者，上述报者还可以轻重视之，轻者受畜生报，中者受饿鬼报，重者受地狱报。比如，中国民间经常讲的"十八层地狱"，其第一层即是"拔舌地狱"，凡在世挑拨离间、诽谤害人、油嘴滑舌、巧言相辩、说谎骗人之人，死后就会被打入拔舌地狱。

善恶业报是佛教很看重的思想。在佛教的一些经典以及高僧大德的一些著述之中，经常用一些案例来证明业报不虚。其中很多例子讲的就是造口业和得恶报。比如，《贤愚经》中有一个故事：有一位年轻比丘看见一位年老比丘跳过水沟的样子很滑稽，随口便说："你刚才的样子真像猴子。"他因为这句侮辱之词而遭受报应，于五百世中连续转生为猴子。《大方便佛报恩经》中也有类似的故事：一位声音好听的年轻僧人羞辱一位声音不好听的年老僧人，说他的声音"简直像狗叫一样"，他由此在五百世中连续转生为狗。

　　近代高僧印光法师曾编订过《寿康宝鉴》（又名《不可录》）一书。该书中有一个因不积口德而获恶报的故事。明朝末年，苏州有一姓秦的书生，十分博学多才，精通诗词乐府，但做人轻薄，尤其喜欢讥笑讽刺别人。看到别人长得不好看，便立刻写一首诗讽刺；听到别人做事可笑，立刻就吟出一首歌嘲笑；他的好友开后门走关系进的学堂，他就写诗相"赠"；得知邻居家有男女丑事，便作诗相"送"。他总将那些捕风捉影的事写得有声有色，因此常被人向官府控告他损人名誉、伤人名节，却始终不加悔改。到了晚年，他忽得疾病发疯，自己吃自己的粪便，拿刀刮自己的舌头。家人为防意外，夺去刀具，将他锁在房内，他竟把自己的舌头咬烂后吐出，臭闻户外，后来他撞破窗户，用庭院中劈柴的斧头砍死了自己。印光法师说："以秦生之才，何难为善俗宜民之用，而乃以此为杀身之具。何异以随侯之珠弹雀，太阿之剑刈薪也。近有一生，负异才，自拟必中，然好以经书为谑浪之谈，后屡获荐，皆因后场有讹被黜，此则侮圣言之报也。因世间才士，往往犯此，不知其非。噫！如此读书，与优人演戏何殊焉？斯文扫地，皆此种读书人所致。"① 读书人给人的第一印象是"斯文""文雅"，更应该注意言说内容，并以此传道教民、影响民众，秦生却以口作无稽之谈、轻浮浪荡，将巧舌辩才变成伤人利器，败坏斯文，最终难逃果报。

　　佛教中因造口业而得恶报的故事还很多。俗话说"良言一句三冬暖，恶语伤人六月寒"，佛教注意到积口德者，言辞和美、态度和蔼、与人为善，闻者往往乐受，而口无遮拦者或不讲口德者，往往败坏他人的道德形象，或给他人带来困扰和伤害，影响人际关系的和谐。故而佛教对口业所导致的善恶果报的描述说明可谓繁多而详细，意图很明显，即是要让信众从口业修起，讲口德，做好人。

　　当然，佛教所讲的因果报应是从宗教信仰的角度而谈的。现实生活中，我们倒没能见到不讲口德者人人会下地狱或烂舌头，但是随意说话者自身所遭遇的害处却是显而易见的。那些舌头恶毒、口无遮拦、搬弄是非

---

① 印光. 寿康宝鉴［M］. 北京：团结出版社，2014：141-142.

的人，在人际交往中往往不受人欢迎，而且会被很多人痛恨，他们让自己的人生处处跟人结怨作对，有的甚至还招致杀身之祸。《大方便佛报恩经》里说"世间毒祸，莫先于口"，《法句经·言语品》中说"恶言骂詈，骄陵蔑人，兴起是行，疾怨滋生。""夫士之生，斧在口中，所以斩身，由其恶言。"古人也常说"言多必失""祸从口出"，其中的劝诫和智慧确实值得我们谨记。

《隋书·贺若弼传》就给我们提供了这方面的反面教材。贺若弼是周隋时期的著名将军。当初，他的父亲因言获罪，临行刑时对他说："我一心想要平定江南，可是这个心愿没能完成，你务必完成我的志向；另外，我是因为说话不小心而被害死的，你不能不牢记这个教训。"说完他拿铁锥刺破贺若弼的舌头，使他口舌流血，以训诫贺若弼以后说话谨慎。贺若弼开始时还记得这个教训，以致当北周武帝向他问询太子人选是否恰当时，他都慎言慎行，不轻易地发表意见。后来到了隋朝，贺若弼出力平定了江南，实现了父亲的遗愿，得到了朝廷的重用和赏赐，但他却居功自傲，不注意言行，忘记了父亲的训诫。他常说自己功劳最大，可以做宰相，而皇帝选用的当朝宰相仅仅是吃干饭的而已。一些朝臣认为贺若弼言论恶劣，奏请隋文帝将其治罪处死，文帝因念其功惜其才一再宽宥他。贺若弼不思悔过反而继续口无遮拦，乃至文帝有一次在宴会上命他作诗，他也毫不掩饰自己的怨言。后来到了隋炀帝时期，一次皇帝用可以容纳数千人的大帐篷招待突厥启民可汗，他竟然私下议论皇帝行为的得失。结果，他被人揭发，隋炀帝最终还是杀了他。其子受此事牵连，先是被罚为奴，不久后也被诛杀。

父亲"以舌死"，本应管好自己的舌头，但随着功劳、地位、权势的不断上升，贺若弼还是将这个"血的教训"抛却脑后。事实上，隋文帝还获悉了他其他的不当言论。比如，他曾问人："我平定江南陈叔宝后，皇帝不会做飞鸟尽良弓藏之事吧？"他还对别人说："皇太子和我交好，什么话都和我说，你为什么不依靠我的力量，把实情都告诉我呢？"这些言论，不仅暴露了他的贪欲，而且影响了同事的团结、朝廷的稳定，更是对君王的大不敬。贺若弼见惯了沙场杀戮，哪知自己的言语也是利剑伤人，而且还伤及君主，令君主也不能忍受其痛。对他的问题，隋文帝还是看得精准："你有三太猛：嫉妒心太猛，自是、非人心太猛，无上心太猛。"贺若弼的"三猛"最后都汇聚于口上，他的话严重伤害了同僚的感情、君王的感情，必然招致杀身之祸而且祸及子孙。

贺若弼的例子还警醒我们两点：第一，"善护口业"不是一件易事；第二，"善护口业"是一件紧要的事。很多人往往以"开开玩笑""说说而已""我心直口快所以这样说""我快人快语所以这样说""我们交情好他不会介意"等借口放纵自己造口业；也有的人以自身的财势、权利、地位、名望、才华等放纵自己造口业。贺若弼不小心把这两条都沾上了。他曾告诉隋文帝，他之所以当朝宰相的玩笑，说他们只会吃干饭，因为他们一个是自己的老朋友，一个是自己的表兄弟，他熟悉他们的为人，知道他们不会计较，故而才"诚有此语"。很多人说话贪图滔滔不绝或脱口而出的爽快，沉浸其中也就难免忘乎所以，不仅表露、加重了自身的贪嗔痴三心，而且对他人造成了不可抹去的伤害，同时也给自己埋下了祸害的种子，可谓害己害人。当贺若弼认为自己只是在"开玩笑"、说"实诚话"时，皇帝早已读出了他的不安分的心思，朝臣也都认为他"罪当死"，只是他还没有觉察到危险罢了，或者说，他还身处"快人快语"的快感之中而没有察知痛苦已悄然来临。

鉴于"善护口业"的不易和紧要，佛教将修口德看作修行第一要务。宋代慈受怀深法师有诗曰："莫说他人短与长，说来说去自招殃。若能闭口深藏舌，便是修行第一方。"这首诗所蕴含的佛教话语道德思想是十分深刻的。第一，它揭示了人的嘴巴的一个弱点，即好说东家短西家长，好搬弄是非，好自以为是；第二，这个弱点动摇他人、苦恼他人、伤害他人的力度是非常强烈的，同时这个弱点也会让说话者本人招来他人的怨恨、反感、责难，说话者因这个弱点遭殃是难免的；第三，这个弱点及其危害启发人们要谨言慎语，做到了谨言慎语，一者可以远离祸乱保平安，二者可以增加修行成正果，可以得到双料的福报。

依佛教，善言得善报，恶口得恶报，舌只有一个，为什么不少恶口多善言呢？"深藏舌"不是不说话，话还是要说的，但是要少恶口多善言，这是对恶报有所畏惧后的有意少、对福报有所追求后的主动多。正如星云法师说："所谓闭口，是要我们不说是非、不传是非、不听是非、不理是非，而不是如哑巴似的不开口。一般人常犯的毛病是赞己毁他，把我的一分好夸成十分，把他的一分坏毁成十分，炫己抑人，徒然多招反感。少说人家的是非，少论他人的短长……能真心赞美人，对人说好话，向人行注目礼，给人欢喜。对人恭敬，不记恨，不起嗔心，心口合一，这些都是第一方的修行妙法了。"①

佛教讲"闭口禅"，指在禅修时禁止自己说话，以减少口业，消罪免灾。喋喋不休的人显得轻浮，一张嘴总在说，哪有时间倾听自身内心的声音呢？而且，一个值得注意和强调的事实是，人们说着说着，最终无非在财色欲望上打圈圈，甚至与人争执，引人愤恨。明代莲池大师著有《缁门崇行录》，里面有一个很有趣的故事：宋朝光孝安禅师曾有一次在定中看到两个僧人倚着栏杆交谈，开始的时候，有天神护卫并恭听他们谈论；一段时间后，天神便离去了；不久，听到恶鬼在旁边谩骂他们，并用扫帚扫除他们走过的脚印。禅师出定后询问两人方才所谈何事，这才知他俩最初讨论佛法，所以天神护卫之、倾听之；接着谈论家常，所以天神便离去了；最后谈到财物供养，所以连恶鬼也不屑了。禅师知道此事原委后，终生不再谈世俗琐事而只专心佛法，终有所成。

话多必失。一个人对外说话说多了，对内反省就少了；并且，话说多了，最终难免有无聊之语、空洞之语、粗俗之语、狂妄之语、悖逆之语、虚假之语、伤人之语，这些对说话者而言都不是好事。"君子敏于行而讷于言"，真正的智者，都是少言沉默的。他们看穿不揭穿，看破不说破，用沉默代替辩解，用无言消除麻烦。佛教启示人们，闭嘴是一种睿智，少言不是一种木讷，而是一种修为境界。

---

① 星云大师. 不碍事：星云大师讲佛诗中的智慧［M］. 北京：现代出版社，2010：22.

第二节 善语及其道德要求

良言一句三冬暖。佛教对众生的话语行为有详细的道德指引，涉及话语内容、话语神态、话语语气、话语声音、话语目的等多方面，对纠正现代人际交往、社会交往中话语道德失范现象有重要启示。

语言的基本功能在于交际交流。日常生活中，言说双方把意思表达清楚了、把信息传达到位了，这就算比较好或比较成功的交际交流了。但是在佛教看来，这还称不上"善语"。《瑜伽师地论》卷十九说："言善语者，所谓善说、善言、善论。当知善说有三种相，所谓悦意，无染，唯善。由第一语令他庆悦，由第二语令自尸罗终无穿缺，由第三语能令他人出不善处，安住善处，因此引摄利益安乐。"这里说到了善语三相：悦意、无染、唯善。所谓悦意，就是令听众心情喜悦；所谓无染，就是令自己的品德、自己的戒律没有缺失；所谓唯善，强调的是说话的作用，即能令听话的人远离"不善"。

佛教讲的善语重在突出"引摄利益安乐"。此处的利益主要针对精神获得方面而言。善语不仅使言语双方传递了基本信息，而且能使言语双方在交流时心情愉悦，更重要的是使言语双方在交流后有一种精神上的收获，或者于道德上有所得。我们常以胜读十年书、受益匪浅、茅塞顿开等词语评价听闻他人言说后的感受，这种效果的言说可谓善语。相反，假如言说者说话令人心生反感厌恶、令人怀疑其真诚和动机、令人感觉到是在浪费时间，那么，他说的就不是善语而是假话、空话、废话了。《瑜伽师地论》卷六十四中也有"恶说五相"："由五种相当知建立恶说者性：一无行故；二邪行故；三不忍故；四无羞耻故；五不律仪故。"在这句话中，"'无行'义指空说而无实行；'邪行'义指行为邪恶；'不忍'，因人在欠缺忍辱的情况下往往恶言冲口而出；'无羞耻'，若人无有羞耻，一切罪恶卑劣的语言都会出口；'不律仪'，广义是指不受法律及道德礼仪的约束，狭义是指在佛教信仰上违背戒律和威仪。"① 这句话批评的就是那些毫无羞耻心,从而将空洞之语、骗人之语及不合规矩礼仪的话脱口而出的人。

为了帮助人们更好地理解善语,佛教对善语还做了更为细致的划分和说明。比如,《佛说大集法门经》卷上讲"四善语言是佛所说,谓如实语,质直语,不两舌语,依法语"。此外,佛经中还有"三十二净语""八十种正语""百一十种智语"的总结概括。实语、质直语、法语、真语、正语、净语、智语等这些不同的说法,都是善语之表现。

正如口无遮拦、心直口快等词语所揭示,众生并不是一开口就会说、就能说善语。这需要众生有善说"善的语言"的意识。佛教对众生言语行为做出了基本的道德规范指引,这可体现在"四摄""五戒""十善"中。四摄包括布施、爱语、利行、同事。五戒包括不杀生、不偷盗、不邪淫、不妄语、不饮酒。这其中的"爱语""不妄语"以及十善中讲的"不两舌""不恶口""不妄言""不绮语",就是佛教所倡导的对众生言语行为的基本规范。具体说来,随听者根性而用善言、悦言进行慰喻关怀谓之爱语,妄语是虚妄不实的言语,"妄语的定义是不知言知,知言不知,不见言见,见言不见,不觉言觉,觉言不觉,不闻言闻,闻言不闻……两舌是挑拨离间,东家说西,西家说东;恶口是毁谤、攻讦、骂詈、讽刺、尖酸、刻薄语等;绮语是花言巧语、诲淫诲盗、情歌艳词、说笑搭讪、南天北地、言不及义等言语"。② 理解以上规范,有助于我们随时检点自己的言语行为。

为了更好地引导众生在生活中以善语施人,佛教对上述基本规范做了更细致、更具体的要求。总结起来大致有以下几点。第一,不说不符合佛法的话语内容。如《文殊师利佛土严净经》卷上说"不可之言不加人物,语常如法非义不出"。第二,说话时温润和蔼,面带微笑,话不伤人,不盛气凌人,不咄咄逼人。比如,《出曜经》卷十说"口所吐言,先笑后语,不伤人意",《佛说孛经抄》中说"言常含笑,不伤人意",《佛说谏王经》

①　圆持. 佛教伦理 [M]. 北京:东方出版社,2009:711.

②　圣严法师. 戒律学纲要 [M]. 北京:宗教文化出版社,2006:70-71.

中说"夫与人言，常以宽详，无灼热之"。第三，讲究礼貌，主动向人问好，态度真诚，话语朴实。如《等集众德三昧经》卷下说"先人问讯，语言柔软，辞不绮饰"，《瑜伽师地论》卷三十五说"常先含笑，舒颜平视，远离颦蹙，先言问讯"，《贤劫经》卷一说"意和面悦先发问讯，言谈庠序除去愠色，弃捐伪谄歌颂正真"。第四，谦虚谦卑，不自高自大，不揭人之短，不谗毁他人。如《大宝积经》卷七十七说"若与众生语，谦下心和悦"，《文殊师利佛土严净经》卷上说"不自称善，不说人短"，《正法念处经》卷四十六说"不彰他恶，不隐他德，见他实过屏处不说"，《大智度论》卷五十八说"若见他有过，尚不说其实，何况谗毁？"第五，善于安慰人、团结人，不挑拨离间。《正法念处经》卷一说"一切善语人，能善安慰他"，《十住断结经》卷二说"当念和合远离忿诤，言当护口无乱彼此"。第六，说话应一身正气、一视同仁，不应"见人说人话，见鬼说鬼话"。《佛说佛母出生三法藏般若波罗蜜多经》卷十六说："当知不退转菩萨摩诃萨，于一切时诸所言说有义、有利，而终不说无益语言，亦不观察他人美、恶、长、短。"最后，说话的声音要清和。《梵摩渝经》讲"八种音德"：一最好声，其声清雅，如迦陵等；二易了声，言辞辨了；三调和声，大小得中；四柔软声，言无麁犷等；五不误声，言无错失；六不女声，其声雄朗；七尊慧声，言无惮怯，如尊重人，如胜慧人，言无所畏；八深远声，齐轮发声，犹如雷震。在现实的言语交际中，高音高调很明显是对别人不尊敬的行为。

由上可以看出，佛教重视话语道德，并且在言语内容、言语神态、言语语气、言语声音、言语目的等多方面对众生予以了具体的道德指引。"佛教自初创之始，其言语观念中即带有鲜明的伦理化倾向，对言语的内容与言语的形式都有所规范，要求僧徒的言说应围绕四谛、八正道等正道佛法，在形式上应圆妙善巧，而不能偏执狭邪，总之是要求佛教信众修习弘扬善语业而贬斥恶语业。"①

在佛陀看来，易造口业是众生的通病。阿难曾问佛什么是"病"，佛

---

① 觉醒. 佛教伦理与和谐社会 [M]. 北京：宗教文化出版社，2007：367.

曰：随恶人言是病，邪妄谄曲是病，言语伤人是病，贪爱色欲是病，杀害众生是病，不敬父母是病，作恶不悔是病，愚痴颠倒是病，侵占他人是病，好觅人过是病，无惭无愧是病，我慢贡高是病。① 佛祖明确指出，人首要的三大毛病——随恶人言、邪妄谄曲、言语伤人——都是不注意口德。事实上，人身上的其他毛病，比如，不敬父母、好觅人过、无惭无愧、我慢贡高（自矜功伐）等，往往也会通过言语失德表现出来：不敬父母的人往往在言语态度上就大不敬，自高自大的人往往在言语态度上就轻视人，而无惭无愧的人经常就是大言不惭。针对以上病症，佛祖给出的治病之药也有十二方：慈悲喜舍是药，谦让作小是药，赞叹大乘是药，有恶能改是药，有过能悔是药，毁骂不动是药，敬上念下是药，爱念他人是药，敬老怜贫是药，低声软语是药，俱足正见是药，誓度众生是药。② 针对众生易造口业之病，佛祖给出的药方是学习正见、为人谦让、充满爱心、低声软语、笑对訾骂。这个药方可谓前面所阐释的佛教话语道德系列指引的一个浓缩。

现代的人际交往、社会交往中言语道德失范的现象比较令人揪心。喋喋不休、出口成脏、信口开河、言行不一、插人话语、争辩狡辩、大言不惭、互相吹捧这些已经成为常见的言语交际陋习。言为心声，这些毛病后面隐藏的其实是很多人在人际交往中自我中心、骄傲自大、轻浮急躁、相互利用的丑陋心态。

此外，最值得我们关注和反思的还有言语欺骗和语言暴力。消费社会和经济至上的时代，一些人为了自身利益和欲望，往往通过花言巧语欺骗他人，像骗色、骗婚、骗钱这样的新闻屡见不鲜。在中国台湾地区弘法的圣严法师曾感慨说："在今天来说，我们的世界，我们的社会，确是充满了妄语的气氛，从个人之间，到国际之间，大家都在互相说谎，彼此欺骗，以求达到自私自利的目的……今日的人类，有报纸、电话、电报、电视等作为散播妄语的工具，只要运用得巧妙，妄语的力量，无远弗届……

① 本性禅师. 智慧人生三昧：如何放下 [M]. 厦门：厦门大学出版社，2011：78.
② 本性禅师. 智慧人生三昧：如何放下 [M]. 厦门：厦门大学出版社，2011：78.

打开每天的报纸，报纸中便有很多很多的妄语，从时人的谈话，到商业的广告，谁能保证它们含有几分真实的意向?"①

语言暴力，就是使用谩骂、诋毁、蔑视、嘲笑等侮辱歧视性的语言致使他人在精神上和心理上遭受侵犯和损害的非道德行为。教师反复对某个学生说"我受不了你""你还真改不了""你太差劲了""不想听可以睡觉但别影响别人"；家长不时对孩子说"你怎么这么笨""你比不上某孩子一丁点""真后悔生了你""你再这样，长大了准没出息"；同龄人之间给身体残疾的他人取绰号、恶意散布他人的隐私、公然嘲笑他人的缺点等，这些都属于语言暴力的范畴。在网络时代，语言暴力的伤人程度前所未有，遭受暴力者可能面临无数网友集中式的非理性的言语攻击、谩骂，让其不能正常生活。俗话说"唾沫星子淹死人"，语言暴力使得遭受暴力者往往逃避现实，不敢与人正常交流，容易形成内向、封闭、自卑、多疑、仇恨、逆反等人格特征。

要想避免言语欺骗、语言暴力之类的言语行为发生，就要让那些说假话、说大话和乱说话的人有所反思，除要从法律法规的层面予以管理、规范外，还要强化整个社会的道德建设，要提高民众的文明意识、爱心意识、责任意识。佛教对民众在修口德上有很好的道德指引。一诚法师启示众生修口德的秘诀有：遇到大事，说细一点，清楚一点；遇到小事，轻松一点，幽默一点；遇到急事，说慢一点，复述一遍；不确定的话如实地说，尽量不说；做不到的事不要承诺，谨慎应允；伤人的话，不要想，也不要说；传达信息，尽量一字不差，最好借助纸笔；需要保密的事，一个字也不说；涉及自身，听别人怎么说；别人的事，有分寸地说；开心的事，要分享，不要炫耀；伤心的事，不要时时挂在嘴边；和孩子说话，要鼓励，更要引导；和师长说话，要多听少说；家里的事，商量着说。② 由此可见，说话远不是上下嘴唇一动那么简单，它在不同事情、不同受众、不同场合上有不同要求，但总的一个要求，就是多为他人着想，即想一想

---

① 圣严法师. 戒律学纲要［M］. 北京：宗教文化出版社，2006：69.

② 一诚法师：世界是自己的，与他人无关［M］. 贵阳：贵州人民出版社，2017：200-202.

他人听不听得见、听不听得清、听不听得进、听了后有没有好处。不浪费他人的时间和不伤害他人的情感是最基本的话语道德。

佛教能够让人深刻地意识到，说话是体现自我修养和使自我获得福报的行为活动，只有在以正语远离绮语、以软语远离恶口、以和合语远离两舌、以实语远离妄语的过程中，自我的德行才能不断增长，福报才能不断增多。简而言之，佛教能够教育民众树立一种意识，那就是"语言事关积德且最容易积德"。一个人有了这种意识，不仅不会以语言骗人伤人，相反，"看到人家做善事，发言赞美；见人为恶，善言规劝；人有争讼，做和事佬；人有冤抑，防助辨明。不揭人隐私，不自赞毁他"①，以此之类言之，他能在生活中处处以善语交人。

依据佛教话语道德的启示，我们应该保持修习"口德"说"善语""正语"的道德敏感性。我们观察到的一个值得注意的事实是，人的德行修养的堕落在某种程度上总是伴随或表现为语言的堕落。海德格尔说："语言大面积地迅速荒疏，这不仅在一切语言运用中掏空了美学的与道德的责任，而且，语言的荒疏是由于人的本质之被戕害。"② 人与动物不一样，就在于他能够听闻善言、践行善行。孟子说："舜之居深山之中，与木石居，与鹿豕游。其所以异于深山之野人者几希。及其闻一善言，见一善行，若决江河，沛然莫之能御也。"③ 意思是，当初舜住在深山里的时候，和木石同处，和鹿豕同游，和那深山里的乡人很少有不同的地方，等到他听得一句善言，见到一种善行，就去实行，像江河的水决了口，倾泻下来，便无法阻止它。海德格尔所谓的"人的本质被戕害"，从儒家的角度来看，就是人变得不像个"人"。具体说来，他对善言的听闻和践行丧失了一种敏感性——像舜那样时刻注重道德修行的道德敏感性。一个人如果没有了这种道德敏感性，就很容易口无遮拦、祸从口出。

① 星云大师. 生活的佛教 [M]. 北京：生活·读书·新知三联书店，2015：174.
② 海德格尔. 人，诗意地安居 [M]. 郜元宝，译. 上海：上海远东出版社，2011：79.
③ 孟子. 孟子 [M]. 万丽华，等，译注. 北京：中华书局，2006：295-296.

第三节　辩论、谏过、玩笑等话语行为中的道德问题

在现实生活中，有时候人们需要在一些特别的场合或事情上进行话语交际，比如辩论，比如规劝他人改过；另外，有些人还喜欢在话语交际中开玩笑。如何使上述话语行为不伤人，不使人生厌，甚至还能使人得好处？佛教在这方面能给人们不少的道德启示。

辩论是人们日常生活中较为常见的言语行为。封建社会有"庭辩"，现代社会有"辩论赛"，有时候三两个人也会就某一问题自发进行辩论。常言道"灯不拨不亮，理不辩不明"，释迦牟尼多次与外道辩论教义取胜，让外道信众信服而投向佛法，才令佛教发扬光大。由此，佛教形成了一种辩经传统。辩经是重要的佛教教义的学习活动，即僧人学习佛教知识后，为了加强对所学内容的真正理解，采用立论与反驳的方式交流所学心得和所悟佛法，通过辩论来学习及印证所学的佛法。

佛教注重辩论活动。著名的玄奘法师就参与过这类活动。印度戒日王在听说玄奘法师的求佛经历和成就后，为玄奘在摩揭陀国的都城曲女城（今印度北方邦境内卡瑙季县）组织了一场隆重的讲学大会。受邀到场的有天竺18个国家的国王和3000多名高僧，可谓盛况空前。在讲学大会上，戒日王请玄奘当众讲学，并提倡到场高僧与玄奘辩论。在18天的讲学大会中，玄奘进行了多场精彩讲演，还运用自己深厚的佛学知识辩倒了在场的所有高僧，大家对他的佛学知识佩服得五体投地。讲学结束后，戒日王命人举起玄奘的袈裟，宣布讲学成功。玄奘从此在五印更是名声大噪，被大乘尊为"大乘天"，被小乘尊为"解脱天"。玄奘可谓"辩才无碍"。《华严经》认为"辩才无障碍，则能开演无边法"。

《方便心论》是佛教引导众生进行辩论的著作。作者说："今造此论，不为胜负、利养、名闻，但欲显示善恶诸相，故造此论。世若无论，迷惑

者众，则为世间邪智巧辩所共诳惑起不善业，轮回恶趣失真实利；若达论者，则自分别善恶空相，众魔外道邪见之人无能恼坏做障碍也，故我为欲利益众生造此正论。"这里对辩论的缘由和目的交代得很清楚。倘若不辨善恶诸相，那么，一些异端恶法则充斥世间，就会诱使人们远离嘉言懿行。只有通过论辩去伪存真，人们才不会被邪见所蛊惑，所以，辩论不是为了求得胜负名利，而只是为了显示至德至善的真相。

佛教希望僧众通过辩论能分清善恶、坚定信仰，从而不断勇猛精进、度己度人。《瑜伽师地论》卷十五谈到"论辩二十七功德"：一、众所敬重；二、言必信受；三、处大众中都无所畏；四、于他宗旨深知过隙；五、于自宗旨知殊胜德；六、无有僻执，于所受论情无偏党；七、于自正法及毗奈耶无能引夺；八、于他所说速能了悟；九、于他所说速能领受；十、于他所说速能酬对；十一、具语言德令众爱乐；十二、悦可信解此明论者；十三、能善宣释义句文字；十四、令身无倦；十五、令心无倦；十六、言不謇涩；十七、辩才无尽；十八、身不顿悴；十九、念无忘失；二十、心无损恼；二十一、咽喉无损；二十二、凡所宣吐分明易了；二十三、善护自心令无忿怒；二十四、善顺他心令无愤恚；二十五、令对论者心生净信；二十六、凡有所行不招怨对；二十七、广大名称声流十方，世咸传唱此大法师处大师数。上述言说详细列举了论辩的诸多好处。比如，辩论可以使人勇敢无惧，使人坚定自身的正确见解，使人善于倾听他人意见而不容易固执，使人提升领悟能力、表达能力，使人身心活跃而不容易疲倦、老化，使人正确的道理得以流行传播而让更多的人受益进而得到他人的夸奖称赞。总而言之，一个人通过辩论，能够明理趋善，进而他就能够更加自信于自身的信仰，勇猛献身于自身的修行并影响他人，得到其他人更多的亲近和敬重。

上面讲的是辩论所能带来的结果善。在具体的辩论过程中，不仅要讲求逻辑技巧，也要讲求伦理规范。在日常的辩论赛中，我们经常说要赛出良好的精神风貌，这个良好的精神风貌需要靠辩论规范来推动生成。《佛说除盖障菩萨所问经》卷十讲到了"辩才十法"："若修十种法者，得一切有情欢喜辩才，何等为十？一者爱语；二者熙怡面相远离颦蹙；三者如义语；四者如法语；五者平等语；六者不自高；七者不轻他；八者无染着；九者无触恼；十者具种种辩才。"还认为做到了以上几点可"令诸有情咸生欢喜"。从此"辩才十法"大致可知，具有良好精神风貌和道德素养的辩手一般要常含笑容、紧扣主题、言之有理、态度谦和。

在辩论过程中当然也有精神风貌表现不佳者。《瑜伽师地论》卷十五讲到了辩论中"堕负者"（失败者）的种种行为。一是"舍言"。不认真对待辩论，敷衍塞责，舍所言论，说什么"我论不善，汝论为善；我不善观，汝为善观；我论无埋，汝论有埋；我论无能，汝论有能；我论屈伏，汝论成立。我之辩才唯极于此，过此以上更善思量当为汝说；且置是事，我不复言"，显示出一副"你有理你说吧，我不说总行了吧"的无赖相。二是"言屈"。不尊重对手，不礼貌待人，"或托余事方便而退，或引外言，或现愤发，或现嗔恚，或现骄慢，或现所覆，或现恼害，或现不忍，或现不信，或复默然，或复忧感，或竦肩伏面，或沉思词穷"，脸色阴晴不定，态度变幻多端。三是"言过"。言语散乱，言不及义，东拉西扯，言无逻辑，拖沓费时等，"立论者为九种过污染其言，故名言过。何等为九？一、杂乱；二、粗犷；三、不辩了；四、无限量；五、非义相应；六、不以时；七、不决定；八、不显了；九、不相续"。很明显，上述所讲的失败者，首先是在道德上败下阵来的。

结合以上善辩者的诸多表现及失败者的种种行为，我们大致可以总结出佛教对辩论中伦理规范的强调：尊重对手，态度谦卑，礼貌待人，平等交流，信仰正法，不人身攻击，不东拉西扯，全身心投入。在辩论中，有的人争强好胜，固执己见，没有倾听别人意见和想法的耐心，语气咄咄逼人，不讲道理而是极尽讽刺挖苦之能事，最终把辩论变成了争论，争到脸红脖子粗乃至撕破脸皮大打出手。佛教对辩论目的、辩论规范的思考能够启发人们意识到辩论应该是一项明理明德的活动。

在人的日常交往活动中，辩论是一项难以避免的活动，通过辩论，我们要有"得"有"德"，即在道理、事理上有明了，在道德上不失风度。"国际大专辩论赛"是华语辩论的品牌节目，我们不仅能从中看到语言交锋的力量，也能够从中看到交锋者的综合素养尤其是道德教养。杜维明教授在点评 1993 年国际大专辩论赛时说:"中国传统文化的儒释道都强调体会、体验,体味这种体之于身、身体力行的具体真知。在这个思想导引之下呢,目明耳聪,也就是明察秋毫的视德和从善如流的听德,才是雄辩的基础。能说善道固然很好,但巧言令色就背离了仁厚的核心价值了。因此,这次华语的辩论,虽然常有排山倒海,甚至咄咄逼人的气势,却一再地体现出同情、坦诚的美德,树立了非常良好的风气,值得我们仿效。"①上述点评谈到了辩论中的视德、听德,谈到了辩论中的价值遵守和风气树立,概述非常发人深省。

除辩论外,劝诫他人匡正过失也是日常生活中常见的语言行为。《了凡四训》中讲:"凡与人相处,当方便提撕,开其迷惑。譬犹长夜大梦,而令之一觉;譬犹久陷烦恼,而拔之清凉,为惠最溥。"碰到他人有明显的过错,我们说还是不说,是仗义执言还是事不关己,这是一个问题。佛教一方面讲"出家人不打诳语",鼓励说"真实语";一方面又讲"隐他过咎",告诉人们某些情况下"实语入恶道",这该如何理解?

佛教对"实语"有自己的看法。《大萨遮尼乾子所说经》卷五说:"大王当知,黠慧之人不应一切时、一切处常说实语。何以故?有不饶益故。大王当知,黠慧之人应当善观可与语人、不可与语人,应当善知可语时、非语时,应当善知可语处、非语处,然后说语。何以故?大王当知,实语人者,世人不爱,世人不喜,智者不赞叹,世间痴人嗔。而说偈言:智者不知时,卒随意说实,彼人智者呵,何况无智者?智者一切处,亦不皆实语,是实乔尸迦,实语入恶道。"

"苦海无边,回头是岸",佛教怀着度人成人的悲悯,对他人的过错并不是视而不见、撒手不管。但人皆自尊好面,有过错被人不留情面地直接指出来,一般人很难在情感上一下子接受,所谓"实语人者,世人不爱,世人不喜"。佛教正视到这一人性的基本事实,故而强调说"不应一切时、一切处常说实语",也就是说劝谏他人改过行善要注意时机、场合、方法。总而言之,要便宜行事。这其实需要很高的言说艺术,否则的话,不仅起

---

① 李道荣. 说话的艺术 [M]. 武汉:湖北人民出版社,1999:411-412.

不到劝谏的效果，还有可能对他人造成情感伤害。

劝诫他人过错有许多道德情感上的考量。比如，不能让对方的情感"瞬间爆发"，认为你是在故意为难他，故意让他难堪、出丑；也不能让对方的情感"平淡无奇"，认为你就说说他就听听，说完听完，该干吗还是干吗。好的劝诫，应该是让对方的情感"有起有伏"，起的是他的改过之心、感激之心，伏的是他的埋怨之心、愤恨之心。《瑜伽师地论》卷四十说："又随他心而转菩萨，终不故意恼触于他；唯除呵责诸犯过者，起慈悲心诸根寂静，如应呵责令其调伏。又随他心而转菩萨，终不嗤诮轻弄于他令其赧愧，不安隐住；亦不令他心生忧悔。虽能摧伏得胜于彼，而不彰其堕在负处。"这段话很值得玩味。意思是，菩萨总是考虑、照顾到过错者的感情，不会故意地冒犯、触恼过错者，即便是苛责过错者，也是以一颗慈悲爱护之心（而非凡夫俗子式的嗔恨之心）去苛责他。菩萨自始至终都不会讥笑、戏弄过错者，从而让过错者脸红难堪、忧愁悔恨，菩萨虽然能够降伏过错者但是从不显示出来（或者说，从不表现出过错者是如何的堕落，而自身拯救了他是多么的伟大）。佛教讲我们怀着一种慈悲心去劝诫别人过失，是为了让他人改过迁善，而不是为了显露他人的过失并以此去讥笑他、责备他、羞辱他、戏弄他，从而让他难堪难受。因而，对劝诫者而言，他不能高傲傲慢，他的态度要谦和诚恳，他要主动亲近过错者，要抓住合适的时机去做说服，即便劝诫成功了他也不能居功自傲，以免显得对方是多么的罪孽深重幸亏遇见他才能够迷途知返、重新做人一样。

《生经》卷三中说："当学善言柔和之辞，当作巧辞方便之语，是诸佛教。"结合佛教的一些经论，我们在劝谏别人匡正过失的时候能够有如下启示：第一，分时间、场合、对象，不要使对方难堪和觉得受到刁难冒犯；第二，不要想当然地认为对方一错百错，不要讥笑他人的过错，不要贬低他人，不要证明自己高人一等；第三，保持愉快的态度平等交流，不要表露出愤怒、不耐烦的情绪；第四，不要居功自傲，不要觉得自己有多么了不起，对对方帮助有多大。

最后说一说开玩笑的问题。日常生活中，一些人喜欢开玩笑，认为这是乐观豁达的表现，并且能够拉近人际交往的距离。佛教是如何看待开玩笑的呢？《大萨遮尼乾子所说经》卷五讲到"戏笑之罪恶"："大王当知，黠慧之人不应轻躁放逸太过，何以故？大王当知，放逸太过者能障奢摩他、毗婆舍那法。此戏笑之罪，是恶道因。而说偈言：戏笑垢染心，心不住三昧，为智者所呵，行善不解脱。欲得速利益，应离诸放逸，现世无安隐，失名称功德。"总的来说，佛教认为不宜开玩笑，我们也很难看到佛教祖师大德开玩笑的故事。

在佛教看来，开玩笑使人内心松弛散乱、行为轻躁放逸，影响到人的禅定修行，学法之人，要庄严稳重，要常思精进，不能在玩笑、戏论中虚度光阴、动摇本心。精神松动，进而很难注意到或者容易忽视一些清规戒律而犯错。比如，男人随随便便地对女人开玩笑，一不注意就会犯绮语或邪淫的戒律；又如言不副实的玩笑，如果对方信以为真，则我们的妄语戒就被破坏掉。佛教尤其禁止对佛法僧三宝开玩笑。轻薄、诽谤三宝可谓罪大恶极。这个结罪不是对佛法僧结的，而是对那些信众结的，让信众丧失了对佛法僧的信心，没有人跟佛法僧学了，结果断了法身慧命。要知道断人身命罪小，断人慧命的罪就大了，都是阿鼻地狱的罪报。

佛教的上述认识对我们的日常言语交际有莫大的启示。事实上，在现实生活中，玩笑固然有时能起到化解尴尬、拉近关系等效用，但是，在很多情况下，开玩笑的度不好把握，玩笑开大了的情况时有发生，有的人甚至借开玩笑的名义对他人进行言语攻击、讽刺、侮辱、骚扰。在人际交往中，尤其要避免这种"玩笑夹恶语"的情况发生。

另外，那些爱开玩笑的人，他开玩笑开习惯了，最后开起玩笑来不分场合和对象，在不经意间就伤害了许多人，而他还不知自己实际上早被人反感厌恶，有的人因此失去朋友乃至失去性命，这实在是得不偿失。尤其是那些有钱、有权、有势、有才的人，倘若爱开玩笑，更是容易依仗其所有，肆无忌惮、伤人身心，最终往往会受到重大的打击报复。这方面的例子和教训真的是比比皆是。

春秋时期的宋闵公就是个爱开玩笑的人，结果因为几句玩笑话而死于非命。《左传·庄公十二年》对此有所记载，不过记叙比较简单。大意是说，宋闵公经常以"此虏也！"称呼手下大臣南宫长万，最终"万怒，搏闵公，绝其脰"。我们今天从《东周列国志》第十七回中可以知道更为详尽的细节。宋国有名的将军南宫长万被俘后得以回国，宋闵公跟他开玩笑说："以前我很尊敬你，现在你被鲁国俘虏，是鲁国的囚犯，我不再尊敬你了。"南宫长万很不好意思地走了。见此场景，大臣仇牧就对宋闵公劝诫说："国君跟臣子，应该互相尊重，不能够开玩笑。开玩笑就不尊重，不尊重就容易起冲突，出乱子，希望您以后不要这样！"宋闵公却毫不在意地说："我跟南宫长万开玩笑开习惯了，没关系。"就是这样的开玩笑开习惯了，在他以后与南宫长万相处的场合中，比如，在做掷戟、下棋、罚酒等游戏时，宋闵公时不时来句"你这囚徒"的玩笑话，令南宫长万羞愧难当。直到有一回，因为周朝新王登基，南宫长万请求宋国派自己作为使臣去道贺，这时候刚和南宫长万饮酒作乐的宋闵公又笑着说："宋国再没有人，也不能派一个囚犯去！"宫人们听了都大笑了起来。南宫长万羞得满脸通红，再也忍耐不住，趁着醉酒，大骂宋闵公："混账东西，你口口声声骂我囚犯，你知道不知道囚犯会杀人？"说完就把宋闵公打死了。宋闵公做了十年的国君，本应该有更大的作为，却因为言语不检点、不分场合地乱开玩笑而丧命，令人可惜。

"开玩笑开习惯了"，乃至不分场合、不分对象，最终必会伤害他人感情。在消费时代尤其是在网络世界中，一些人不知庄重、严肃，拿革命先烈的名讳和事迹来开玩笑，这种浅薄的行为极大地伤害了人民感情，不仅遭到人人唾骂，而且涉嫌违法。"天地英雄气，千秋尚凛然"，英雄烈士不可以被戏说、被侮辱、被诽谤。崇尚英雄、尊重先烈、继承他们的精神和遗志，不仅是民族进步、国家发展的动力，而且也是法律规定的公民责任。我们绝不可在言语上亵渎、冒犯英雄先烈。

语言能展现人的思维、学识、境界，是维系人际关系的重要纽带，能说会道是值得每个人期待的事。但是，能说会道不是胡说八道，而是一种符合话语道德的高级技能。在现实生活中，很多人并没有达到能说会道的水平却总是喋喋不休，甚至出现不说话就憋得慌的状况。人之所以喜欢闲言碎语说一堆，皆是你我内心贪嗔痴慢疑涌动不止的结果，凡夫俗子内心躁动不安，就容易怨天尤人、与人争吵或者批评别人。过多的言语或不得体的言语，常常影响修行、惹是生非。佛教教我们"少说一句话，多念一声佛"，这是很发人深省的。

第八章　佛教道德话语的重振、规范与转型

　　针对明清以来佛教道德话语及其社会影响力衰落的状况，一大批仁人志士誓愿改变这种情形，以杨仁山居士为代表的一批著名学者以及以太虚大师为代表的一批高僧大德，都为重振佛教道德话语做出了贡献。整体来看，佛教道德话语重振是建立在佛教道德话语规范的基础上的。通过经籍刊印、佛理教育、规制建设、意识强化等多方面的努力，佛教道德话语的发展越来越规范化。随着时代的发展，佛教道德话语沿着面向人生与社会的新问题、服务社会主义建设、走进网络世界等方向转型发展。新中国成立后尤其是改革开放后，在中国佛教协会的领导下，佛教道德话语的振兴、规范、转型工作得到了有力推进。

第一节　佛教道德话语的重振

　　针对明清以来佛教道德话语的整体衰落，以杨仁山居士为代表的一批仁人志士通过刊刻经书来振兴佛教道德话语。民国时期，佛教道德话语开始呈现出一些振兴气象。新中国成立后尤其是改革开放后，佛教在经书整理出版、佛理阐释研究、佛教人才培养、身心健康维护、社会发展进步、民族团结与国家统一、对外交流与世界和平等多个领域均发出自己道德智慧的声音，这是现代佛教道德话语重振的重要标志。

　　前面第一章讲过，中国佛教在近代整体上走向衰落。究其原因，外在的有社会动荡、战乱及西方思想文化的冲击等。比如，以"拜上帝教"为指导思想的太平军"遇庙则烧""见僧则杀"。之所以如此，乃是他们视佛教为拜上帝教的死敌，认为要想光大后者必须贬抑前者。洪秀全创立"拜上帝会"时，"就把上帝与撒旦的对立，变成上帝与'阎罗妖'的对立。'阎罗'乃是随同佛教传入中国的名词，它是掌管地狱的神，如果人生在世犯了严重的'十恶业'，就要沦入'六道轮回'中最悲惨的地狱受苦。洪秀全则把批判的矛头紧紧对准'阎罗妖'，他把西方的撒旦、东方的龙王、《劝世良言》的'蛇魔'，乃至一切木石偶像等，一股脑儿当成一个东西——阎罗妖。总之，万般邪恶，都由'蛇魔阎罗妖'来代表"。① 在《原道觉世训》里，洪秀全写道："近代则有阎罗妖注生死邪说。阎罗妖乃是老蛇、妖鬼也，最作怪多变，迷惑缠捉凡间人灵魂。天下凡间我们兄弟姊妹所当共击灭之，唯恐不速者也。而世人偏伸颈于他，何其自失天堂之乐，而自求地狱之苦哉！论道有真谛，大凡可通于今不可通于古，可通于近不可通于远者，伪道也，邪道也，小道也。据怪人妄说阎罗妖注生死，且问中国经史论及此乎？曰：无有。番国圣经载及此乎？曰：无有。无有，则何以起？怪人佛老之徒出，自陷迷途，贪图财利，诳人以不可知之事，以售己诈，诱人作福建醮，以肥己囊，兼之魔鬼入心，遂造出无数怪诞邪说，迷惑害累世人……此近代所以多惘然不识皇上帝，悍然不畏皇上帝，尽中蛇魔阎罗妖诡计，陷入地狱沉沦而不自知者也。"② 为了争夺信众，清末佛教话语被拜上帝教严厉批评为"惑众狂言""妄说邪说"。事实上，一些封建士大夫也这样批评佛教。在欧风美雨的冲击下，清末朝廷废科举、办新学，一些官员奏请朝廷从佛教寺院获取办新式教育的资源。清末掀起的"庙产兴学"运动，对佛教的发展造成了相当大的打击。

　　另外，佛教界对其自身话语的滥用，即不用于拯救世道人心而用于谋财获利，在晚清是一个较为普遍的现象，也是其走向衰落的一个重要原

---

① 胡思庸. 胡思庸学术文集［M］. 郑州：河南大学出版社，2013：216.
② 杨益茂，宋桂芝. 太平天国诗文选译［M］. 成都：巴蜀书社，1997：11-13.

因。清末民初，佛寺所居者，如太虚大师所言，多是一些所谓的看破红尘、寄居残生的人以及利用佛寺佛教做法以图利益的人，佛地成了一个赤裸裸的"利益场"。"民国初年，有人做过初步的调查，认为如果集中佛教的全国寺院财产，大可富埒天主教，可与罗马教廷的财富相媲美。虽然调查未必准确，然其资财的富有，为不争的事实……有些地方寺院，已经一变而为'子孙丛林'的私天下了。所谓'子孙丛林'便是师徒历代传授法统，同时也授受了本寺资产的管理权。如果一师数徒，他们也同世俗人家一样，分为数房，如大房、二房等房份，依次递分，争权夺利的事情，也处处可见，因此师僧结交官府，称霸一方的也不少。除了'子孙丛林'以外，在教内的术语中，还有'小庙'，'小庙'的南方僧众，又有'禅门'与'应门'的分别。所谓'禅门'，讲究清修；所谓'应门'，专做佛事。他们念经拜忏，乃至荐亡送死，借此赚些报酬，聊资糊口。"① 佛教话语，原本是用来启迪人制欲悟道、离恶趋善的，现如今却被投机之人、势利之人紧紧攒住，充满着腐朽的气味，陷入了虚假清高、追名逐利的泥淖中。印光法师为此痛心疾呼："倘诸君不乘时利见，吾恐此时震旦国中已无佛法声迹矣，呜呼险哉！"②

　　以上内外原因的综合影响，导致晚清佛教言说被批评、被挤压、被压制，即便还有些微弱声音，也不再是引导人往道德上走、往境界上走，而是为人们在动荡和战乱中自求多福、自求多利做祈祷、做安慰。一些佛门僧侣不学无术，满嘴粗言鄙语，根本不能在乱世中做示大道、正人心的言说。其时的状况是：山门清寂、讲经停废、戒律松弛、释子平庸、宗风衰颓、禅僧滥竽。"释氏之徒，无论贤愚，概得度牒。于经律论毫无所知，居然做方丈，开期传戒。与之谈论，庸俗不堪，士大夫从而鄙之，西来的旨，无处问津矣。"③ 有人痛心地指出，近世以来，僧徒安于固陋，不学无术，为佛法传入中国后"第一隳坏之时"。④

---

① 南怀瑾. 中国佛教发展史略 [M]. 上海：复旦大学出版社，2016：101-102.
② 印光大师. 印光大师文汇 [M]. 北京：华夏出版社，2012：425.
③ 杨文会. 等不等观杂录 [M]. 北京：商务印书馆，2017：12.
④ 杨文会. 等不等观杂录 [M]. 北京：商务印书馆，2017：17.

　　中国佛教在近代发展的乱象和颓势甚至被一些国际友人"看在眼里，急在心上"。民国时期，一位在中国居住了二十多年的斯里兰卡佛教友人，这样观察旧中国佛教的状况："现在中国存在的佛教，是与印度教、喇嘛教、孔教、道教混合成了一个东西，充满着迷信的祈祷和行为，如外道烧纸人、纸马、纸器皿等，并分成几个派别，如净土宗、禅宗、密宗等。大多数中国人民，除一些生长在南方国家者以外，都蒙昧而不知真正的佛教是什么。在中国可以找得到的佛教典籍，几乎都是从梵文译出的，我坚信那大多数的翻译是忠实的，但和少数伪经混合在《大藏经》内，充当圣典。实际说来，大多数的中国僧尼，都实行严格的素食主义。但是不幸得很，在他们之中，约有百分之八十受不到正当的教育，并且追随着一种错误的形式和制度，而对于真正的佛法完全不懂。中国佛教，过去因为治理不善，缺乏恰当的计划与领导，经过了百多年，已自然衰败而进入腐化堕落的阶段了。今天，寺院都在一种不能不商业化的形式中为群众服务，借以维持寺院中的开支。在一些寺院中，我曾看见在家居士为死人做道场，带着他们的亲眷、朋友和仆人住在寺院里，从一天到七天不等。因为这种坏的方法，以致有知识的在家人对僧尼的真正恭敬心完全没有了。多数的和尚像劳役一样，为方丈和尚们充下役，整天整夜像鹦鹉一样歌唱，替死人做道场。但他们大多数都不知道他们自己唱念的是什么，亦不明白拜忏和焰口是真正忏前悔后的修持法门。"① 这位久居中国的国际友人直截了当地说中国佛教在近代"自然衰败而进入腐化堕落的阶段"。

　　针对佛教话语的颓废，"必有人焉以振兴之"。清末民初，一大批仁人志士发宏愿重振佛教话语。开风气之先的是杨仁山、欧阳竟无师徒。他们创办刻经处，刊刻出版一大批经书——尽管早在汉魏时期，中国人就开始译经，但是历经历朝战乱，经书所保存者寥寥无几。同治五年（1866），杨仁山移居南京，参与兵火后的城市建设工作。当时江南久历兵燹，加之太平天国的狭隘宗教政策，使佛教典籍损毁殆尽，甚至连最普通的《无量寿经》和《十六观经》也难以觅得。这让杨仁山颇为触动。他认为佛典广

① 巨赞. 中国近代思想家文库：巨赞卷 ［M］. 北京：中国人民大学出版社，2015：89.

为流通是弘扬正法、普济众生的前提条件，遂与志同道合者十余人募捐集资，创办金陵经书处，经营刻经事业。

杨仁山刻经书很有自身的眼光与见解。他认为一些粗鄙僧人及一些民间百姓往往怀着功利之心，将道听途说或一知半解的佛教话语拿来做法事、积功德、求福报，这远离了佛教话语的真正义理与境界。是故，他很注意经书的选择，尤其注意那些具有义理蕴含和史料价值的失传经典，他认为"道在是矣"，能够以此"觉世救人"。另外，他求经书的方法和路子也很广，不仅寻访古刹，还从海外尤其是日本搜求失传的佛经，广泛收集藏经之外的"古德逸书"，比如，《中观疏》《唯识述记》《因明论疏》，这些直接带动了近代佛学对因明、唯识研究的风气。出于弘扬佛法的考虑，杨仁山还为金陵刻经处定了"三不刻"的规矩：疑伪者不刻、文义浅俗者不刻、乩坛之书不刻。在这样的理念的影响下，当时刊刻的经书"语言典雅""辞章典丽""考据精详""佛理精深"。除去收集、刊刻佛经外，杨仁山还在培养佛教人才、研治佛学弘扬佛法、加强中外佛教文化交流等方面做了大量的工作。以上努力有力地重振了佛教话语的社会影响力。

杨仁山极为看重佛教话语引导众生改恶迁善及维系天下安康太平的作用。他说："佛教所以胜于他教者，在倡明真性不灭，随染缘而受六道轮回，世间苦乐境界，皆是过去世中，因起惑而造业，因造业而受报。至受报时，设法救济，已无及矣，所谓定业难转也。不如以佛法导之，令其不造恶因，免受苦果，渐渐增进，以至成佛。则久远大梦，豁然顿醒。自度功毕，度他不休，此乃佛教济世之方，与世间法相辅而行，非虚无寂灭之谈也……地球各国，皆以宗教维持世道人心，使人人深信善恶果报，毫发不爽。则改恶迁善之心，自然从本性发现。人人感化，便成太平之世矣。"① 正是有这样的认识和信仰，杨仁山对重振佛教话语的影响力和作用力抱有极大的热情和兴趣，可谓矢志不移。

杨仁山的主要活动时间其实在 19 世纪中晚期，并且，他是以居士身份振兴佛教话语的。但是，他扎实的工作积淀和非凡的事业成就为中国佛教

① 杨仁山. 杨仁山大德文汇 [M]. 北京：华夏出版社，2012：182.

在 20 世纪的振兴奠定了坚实的基础。20 世纪中国佛教自其内部涌现了明显的振兴浪潮，最为显要的是涌现了一批高僧大德："依照佛法而以修持行为作一代规模的，在净土宗有印光法师；天台宗有谛闲法师；律宗有弘一大师；禅宗有望重山斗的虚云老和尚，还有号称当代禅门龙象峨嵋金顶的传钵和尚、万县钟鼓楼的能缘和尚、苏州穹隆山的道坚和尚、扬州高旻寺的来果和尚，这几位还都能保持宗风，卓然独立，而为佛法中的中流砥柱。这许多佛教耆宿，也都是当代的佛教大师中，品德庄严，或学问渊博的代表人物。由清末到民国三十七、八年间，他们后先辉映，将近半个世纪，对于佛教风气，与知识分子及学佛人士等的影响很大。乃至男女老幼，名公巨卿，贩夫走卒，或多或少，直接的或间接的，都受过他们的感召，他们维系世道人心，默然辅助国家政治教育的不足，可谓功不唐捐，实在未可泯灭。"①

谈及佛教道德话语在 20 世纪的振兴，我们不得不提太虚大师。太虚大师被誉为"革命和尚"，他除了参与辛亥革命等政治性的革命活动外，还将革命精神贯彻到他一生所倾力的佛教改革事业上。据他自述："偶然的关系，我与许多种的革命人物思想接近了，遂于佛教燃起了革命热情，在辛亥革命的侠情朝气中，提出了教理（那时叫学理）革命，僧制（那时叫组织）革命，寺产（那时叫财产）革命的口号。"②

太虚大师所倡导的对佛教进行三种革命的实际内容是："第一，关于教理的革命……我认为今后佛教应多注意现生的问题，不应专向死后的问题上探讨。过去佛教曾被帝王以鬼神祸福做愚民的工具，今后则应该用为研究宇宙人生真相以指导世界人类向上发达而进步。总之，佛教的教理，是应该有适合现阶段思潮的新形态，不能执死方以医变症。第二，是关于佛教的组织，尤其是僧制应须改善。第三，是关于佛教的寺院财产，要使成为十方僧众公有——十方僧物，打破剃派、法派继承遗产的私有私占恶习，以为供养有德长老，培育青年僧材，及兴办佛教各种教务之用。"③ 太

①　南怀瑾. 中国佛教发展史略［M］. 上海：复旦大学出版社，2016：112-113.
②　本书编委会. 太虚大师全书：第31卷［M］. 北京：宗教文化出版社，2005：57.
③　本书编委会. 太虚大师全书：第31卷［M］. 北京：宗教文化出版社，2005：72.

虚大师认为，佛教革命的根本办法的最根本者，在于革命僧团有健全的组织，其宗旨有以下三点：其一，革除历代君相利用神道设教的迷信，革除家族化剃度法派的私传产制；其二，革改隐遁为精进修行，化导社会，革改度死奉事鬼神为资生服务人群；其三，建设由人而菩萨的人生佛教，以人生佛教建设中国僧寺制度，以人生佛教造成十善风化的国俗及人世。①太虚大师坚信，通过佛教革命，"在家菩萨能够在每一事业上，都表现出佛教徒精神，社会人士自然对佛教生信仰，僧众的地位也因此提高，恭敬尚且来不及，哪里还会来摧残佛教？真正的大乘佛教实行到民间去，使佛教成为国家民族、世界人类需要的精神养料，佛教当然就可以复兴"。②

除了宣扬理念外，太虚大师毕生还致力于振兴佛教道德话语的具体实践：比如，组织僧人教育会、僧人自治会、佛教协进会，到南京、武汉等国内重要城市讲经，创办佛教刊物，整顿、管理净慈寺等名刹，创立佛学院，商请政府保护寺产，发起世界佛教联合会并亲赴欧美多国弘扬佛法，以演讲、通电、筹办僧侣救护队等多种形式勉励佛教徒投身抗日救国、维护和平的运动等。这些实践产生了重要的、积极的影响。

太虚是杨仁山的弟子，是后者创办的祗洹精舍就读的学生之一，他继承和发扬了杨仁山振兴佛教话语的理念和事业，"原来萌蘖于杨文会的振兴佛教的思想理念，就好比山涧淌出的一泓清流，经过太虚等人的大声疾呼和不懈努力，逐渐变成了滔滔的巨浪，从而波及保守的佛教势力，把他们也泥沙俱下地带入了滚滚的洪流之中"③。

经过以杨仁山居士、太虚大师为代表的众多高僧大德对佛教的重振工作，佛教颓废的面貌发生了好转。"民国时期，僧团的人数估计约为八十万到一百多万。受戒的僧伽人数则日渐增加……中国传统佛教各大宗派都涌现了代表人物……甚至中断千有余年的唯识宗也因欧阳竟无等居士学者的研究而成为民国佛教的'显学'。一般都认为民国时期对佛学感兴趣的学者越来越多了。不少资料反映，民国年间社会名流和军政界要人对佛教

---

① 本书编委会. 太虚大师全书：第31卷 [M]. 北京：宗教文化出版社，2005：85.
② 本书编委会. 太虚大师全书：第31卷 [M]. 北京：宗教文化出版社，2005：109.
③ 赖永海. 中国佛教通史：第15卷 [M]. 南京：江苏人民出版社，2010：391.

产生兴趣并参与佛教事务者也越来越多，有的成为地方佛教协会或居士佛教组织的热心领导人……佛教复兴的情况也可以从佛教报刊书籍的出版和销售量增加上看出来。北京、南京、上海、杭州、扬州、常州、宁波、济南、武汉、成都等地都有专门的佛教出版机构和佛教书籍流通处，不少寺院还有自己的印刷所。据报告，各佛学出版社的业务规模日益增大……除上述佛教文化教育事业外，民国时期最令人瞩目的佛教发展，就是出现了一些杰出的佛教领袖和社会活动家，他们致力于把各个分散佛教团体联合起来。最著名的是 1912 年成立了中华佛教总会，总部设在上海，后来在北京设有办事处，全国各地都成立了支分会。"① 由此观之，佛教正人心、行大道、促太平的话语被越来越多的普罗大众接受、被越来越多的精英人士推崇、被越来越多的报纸杂志推介、被越来越多的僧俗组织守护。

新中国成立后尤其是改革开放后，在领导保障、制度保障、物质保障等诸多利好因素的协力下，中国佛教事业迎来了蓬勃发展的新气象。改革开放的前三十年，有几个成绩在中国佛教发展史上可圈可点：首先，中国佛教界出现了空前的团结与繁荣。在中国共产党的领导下，在中国佛教协会的凝聚和号召下，中国各民族、各地域、各派别的佛教徒真正组织在了一起、团结在了一起。"这是中国佛教徒的一件最大的喜事。像这样由全国各地区、各民族、各宗派的佛教信徒共同发起、共同参加、共同组织的全国性佛教团体，在我国历史上是从来没有过的。中国佛教协会的产生，表示着新中国佛教徒的大团结，表示着新中国佛教徒弘法利生的信心和热诚，表示着新中国佛教徒致力于爱护国家、保卫世界和平的共同志愿。"② 其次，中国佛教界的观念与体制开始发生变化。新中国大力扭转旧社会佛教徒只会唱经做法事为"死人"与"鬼"服务的局面，将佛教的发展与社会主义建设、与生产劳动、与为人民服务紧密联系起来。第三是中国佛教与海外联系开始加强。中国佛教界多次接待国际佛教友人来访，并且也多次组团出国访问；另外，中国佛教界还组织了国际性的和平祈祷、高僧纪

---

① 赖永海. 中国佛教通史：第 15 卷 [M]. 南京：江苏人民出版社，2010：1-3.
② 赵朴初. 赵朴初文集：上 [M]. 北京：华文出版社，2007：48.

念、学术研讨、佛舍利瞻仰等交流活动。

改革开放后，中国佛教事业更是进入了发展的快车道。成绩突出表现在：第一，佛教教育迅速发展，培养了大批人才。很多地方都成立了佛学院，培养了一批高层次的佛教人才。第二，人间佛教成为当代中国佛教发展的思想指导。人间佛教提倡佛法源出人间并且利益人间，倡导奉行五戒、十善以净化自己，广修四摄以利益人群，鼓励佛教徒自觉地以实现人间净土为己任，为社会主义现代化建设这一庄严国土、利乐有情的崇高事业贡献自己的光和热。第三，佛教文化受到了重视。集中整理、出版了一大批佛经和佛教论著，举办佛教学术刊物，开展学术研究，促进佛教艺术的发展。第四，佛教在社会上发挥了重要影响。主要体现在给中国人的宗教信仰、哲学观念、文学艺术、礼仪习俗等带来了深刻影响。第五，佛教寺院修葺一新，为当代旅游经济发展做出了贡献。中国大陆已恢复开放寺院 3000 多处，已有几百所寺院被列为国家重点寺院和文物保护单位。第六，寺院道风建设受到重视。通过具体的规章制度强化僧人管理和佛事管理，让寺院成为清净庄严、利乐有情、与社会主义事业相协调的新型道场。第七，中国佛教走向世界。通过举办世界佛教论坛等大型活动，中国佛教已经在世界佛教界中占有重要的地位。①

新中国成立以来佛教事业发展的辉煌成绩表明，佛教道德话语不仅在经书整理、出版、研究等领域被重视，而且在培养佛教人才与团结佛教徒、平衡人们身—心关系及物质—精神关系、维系民族团结与祖国统一、促进中外文化交流与世界和平等诸多领域得到重视。或者说，佛教在传承优秀传统文化、引导人们道德修养、维系人们身心健康、服务社会主义建设、增强社会团结、促进世界和平等方面有越来越多、越来越大、越来越有影响力的声音，而这正是佛教道德话语在 20 世纪以来重振的重要表现。

---

① 黄夏年. 新中国佛教七十年的互动与发展 [J]. 佛学研究，2019（2）.

第二节 佛教道德话语的规范

为了挽救佛教道德话语的发展颓势和重振其影响力，一个必须做的工作就是对其误用、乱用、滥用的情况予以规范。通过经籍参照、佛理教育、规制建设、意识深化等路径，无论是在内容上还是在发展方向、发展旨归上，佛教道德话语发展均得到了规范保障。

前面我们提到了中国佛教在近代发展的各种乱象。这些乱象甚至引起了斯里兰卡友好人士的忧心。他们设想："特别诚挚地恳求锡兰佛教的兄弟姊妹们，要很勇敢慷慨地扶助着创立两个不同的学院，去拯救中国的佛教，这是我们应尽的天职。去停止中国的佛教像曾经发生在爪哇一样的衰颓和消灭，并且去做一个中国佛教的救星。"①

当然，中国佛教的"衰颓"只能靠中国人自己"拯救"。中国有自主发展佛教事业的优良传统，亦有革故鼎新以推动佛教事业不断发展的优良传统。为了扭转中国近代佛教发展的颓势并使之走向振兴，一个重要的工作就是对佛教道德话语的误用、乱用等情况进行规范。

上一节提到的杨仁山居士的译经事业，一个重要的工作或贡献，就是通过刊印"原典"或"经典"，来规范那些"跑调的""庸俗的"佛教言说。杨仁山曾感叹道，兵荒马乱、战局连连，连一本拯救世道人心的普通经书都难以寻得，而一些僧人又傍依禅宗"不立文字"为自身不读经、不懂经做掩饰，其结果就是"与之谈论，庸俗不堪"。没有佛经，讨论、研习、传播佛法就没有依恃。为了改变这种状况，杨仁山到处搜求经书并刊刻流行，使僧人说话弘法有所凭依而不是信口开河。

有了佛经，不去诵读不行，不了解其精义也不行，理解错了也不行。除译经之外，杨仁山还开设释氏学堂，教育僧人读经，通过提升僧人的学

---

① 巨赞. 中国近代思想家文库：巨赞卷［M］. 北京：中国人民大学出版社，2015：89.

识修养来规范僧人的言语行为。比如,第一年读《四十二章经》《菩萨戒本经》《西方发愿文》等,第二年读《楞严经》《大乘止观》等,第三年读《圆觉经》《金刚经》《地藏经》《高僧传》等,自第四年起,进行律宗、贤首宗、禅宗等宗派的专门典籍的学习。杨仁山认为,要想把经读好,没有个三五年下不来。"酌定三级课程,先令其学习文理,然后教以浅近释典,约须三年。学成者准其受沙弥戒,是为初等。再令学习稍深经、律、论,三年学成,准其受比丘戒,给牒,是为中等。此后应学深奥释典,及教、律、禅、净专门之学,三年之后,能通大意,讲解如流者,准其受菩萨戒,换牒,是为高等。聪慧之流,九年学成,具受三坛大戒,方能做方丈,开堂说法,升座讲经,登坛传戒,始得称为大和尚。仅学得初等、中等者,只能当两序职事。若全不能学,仍令还俗,不得入僧班也。"① 如此,出家做和尚,绝非简简单单"看破红尘""自识本心"的事,不懂佛经就需还俗,而做大和尚做方丈的,必须对佛经"能通大意,讲解如流"。俗话说"无知者无畏",不了解佛经高义,才会乱说一通,才把佛教道德话语往混乱处说、往庸俗处说、往迷信上说。佛经原典相当于"标准教材",只有扎扎实实地对僧人进行佛经原典的教育工作,才能使其言说不荒腔走板、不庸俗不堪。

另外,针对运用佛教话语谋利益的情况,也需要加以规范。民国时期,一些高僧大德已经注意到了这方面的情况,但限于当时的条件,很难改变这种情况。这个工作,只有在新中国成立后才得到扎扎实实的推进与落实。1953年,中国佛教协会成立,作为中国各民族佛教徒联合的爱国团体和教务组织,它尤其注意在制度上规范佛教道德话语的使用,注重维护佛教良好的道德形象。

比如,中国佛教协会在《全国汉传佛教寺院管理办法》中明确规定佛教道德话语的话语重心和话语目的:"应当引导僧众把时间和精力主要放在严持净戒、闻思经典、潜心修行、弘法利生上来,根据各自实际开展经常性的讲经说法活动,培育发扬学习经典、研究经典、实践经典、宣讲经

---

① 杨仁山. 杨仁山大德文汇 [M]. 北京:华夏出版社,2012:175.

典的良好风气，提高信众对佛教教理教义的认识水平，引导信众爱国爱教、正信正行、服务社会、利益人群，远离盲目崇拜、偏执极端和迷信活动。"上述规定，为佛教道德话语的健康传承、传播提供了明确的内容规范和方向遵循。

再比如，现实生活中，我们常会听到有人讲"我手上这个手串是活佛开过光的"，或是听到在网上、街上销售一些佛牌、护身符的人会讲"这是某某寺某某大师开过光的"。在世俗大众的理解中，开光似乎是一件神奇而玄妙的事情，开过光的物品就会拥有一种灵验的效果或不菲的价值，有些僧人以"开光"谋利，有些人也热衷于邀请僧人"开光"，炒作那些"开光"物件的身价。针对这种情况，中国佛教协会发布《关于规范升座、开光等佛事活动的通知》，明确"开光"的内涵："开光，是指诸佛菩萨圣像、佛塔建成后，邀请年高腊长、德高望重的高僧大德，领众诵经祈祷。其意义在于赋予新塑造的佛菩萨圣像神圣庄严等宗教特性，引导佛教信众认识和领悟诸佛菩萨所展现的慈悲、智慧等精神境界。开光的范围是佛菩萨圣像、佛塔，不包括其他佛教用品，更不应为汽车、楼盘、手表等世俗用品进行所谓的开光。"还明文规定："佛教教职人员不得为非佛教活动场所和非宗教用品举行'开光'等宗教活动。""升座、开光等佛事活动的规模应当适度。广邀社会各界人士、场面热闹喧哗、聚众围观、声势浩大，均非升座、开光等佛事活动之本意。""加强升座、开光等佛事活动中讲经说法的内容，充分发挥佛教净化心灵、疏导心理、涵育道德、启迪智慧的独特功能，帮助信众化解人生烦恼、保持身心健康；使信众在庄严有序的佛事活动中，获取佛教智慧，了知佛教要义，接受中华优秀传统文化熏陶，从而引导信众向善向上，正信正行。"同时还强调，对开光等佛事活动的报道"宜少而精，篇幅适中，用语准确"。① 通过内涵、宗旨、规模、宣传等多方面具体的、明确的要求，中国佛教协会严格规范了佛事活动中的道德话语表达与应用。

---

① 中国佛教协会. 中国佛教协会新修订规章制度汇编［M］. 北京：宗教文化出版社，2021：120-123.

以上主要通过外在的经籍参照、佛理教育、制度规范来规范佛教道德话语的使用，以免其被误用、滥用、乱用，从而有损佛法庄严及其道德智慧蕴含。当然，对佛教道德话语的规范，最重要的还是佛教信众自身要有规范意识。这包括两个层面的意思：一是要多见多闻，要熟知经书、精研佛理，切实追求道德境界，真正了解佛教道德智慧及其价值旨归；二是知道哪些话该说、哪些话不该说，该说的话在不同的场合针对不同的人、不同的事又怎样说。这两方面是紧密联系在一起的，前者是后者的内在支撑，后者是前者的外在表现，一个有道德境界、道德智慧的人自然会注意其言行举止。总之，要在言语行为中体现作为佛教信众的修行境界、道德风范、道德智慧，从而让社会大众能够带着一种愉悦感去倾听、去亲近佛教道德话语。

遗憾的是，一些佛教信徒并没有道德境界、道德智慧、道德形象追求，这种情况下，自然也就缺乏很好的言语规范意识，胡说乱说乃至言语伤人，严重影响了佛教的形象。比如，在文学作品《儒林外史》中，一些僧人开口说话，就充满了势利、庸俗、堕落之气息，这在第二十八回中表现得尤为明显。巨赞法师曾发表文章，指出了佛教界一些人的不妥当言论。比如，有些人说"凡一切宗教具有的美德，佛教都具有；一切宗教的弊病，佛教都没有"。对这种不严谨、不谦虚、不符合事实的自我夸耀之辞，巨赞法师批评说："就那样笼笼统统地讲，本意是想抬高佛教，而结果可能适得相反，惹人嗤笑。"①

网络时代，一些僧人的言语往往在网络上被传播、被检视，有时候还会引起巨大的争议乃至产生负面影响，这与人们对佛教的道德印象与道德期待相去甚远，也严重损害了佛教的道德形象，以致有些人认为佛教的伦理味道现在已经大大消退了。比如，有学者指出："最近几十年流行的看法是，佛教，特别是东亚佛教和日本禅，已经出现了伦理上的缺失。已经有一些会议和发表的论文专门指责这种缺失。并且还提出了各种不同的建议，试图对之进行纠正。在日本，佛教对于少数和弱势群体权宜的保护是

---

① 巨赞. 中国近代思想家文库：巨赞卷［M］. 北京：中国人民大学出版社，2015：72.

非常不重视的，加上某些有权势的宗派领袖的言论出现偏差，这些都在日本公众心中引发了对佛教某些宗派的伦理宗旨和观念的质疑。"① 虽然这主要说的是日本佛教的状况，但是于我们也可以引发反思。

李叔同曾告诫出家人要十分珍惜自己的"为人师表"的道德地位和形象，包括说话和待人接物在内，不要随随便便。他说："我们现在依佛出家，所处的地位是非常尊贵的，就以剃发、披袈裟的形式而论，也是人天师表，国王和诸天人来礼拜，我们都可端坐而受。你们知道这道理吗？自今以后，就当尊重自己，万万不可随便了。"② 事实上，李叔同在这方面可谓表率。在讲法结束的时候，他对听他讲法的人说："别的我也不多说了。我不久就要闭关，不能和诸位时常在一块儿谈话，这是很抱歉的。但我还想在关内讲讲律，每星期约讲三四次，诸位碰到例假，不妨来听听！今天得和诸位见面，我非常高兴。我只希望诸位把我所讲的四项，牢记在心，作为永久的纪念！时间讲得很久了，费诸位的神，抱歉！抱歉！"③ 寥寥数语中，有谦卑谨慎、珍惜缘分、与人为善、为人着想等品德流露，体现了弘一法师作为一代高僧的风范。这种风范就来自他对自身身份和话语的规范意识。

针对一些僧众言语行为不规范的现实情况，以及就语言与个人修行境界、人际关系和谐之关系，星云法师有以下观点：首先，佛教里，说话是一种很实际的修行，菩萨常以布施、爱语、利行、同事之"四摄法"来度众，这里的爱语即是以慈悲、柔软、正知正见的语言，让听闻者心生欢喜进而进入佛道。佛门语言的艺术，不在花言巧语、能言善道，而在句句皆显出说话者诚恳、平易、谦虚的胸怀，句句都包含对人的尊重与体贴；其次，语言是一种艺术，运用得体，则人际关系和谐，人生旅途平顺多彩，表达不当，则容易引起误会和纷争，伤人又不利己；再次，中国原为礼仪之邦，在三纲五常的伦理规范之下，长幼有序，应对进退亦不乖舛，不

---

① 杰米·霍巴德，保罗·史万森. 修剪菩提树："批判佛教"的风暴［M］. 龚隽，等译. 上海：上海古籍出版社，2004：28.
② 弘一法师. 悲欣交集：弘一法师自述［M］. 北京：文化艺术出版社，2015：157.
③ 弘一法师. 悲欣交集：弘一法师自述［M］. 北京：文化艺术出版社，2015：157-158.

过，随着时代的递变，在民主自由的浪潮下，许多人已不太会"说话"，常常率性脱口而出，其无视场合、不懂分寸、粗气鲁莽之语言表达，常令人咋舌；还有，千百年来，佛门中人以典雅的丛林语言待人接物，一直维持僧团的清净与和谐，但是随着时代的变迁，佛教在动乱中，丛林语言几乎失传，而许多新出家者更不谙此传统语言和仪礼。

星云法师认为，佛教信众应该强化对丛林规范话语的学习意识，进而提升自身的德行修养及待人接物的修为。他从佛门称谓、应对进退、警策格言、佛语典故、书信礼仪、应用文件等具体方面讲到了丛林语言的规范问题。他认为首要规范的是称呼问题。因为，在佛门里，称谓常代表着职务，也是修持的衡量，不但具有维系佛门纲常伦理的功用，从中更透露出无限的佛法妙谛。

比如，对"出家人"，在什么情况下可以称呼为和尚、什么情况下称呼为法师、什么情况下称呼为大师、什么情况下称呼为国师、什么情况下称呼为长老、什么情况下称呼为上人，这些都是很有讲究的。星云法师举例说：一个人出家了，不能自称为"和尚"而应自称为"贫僧"，这里面是有学问的。因为和尚者，梵语意为"亲教师"或"导师"，谓其可以规范我们身心，是导人正道者；只有在六和僧团中确实奉行六和敬，成为一个高尚的人，并始得成就才可被人称为和尚。一个寺院只有一位和尚，即"住持""方丈"，和尚退位后，法弟继任住持者，其被称为"退居和尚"；弟子、法子继任者，则被称为"退居老和尚"。依此，"和尚"本意是"师"，出家人自称和尚是不谦虚的表现。

星云法师认为，一些佛门常见事务背后的话语规范也应该被学习掌握。比如，挂单后面的话语交流。"挂单"是佛教专有术语，指行脚僧到寺院投宿。"单"指僧堂里的名单，行脚僧入寺允住后，把自己的衣钵挂在名单之下，故称挂单。挂单看似动作简单，其实后面有一套很深的言语交际的学问：当知客把参访者迎入屋内时，熟悉丛林规矩礼仪者即说："即日恭惟知宾、尊长、禅师，尊候起居多福。久钦道誉，获奉瞻际，下情不胜感激之至。"知客则回答："山门多幸，特荷远临，无任欢迎。"想礼拜住持，可跟侍者说："某等特来礼拜和尚，敢劳侍者通复。"展具礼拜和尚时言："某等久闻道风，此日拜见尊颜，下情不胜喜跃之至。"或言："生死事大，无常迅速，久闻道风，特来依附，伏望慈悲收录。"然后触礼一拜言："谢和尚赐搭。"① 上述对话，显示出外来参访者求法上进、谦卑谨慎、惜福感恩的品质。星云法师认为，如此典雅有礼貌的丛林语言，假使运用得当，相信一来一往中，双方定是舒坦愉快的。

还有"三坛大戒"背后的话语规范。佛教传戒有一个规范的程序，每一个过程也都有一套标准的话语表达。这绝不是人们在电视剧中所看到的削发烧戒然后说一句"阿弥陀佛"那么简单。星云法师认为，在三坛大戒中，从请戒、忏摩到正授，受戒者、引礼师及三师和尚，于每一阶段仪礼进行的对白语言，都极为庄重、文雅和得体，马虎不得。如受戒者一开始礼拜引礼师，请引礼师带领求受戒法时，沙弥首代表言："我某甲等，今者发心，志求净戒。但尘情久蔽，趋向无由。唯愿诸引礼师，不倦为人，曲垂导引。"向和尚请戒时，引礼师言："所有乞戒言辞，汝当自白。"沙弥首即云："人身难得，中国难生；佛道难遇，戒法难逢。我某甲等，幸逢大和尚，树光明幢，张净梵网。接引凡流，摄归僧宝。愿赐我某甲等，具足大戒，如律行持，成道利生，用报恩德。"再如和尚开示："诸沙弥、沙弥尼，汝等既发胜心……各须谛听，夫采如意珠而入海，……将此深心奉尘刹，是则名为报佛恩。汝等能依教奉行否？"大众答："依教奉行。"和尚云："既能依教奉行……如我所语，即当奉行。"② 整个传戒过程，从一开始的"迎请三师和尚"，到最后"恭送三师和尚回寮"，即是在如此庄严肃穆的仪轨中和严谨有礼的话语中，让受戒者领得清净戒体。受戒者一定要通过得体的语言来表达发心上进、追求正信、渴求指点、求法不倦、感恩惜福的修行态度。

现代社会生活的快节奏，使一些烦琐礼节被舍弃，其后面的一些言语礼貌及言语礼貌背后的境界追求也逐渐被忘却。星云法师认为，像佛门称谓及各场合的应对进退，都是平时进出寺院常会遇到的，应深化对这方面

---

① 星云法师. 佛教丛林语言规范［EB/OL］. 学佛网，2015-12-08.
② 星云法师. 佛教丛林语言规范［EB/OL］. 学佛网，2015-12-08.

内容的掌握意识，对其强化学习、多加了解。所谓"诚于中，形于外"，只有自身具备崇德向善、诚恳庄敬、尊重体贴的意识和心地，方能说正派、善良、中肯的语言，方能使自己成为文雅有礼、处处受欢迎的人，进而使佛教道德话语被越来越多的人亲近和接受。

第三节　佛教道德话语的转型

　　因时而变、顺势而为是佛教道德话语发展的一般规律。"人间佛教"的提出，为佛教道德话语的现代转型提供了一个方向。社会问题的累积及解决呼唤佛教道德话语对此予以关注和贡献智慧。另外，随着人类全面迈向网络时代，佛教道德话语也应该与时俱进，在网络空间中有所发声。总而言之，佛教道德话语要进一步面向人生、服务社会、走进网络，这是其在现代社会继续保持生命活力的关键。

　　佛教历史悠久，但是也要与时俱进，否则的话，它只能进入"历史博物馆"。它在其发源地印度就呈现着这样的状况。印度佛教在 12 世纪消灭，19 世纪才由斯里兰卡重新传入。佛教传入中国后，一大批高僧大德不断地为它提供新的发展养料，不断地使其更加贴近中国人的精神需求和生活实际，这才有其一路走来的辉煌历程。但是到了近代，中国佛教也呈现出一些衰相，同时，中国社会也处于转型阶段，这样，佛教话语的现代转型自然就成了一个课题。

　　事实上，进入 20 世纪以来，佛教界的一些有识之士就开始思考、谋划佛教的现代转型问题。比如，作为中国近现代佛教改革的开拓者，太虚法师设想要发展"人生佛教""人间佛教"，这是有明确的问题针对性和发展指向性的。前面我们提到近代佛教所呈现的衰败之相：度众的佛教变成了度亡的佛教，启智的佛教变成了祈求的佛教，经忏佛事、超荐亡灵成为寺院和僧人的主要活动。太虚认为其时社会佛教徒的经忏谋利，和鸦片烟差不多，不仅使青年僧人意志消沉、生活腐化，而且使整个佛教陷入瘫痪、昏迷状态，更严重的是，佛教由此饱受社会诟病。太虚强调，佛教不能为"鬼神"言说，亦不能在深山老林、古寺青灯下自说自话，而是要为现实人的生命困惑、文明发展而言说，以佛法来觉悟人，来改善人际关系，来改良社会，引导人类文明更加进步。太虚法师很明确地说："人间佛教，是表明并非教人离开人类去做神做鬼，或皆出家到寺院山林里去做和尚的佛教，乃是以佛教的道理来改良社会，使人类进步，把世界改善的佛教。"①

太虚法师认为，要建设人间佛教，一个重要工作，就是改变佛教话语的言说场域或百姓对佛教话语的言说印象，即不能一提到佛教，百姓就认为只是一些和尚会做法事，在那里念经度鬼、看相算命；或是一些和尚整日清闲无为，在那里谈空论性、无病呻吟；或是一些生活不如意的人（比如，穷困潦倒、婚恋失败等）的寄托所在；甚至或是一些鸡鸣狗盗之徒，借佛教化缘的名义乞讨获利、坑蒙拐骗。要引导佛教徒将佛教话语的重点放到修身养性以报父母、家国、社会恩情上，比如，思考佛教话语如何让人安身立命、如何救济国难、如何纠偏西方物欲文化给人类造成的负面影响。"太虚认为今后佛教应多注意现生的问题，不应专向死后的问题上探讨。其中心是在于革除旧佛教中那些愚弄世人的鬼神迷信，以及厌弃世事的消极主义等，而积极倡导以大乘佛教自利利他的精神，以五戒十善为人生的基本道德准则，去改善国家社会，增进人类的互助互爱，探究宇宙人生的真相，指导人类的向上发展而更加进步。"②

后来，经过印顺、赵朴初、星云等人的大力倡导，人间佛教成为当代中国佛教的主流发展方向。赵朴初将人间佛教的理念系统化为"一个思想，三个传统，五个建设"。一个思想是：佛法根据时代背景要与社会主义社会相适应，不能违反时代，要与时俱进。三个优良传统是：一要农禅结合，佛教界要劳动生产，要自食其力；二要进行佛法研究，不信鬼神信真理；三要增进国际友谊，传播文化，守护和平。五个建设是：要进行信

---

① 太虚. 人间佛教思想文库：太虚卷上 [M]. 北京. 宗教文化出版社，2017：92.

② 赖永海. 中国佛教通史：第 15 卷 [M]. 南京：江苏人民出版社，2010：416-417.

仰建设、道风建设、人才建设、教制建设、组织建设。① 赵朴初的概括为中国佛教话语的现代转向提供了一个基本遵循，即佛教话语要在促进人生正信、社会建设、世界和平上强化言说力度和作用。

首先，佛教要在促进人生正信上强化言说力度和作用。人是精神的动物，在中国人的生活情趣中，道德精神至关重要。身处消费社会，物欲横流、竞争激烈、压力时增，人们渴望有些精神慰藉，这方面倘若缺乏，则会使人患上各种精神疾病。人间佛教要对现代人这方面的需求有所回应，要引导众生从难以填满的欲壑和难以摆脱的虚无中走出来，从道德修行中充实自己、超越自己、快乐自己。"人生佛教的内容，简单说来就是'完人、超人、超超人'的三级做人观。太虚大师讲，做一个人，首先要做一个完人，就要遵守三皈五戒十善，明因识果，保持人身，完成人的人格，提高人的道德；以后就要做超人，超人就要修解脱行，少欲知足，宁静淡泊，求身解脱、心解脱、慧解脱；超人以后要做超超人，超超人就是菩萨，就要具足大悲、大智、大愿、大无畏的精神，发菩提心，修四无量心、四摄六度，去救苦救难，度脱一切苦厄，这就是成佛的因。完人、超人、超超人，成佛就是这么一个过程。"② 人充满竞争欲，但对人而言，最大的竞争者、敌对者是自身。人生只有在不断超越自身的过程中才有切切实实的快乐感、获得感、幸福感。人间佛教要引导众生在"三级做人观"中不断实现自我超越，使其获得畅达生命之智慧力量和充实生命之喜悦安乐。

其次，佛教要在促进社会进步上强化言说力度和作用。人不是单个的存在物。在现代社会，一个人很难通过"慎独"来完成自我修养，个体必须与亲朋好友、与身边的陌生人、与各种机构和组织打交道，并在这个过程中成就自我。对现代人而言，社会对人的影响越来越大，社会发展越来越关系现代人的获得感、幸福感。因此，在引导众生做一个"好人"的同时，佛教要大力促成"好社会"的形成。"在'人间佛教'的实践脉络

---

① 惟贤. 人间佛教思想文库：惟贤卷［M］. 北京. 宗教文化出版社，2017：87.
② 惟贤. 人间佛教思想文库：惟贤卷［M］. 北京. 宗教文化出版社，2017：85.

里，佛教必须转化其宗教组织的神圣性特质，走出寺院，获得一种进入社会的组织形式，与其他群体、组织进行平等互惠的沟通。因此，'人间佛教'的社会化途径一直在慈善、文化、教育等非营利领域，既符合其神圣性与超越性的特质，也符合国家的政治期待与社会法律。"① 也就是说，要将佛教话语越来越多地渗透到生态环境保护、慈善事业开展、教育文化医疗等诸多社会事业中并襄助它们发展进步。中国佛教在这方面做了大量的工作，但还有很大的提升空间。"中国佛教有其长处，也不免有短处，与欧美基督教、日本佛教相比，还欠缺一大社会功能——社会协调功能的开发。由于宗教有超越于各社会利益集团之上的一面，比较适宜充任协调社会的角色。但实际上，社会协调功能的具备是建立在宗教为社会做出较大贡献的基础上，是建立在社会各界对该宗教的信任之上的。中国佛教的社会功能转型尚未完成，特别是明清以来长期厌世避世导向留给社会的印象还未根本改变，对社会的贡献不够多，自然社会对佛教的信任也不会太多。"②

最后，佛教要在促进世界和平上强化言说力度和作用。在当今世界，还有一些社会问题是世界性的问题，比如，核战争、人口爆炸、金融风险、生态灾难、跨国犯罪、信仰危机等。中国佛教要强化与世界佛教的交往和对话。不仅要向异域佛教文化乃至其他文化学习，而且要关注、思考全球化过程中的一些重大问题，要能够针对上述问题发出自己的声音。"力图使佛教与现代精神相适。这是一件困难而伟大的任务。这需要克服佛教不适应新时代社会的内在的保守主义和根深蒂固的教条主义、形式主义等内容。以欧阳竟无为代表的唯识学研究，以释太虚为代表的人生佛学研究，都十分重视吸收采纳日本和欧美佛学研究的方法，融通内外学，致力于佛教与现代精神相贯通。"③ 比如，太虚认为，西方在"纵我制物"思想的引领下，虽然取得了科技、经济各方面的进步，但是这一"纵"字兜不住，才引发今日生产过剩、经济危机、世界大战等问题，佛教在解决

---

① 圣凯. 新加坡汉传佛教的现代化实践 [J]. 世界宗教文化，2019 (3).
② 陈兵，邓子美. 二十世纪中国佛教 [M]. 北京：民族出版社，2000：195.
③ 赖永海. 中国佛教通史：第15卷 [M]. 南京：江苏人民出版社，2010：4-5.

这些问题上很有自身的见解，即可以用"克己崇仁"对治"纵我制物"，从而使世运得以根本改变和好转。太虚坚信，菩萨是"改良社会的道德运动家"，中国佛教道德话语在促进世界性难题解决及人类文明进步方面一定可以做出重大贡献，所以，要努力地"从世运转变中建设人间佛教"。①

另外，除关注现实社会问题外，佛教还要注意对网络世界的道德生活、道德问题发声。在网络空间中化大量的时间驻足是现代人的生活特点之一，佛教要因应这一变化，将其道德话语传播到网络空间中去。有学者认为，佛陀思想的教育传播，需有三个支撑：其一是需要良好的传播管道，以使得佛教的文物典籍能无障碍地送到众生手中；其二是需要提供良好的语文工具和协助，能让众生十分容易了解佛教的文物典籍；其三是需要有方便的沟通管道解惑，以使众生能便捷地亲近大德、同道。② 现如今的网络发展，就提供了这样的支撑。比如，网络上储存有海量的数字化的佛学文物典籍，可以进行各种文本佛经的在线翻译，可以实现国际化、即时性的沟通等。因而，要很好地利用以上"机缘"，创造"互联网时代弘法的光明未来"。毫无疑问，网络为佛教道德话语的传播提供了前所未有的便利条件。但是，中国佛教道德话语在网络空间中的发声还不够。一来很多人认为网络空间难以"言传"佛教道德话语的精髓；二来很多的佛教场所缺乏网络技术的硬件和人才。不过，近些年来，随着一些佛教界人士观念的改变，加之一些居士、义工参与佛教网站建设，以上状况得到了一些改变。

建立各种形式的佛教网站进行弘法是一个不错的开始。但是，这仅仅是一个开始。要意识到，还是应该逐渐由"佛教网络"向"网络佛教"过渡。前者尚处在以提供知识、信息为主的简单的、初步的发展阶段，而且其中的知识与信息仍很杂乱，后者则注重宗教信仰，旨在扩展宗教体验和信仰空间。以上两个不同的概念是由美国学者霍兰德区分的。他考察了众多美国社会的宗教网络传播现象之后，指出"宗教网络"以提供宗教信息

---

① 太虚. 人间佛教思想文库：太虚卷上 [M]. 北京：宗教文化出版社，2007：101-105.
② 谢清俊. 网络时代的佛陀教育 [J]. 佛教文化，1999 (6).

为主，而"网络宗教"是在真诚参与、积极互动的基础上形成的"活"的宗教，人们通过它可以进行真实的宗教修行并获得宗教体验与信仰。基于这种区分，我们认为"网络佛教"不只是简单地提供各种佛教知识或资讯，它更强调的是：大家在网络空间中围绕佛教话语和智慧共同探讨人生的困惑、共同促进德行的成长，并最终将有缘人导向佛教信仰。一些佛教网络论坛，如地藏论坛、戒邪淫论坛等，对网友的发帖提问不仅从世间法的角度善加安慰，也从出世间法的角度引导启发，真诚的回复与轻松的沟通令网友们袒露心扉、畅所欲言，清净和谐的修学气氛凝聚了一大批来自全国各地乃至世界各地的道友，这种沟通与交流一旦达到足够的深度，就可以使佛教信仰的产生成为可能，网络佛教在此过程中即得以建构。① 对现代人而言，他们不仅需要网络上的佛教资讯，他们更渴望在网络空间与佛教界人士进行心灵沟通、真诚互动，从而得到后者的理解、安慰、提点。佛教道德话语在网络上的开拓应该注意到这一点，即不仅要做到"道不远人"，而且要做到"润物无声"。

强调佛教道德话语在社会生活、网络生活中的应用，是佛教道德话语现代转型的重点。当然，问题远不止这两方面这样简单。南怀瑾先生认为，为了与时俱进，佛教的现代发展必须考虑到以下几个问题：第一，佛教的发展，不能够再攀附社会名流，不能仰人鼻息；第二，佛教的发展，不能够再依靠化缘，不能附属生存；第三，佛教的发展，要考虑到教徒的团结，不能生权利教派之争；第四，佛教的发展，必须考虑到僧人的教育问题，要有高僧大德的培养目标；第五，佛教的发展，必须强化修行，不能光讲理不修行，要让人对佛教徒的嘉言懿行肃然起敬；第六，佛教的发展，要适应民主社会的发展趋势，要能够参政议政。② 针对以上的问题，有学者认为中国佛教应在以下几方面做好转型工作：第一，理性化，要抛弃封建迷信的那些东西；第二，多元化，各门教派要互相尊重、相互激发；第三，法制化，依法传教信教，与邪教划清界限；第四，世俗化，合

---

① 法弘. 当代佛寺的自我定位与社会责任 [M]. 北京：宗教文化出版社，2015：159-160.
② 南怀瑾. 中国佛教发展史略 [M]. 上海：复旦大学出版社，2016：117-121.

理调整与社会生活的距离；第五，教育社会化，面向社会（而不仅是僧伽）施办佛教教育；第六，电子信息化，利用好现代信息技术；第七，佛教"显学"化，使佛教越来越受到人们关注、研讨；第八，强化居士佛教工作，使在家出家者越来越成为佛教事业进步的关键力量；第九，强化对外交流工作，要越来越频繁地强化世界性的宗教对话与交流。①

以上问题和方向为我们较为全面地观察佛教道德话语的现代转型问题提供了一个窗口。当然，限于篇幅，我们不能一一详细论及。我们认为，佛教有宏博的宗旨、湛深的教义、智周万汇的思致、广大圆融的说理，这些不应该只体现在山中林下、水陆法会中，这样的话，佛教的路只会越走越窄。在某种意义上说，现代人的"苦海"随着诸多的社会、科学、环境、身心等问题而扩大，佛教应该正视这种情况，在问题所在之处给现代人以解决问题的道德智慧启迪，引导现代人如何自立自强于世，从而有贡献于人生、国家、社会。佛教的振衰起疲，全在念力一转，而这念力来自它的忍辱毅力、担当精神、勇为气质。

---

① 邓子美. 超越与顺应：现代宗教社会学观照下的佛教 [M]. 北京：中国社会科学出版社，2004：282-290.

第九章　佛教道德话语的时代价值

上一章讲到了佛教道德话语的规范、重振以及转型的问题，这属于佛教道德话语为了适应时代发展而"现代化"的范畴。但是，佛教道德话语要想在现代社会继续发光发热而受人推崇，它就不能只是被动地"现代化"，而且要主动地"化现代"，即它不能仅仅是"跟上时代"，而且还要"反思时代"，更要"引领时代"，它要对现代人和现代社会的发展问题、发展方向起一个审视、启示、引领的作用。本章讨论佛教道德话语在现代社会已经起到的或应当起到的作用，认为佛教道德话语在解决现代人面临的身心健康问题、人际关系问题、社会安定问题、世界和平问题、生态环境问题上有重要启示。

第一节　现代人的生存境况

现代人面临着一个生存悖论：物质财富整体在不断增长，而幸福感、获得感却并没有同步跟进，在一些高度发达的资本主义国家，人们的幸福指数反而还不断下滑。现代社会可谓问题丛生：身心健康问题、人际关系问题、社会安全问题、生态环境问题……这些，都在不同程度影响着现代人的生命质量，影响着现代人的幸福感、获得感，使现代人面临着诸多"苦闷""苦痛"的生存镜像。

　　在现代，人们会经常讨论幸福话题，一个值得深思的现象就是：物质生活越来越富裕的现代人却越来越不幸福，人们普遍存在着焦虑感、空虚感。社会学上的许多调查都指向这种状况。有一篇国外学者所写的《幸福为什么越来越少》的文章提道："假如你用铅笔和方格纸绘制一张第二次世界大战以来欧美民众生活变化的曲线图，你会发现所绘制的曲线多呈向上走势。可以说几乎每一项体现社会福利的客观指数，如人均收入、实际收入水平、人均寿命、住房面积、小轿车的人均拥有量、每年拨打的电话次数、每年旅行的次数、所获得的最高学位、智商分数等都在提高。然而，当我们转至人们的内心，幸福指数在近60年来没有任何增长，认为自己'非常幸福'的人口比例自20世纪40年代以来一直在下降，欧美人拥有的一切都在增多，而幸福除外。几乎所有的一切都变得越来越好，但人们没有觉得幸福……在1950年，约60%的美国人说自己是'幸福'的，此后这个比例除偶尔起伏之外几乎没有更大的变动；同时认为自己'非常幸福'的美国人的比例却由1950年的75%降至今天的60%，而且在继续下降。最突出的变化是抑郁症患者增多，此外还有数百万的人虽然没有明显的抑郁症症状，却感受不到生命应有的快乐与满足。"[①] 在社会进步明显的同时人们的幸福感受度也降低明显，这是现代人生命感受的悖论，发达资本主义国家的人们于此感受尤深。

　　佛教讲"苦谛"是"四谛"之首。儒家较少言"苦"字，相反，在孔孟那里，我们还能较多地听到"乐"字。在宋明理学家那里，寻找参悟"孔颜乐处"反而还成为一个非常重要的课题。但是到了近现代，新儒家开始在较明显的程度上谈"苦"。比如，对于自己所生活的现代，牟宗三先生曾用一个"苦"字表示自己的生活感受。他说："处于当世，不仅青年人的内心感到痛苦，就是中年人、老年人亦复如此。因此可说这是一个普遍存在的问题。因为当世是一个混乱而出了毛病的时代……是一经常性的痛苦……整个人类，亦处于迷乱危机之中。"[②]

---

　　① 杨晖. 读者文摘精华：生命卷 [M]. 北京：北京工业大学出版社，2014：77.
　　② 牟宗三. 时代与感受续编 [M]. 台北：联经出版社，2003：151-153.

我们知道，20 世纪以来，人类社会高速发展，同时亦面临着许多前所未有的风险和挑战。因为经济的快速发展，有人将我们今天的社会称为"丰裕社会""消费社会"。身处消费社会，我们的身心被诱人的广告、创新的产品、热情的服务等吸引，在不断地追求"新奇""潮流""品味""至尊"的过程中疲惫不堪。

我们或许可以看看这种情况的产生过程。在《消费社会》一书中，鲍德里亚开宗明义指出："今天，在我们的周围，存在着一种由不断增长的物、服务和物质财富所构成的惊人的消费和丰盛现象。它构成了人类自然环境中的一种根本变化。"① 鲍德里亚认为，对商品象征意义而非实际用途的"盘算"不断刺激着人们去消费，这是"消费社会"强劲运转的秘密。他举例说："洗衣机、电冰箱、洗碗机等，除了各自作为器具之外，都含有另外一层意义。橱窗、广告、生产的商号和商标在这里起着主要作用，并强加了一种一致的集体观念，好似一条链子，一个几乎无法分离的整体，它们不再是一串简单的商品，而是一串意义，因为它们相互暗示着更复杂的高档商品，并使消费者产生一系列更为复杂的动机……它们总是要想方设法打开指示性的道路，诱导人们陷入商品网中的购物冲动。"② 现代人被这种"购物冲动"紧紧地抓住，日常生活越来越多地被各种物品所包围。

深陷物欲之海，人们越来越将"消费主义"当成日常信仰。事实上，人们所需要的能够满足其基本生理需求（needs）的商品不会太多，但人们总忧虑其所拥有的商品不能够使他们显得更有个性、更为尊贵、更合时髦，于是，人们热衷更新换代，以满足其个人偏好上的欲求（wants）。我们把这种以满足基本生活需求之外的欲求为特征的消费模式称为消费主义的生活方式。有学者认为，消费主义不仅是一种生活方式，它还是一种价值观，与韦伯所反映的资本主义早期的节俭、勤奋和积累价值伦理不同，它体现了晚期资本主义的奢华、享受与及时行乐的价值观念，其实质其实

---

① 鲍德里亚. 消费社会 [M]. 刘成富，全志钢，译. 南京：南京大学出版社，2006：1.
② 鲍德里亚. 消费社会 [M]. 刘成富，全志钢，译. 南京：南京大学出版社，2006：3.

就是将即时满足、追逐变化等特定价值观念合理化为个人日常生活中的价值选择。①

在消费主义生活方式的刺激带动下，人们精力所投、目光所及，全是外在的物欲世界，人之为人的理念及人的内在价值便被忽略，长此以往，人类的主体精神及审美理想就会严重缺失，最终，人类会有一种强烈的"自己毫无价值"的感觉并因此而产生精神危机。

以城市里的各种商品展销会为例，齐美尔说："各种迥然不同的工业产品亲密无间地拥挤在一起，这种情形使感官趋于麻痹，进入一种名副其实的催眠状态，只有一个信息得以进入人的意识：这里是来消遣的。"② 齐美尔认为，消遣、消费之后，人类的神经被大量聚集起来的商品刺激到最高程度，面对接下来的刺激，它只能以一种"厌倦的态度"来做出反应甚或是放弃反应，它感到疲倦、劳累。齐美尔对商品展销会及人类厌倦心态的关注指出了消费社会的以下事实：人们每一种精细与敏锐的情感都被商品所呈现的巨大效果所侵犯、干扰，无暇也不愿去"认识你自己"，心驰于外，获得了整个世界后发现失去了自己，因此变得厌倦、恐惧、烦、畏、无聊等——这些也是存在主义哲学家揭示现代社会人类精神危机时所使用的基本词汇。

海德格尔、萨特、雅斯贝斯等"存在主义"哲学家们就以烦、畏、恶心、虚无等词对 20 世纪"时代的精神状况"进行了深刻揭示。雅斯贝斯认为，今天，人类精神所面临的危险的"严重性已是人人都清楚了"，今天的人失去了家园，其安身立命的基础变得飘摇和不稳，他的希望不再寄托于天国，他有一种无能为力的感觉被蔓延开来，他所经历的挫折让他经常出现一种可怕的虚弱感，他有一种不可能获得解救的恐惧感，虚无主义普遍地蔓延开来："毫无疑问，存在着一种普遍的信念，认为人的行动是毫无结果的，一切都成为可疑的，人的生活中没有任何可靠的东西，生存无非是一个由意识形态造成的欺骗与自我欺骗不断交替的大旋涡。这样，

---

① 陈昕. 消费文化：鲍德里亚如是说 [J]. 读书，1999（8）.
② 薛毅. 西方都市文化研究读本：第 2 卷 [M]. 桂林：广西师范大学出版社，2008：74.

时代意识就同存在分离了，并且只关注其自身。持有这种信念的人只可能产生关于他自身之空无的意识。他关于毁灭的结局的意识，同时就是关于他自己的生存之虚无的意识。"①

牟宗三对此深有共鸣。他认为人类已陷入了庄子所谓的"物势机括"之可悲境地。"其寐也魂交，其觉也形开，与接为构，日以心斗。缦者、窖者、密者。小恐惴惴，大恐缦缦。其发若机栝，其司是非之谓也；其留如诅盟，其守胜之谓也；其杀如秋冬，以言其日消也；其溺之所为之，不可使复之也；其厌也如缄，以言其老洫也；近死之心，莫使复阳也……终身役役而不见其成功，茶然疲役而不知其所归，可不哀邪！人谓之不死，奚益！其形化，其心与之然，可不谓大哀乎？人之生也，固若是芒乎？②这段话的意思是：人们睡觉的时候精神交错，醒来的时候形体不宁，和外界接触纠缠不清，整天钩心斗角。有的出语迟缓，有的发言设下圈套，有的用词机谨严密。小的恐惧垂头丧气，大的恐惧惊魂失魄。他们发言好像放出利箭一般，专心窥伺别人的是非来攻击；他们不发言的时候就好像咒过誓一样，只是默默不语等待制胜的机会；他们衰颓如同秋冬景物凋零，这是说他们一天天地在销毁；他们沉溺在所作所为当中，无法使他们恢复生机；他们心灵闭塞如受缄縢束缚，这是说愈老愈不能自拔；走向死亡道路的心灵，再也没有办法使他恢复活泼的生气了。人终生劳劳碌碌而不见得有什么成就，疲惫困苦不知道究竟为的是什么，这不是很可悲的吗？这样的人生虽然不死，但又有什么意思呢？人的形体逐渐枯竭衰老，人的精神又困缚于其中随之销毁，这可不是莫大的悲哀吗？人生在世，本来是这样的昏昧吗？

"终身役役而不见其成功，茶然疲役而不知其所归"这句话是关键的一句，说出了现代人生命之苦：人心与外物相接，日夜紧张，疲于应付，充满着各种忧虑与恐惧，终身劳碌却一无所获。庄子以一种"诗人的悲情"道出了人心逐物趋势之普遍，过程之艰辛，结果之茫然。牟宗三认

---

① 雅斯贝斯. 时代的精神状况［M］. 王德峰，译. 上海：上海译文出版社，2003：15.
② 陈鼓应：庄子今注今译：上册［M］. 北京：商务印书馆，2007：52-62.

为，庄子所述战国之时代已犹今日之时代，庄子之悲情已是现代人之悲情。他说："于此，可以看出现代人生命力的衰败与精神上的腐败，一般庸俗的生活，可说它成了今日世界的特征，并显出无体、无理、无力的近代精神。所谓堕落，既由此诸义来规定的。"①

牟先生认为，20世纪的人们，精神向外向下，专注于自然与物质，日益远离上帝、忘记自己，虽然取得了物质上的巨大成就，但是精神、意义、价值等全失，得不到提撕的道德生命如"堕落"两字所指的，表现为一种下降的趋势。牟先生承认人类尤其是西方在20世纪所取得的积极成就，如民族国家之建立、科学技术之发展、民主自由之实现等，但是，牟先生也慧眼般看到了这些成就背后的病症："然民族国家之建立固是每一民族之佳事，而因缘际会，演变而为帝国主义，则国家亦适为近人诟詆之对象。科学之发展固是知识上之佳事，然人之心思为科学所吸住，转而为对于价值德行学问之忽视，则亦正是时代之大病。自由民主之实现固是政体上之佳事，然于一般生活上亦易使人之心思益趋于社会（泛化）、庸俗化，而流于真实个性、真实主观性之丧失，真实人格、创造灵感之丧失，则亦是时代精神下低沉之征象。此后两者所转生之时代病，吾人名之曰人类精神之量化，亦曰外在化。"②

在牟先生看来，现代人的生命状况就是忙忙碌碌、身苦心累、虚无感倍增。之所以有这样的观感，是源自牟先生自身的生命体会："白天，人生活于忙碌、纷驰、社交、庸众中……可是到了晚上……一无所有，全星散而撤离了。我犹如横陈于无人烟的旷野，只是一具偶然漂萍的躯壳。如一块瓦石，如一茎枯草，寂寞荒凉而怆痛，觉着觉着，忽然惊醒，犹泪洗双颊，哀感婉转，不由地发出深深一叹。这一叹的悲哀苦痛是难以形容的，无法用言语说出的。彻里彻外，整个大地人间，全部气氛，是浸在那一叹的悲哀中。"③

事实上，那种精神上的烦闷痛苦并不仅仅是牟先生一人的体验，也就

---

① 牟宗三. 时代与感受续编 [M]. 台北：联经出版社，2003：154.
② 牟宗三. 道德的理想主义 [M]. 长春：吉林出版集团，2010：1.
③ 牟宗三. 五十自述 [M]. 台北：联经出版社，2003：135.

是说它不是一个人一时刻的体现，它已经成为现代人普遍的、频繁的体验。

济群法师观察到，随着物质文明的发展、知识水平的提升，现代人并没有感到比古人更幸福、更自由，恰恰相反，现代社会中浮躁和混乱的状况，使得现代人焦躁不安、烦闷不堪。济群法师认为，现代生活状况下，每一个人都有疲倦感、束缚感，都渴求解脱。他说："现代人最大的特点就是躁动，各种情绪在内心波澜起伏，让人不能自主，甚至失去休息的能力。因为人们的快乐来自欲望，而欲望是充满渴求、永无止境的，这就使人疲于奔命。当那么多现代化设备把我们从琐碎的工作和家务中解放出来，我们轻松了吗？恰恰相反，我们更累了，压力更大了。所以说，没有一个人不需要解脱，不想要解脱。""其实我们都知道，世间没有什么是永恒的，但这不能阻止人类对永恒的幻想——希望感情天长地久，希望事业千秋万代。为什么会有这样的幻想？正是被执着所蒙蔽。执着越深，由此而来的幻想就越多，依赖就越多。有了依赖，自然会有依赖得不到满足时的失落，进而还会引发焦虑、紧张、痛苦等负面情绪。比如，现代人都依赖手机，一旦手机丢了，或是没带在身边，就会紧张焦躁，甚至坐立不安。这不是手机的问题，而是依赖的问题。""所以现代人都活得很累。可问题是，好不容易有了休息时间，又要用各种娱乐把它塞得满满的，最后把自己玩得筋疲力尽。"① 在济群法师看来，现代人被欲望、幻想、科技产品、娱乐活动等控制，对欲望的不断加深、幻想的不断生灭、科技产品的不断更新、娱乐活动的不断涌现，已经疲于应付，因而出现焦虑、紧张、痛苦等负面情绪。

上述负面情绪进而影响到了现代人的精神健康或生理健康。比如，有的人觉得自己的心理处于亚健康状态，如感觉自己有强迫症、神经衰弱症，易心理疲劳、易失眠多梦、易疑神疑鬼，时常感到空虚、寂寞、烦躁、紧张、忧虑，对学习没有兴趣，对工作提不起劲，人际关系疏离淡

① 周国平，济群法师. 我们误解了这个世界［M］. 武汉：长江文艺出版社，2015：208-209.

薄，觉得生活毫无意义。严重者还出现了抑郁狂躁、精神分裂等症状，做出自残性、攻击性、破坏性的举动。据相关媒体报道，世卫组织总干事谭德塞在2020年8月27日的记者会上说，现代人的精神健康已经是一个不容忽视的问题，全球有近10亿人受到不同程度的精神健康问题影响，平均每40秒就有1人死于自杀。而实际上，对快速发展的中国来说，精神健康问题同样或者说更加突出。早在2006年，时任卫健委发言人毛群安在一次新闻发布会上表示，我国目前精神疾病患者约有1600万人，精神疾病在我国疾病总负担中排名首位，约占疾病总负担的20%，此外，受到情绪障碍问题困扰的儿童和青少年约有3000万人。① 以上数据表明，现代人心理疾病多发已经是一个不争的事实。

由于身心的相关性，现代人所遭遇的心理性疾病往往又转化或关联躯体性疾病。现代医学研究表明，除了生物性因素（遗传、外伤、营养、微生物及中毒等）可引起细胞病变导致躯体性疾病外，心理因素同样能导致人体细胞功能障碍和器质性病变。持久的负面情绪，会扰乱人脑中许多神经中枢，如植物神经中枢、内分泌中枢及免疫中枢等，上述中枢受扰乱，就将引起人体中与其相关的细胞功能出现障碍，导致疾病发生。在综合性医院门诊中统计发现，高血压、心脏病、冠心病、心绞痛、肠胃不适、癌症等躯体性疾病，都和患者的心理健康有一定的联系，而这些躯体性疾病已经变成了现代社会多发的常见病或疑难病。

现代人精神上的抑郁感、孤独感、空虚感与人际关系的疏远、冷淡、紧张不无关系。马克思、恩格斯批评资本主义世界"人和人之间除了赤裸裸的利害关系，除了冷酷无情的'现金交易'，就再也没有任何别的联系"②，我们经常说现代社会缺少"人情味儿"，经常感慨"世态炎凉"。消费主义生活方式追求个体的即时满足，这一目标使得"人的结合关系，像其他所有的消费品一样，不是通过长期的努力和偶尔的牺牲产生出来的东西，而是一个人们期望在购买它的那一刻就立即得到满足的东西——而

---

① 神经精神疾病在我国疾病总负担中排名首位［EB/OL］. 央广网，2018-01-21.
② 马克思，恩格斯. 共产党宣言［M］. 北京：人民出版社，2018：30.

且是一个不满意就拒绝它，它持续给人满足的时间有多久，保留它和使用它的时间也就那么久（不会更久）的东西"。① 在消费社会，人们不会为难以满足个体及时之乐的人际关系付出更多，相反，他们还"不能容忍那些阻碍他们实现自己欲望和追求的任何事物"②，微不足道的分歧就可能变成严重的冲突事件。有时候，因为一句话、一个眼神、一个肢体的接触，一些人就大打出手；相反，在有人身处困境而需要援手的时候，一些人却袖手旁观。戾气和冷漠在现代的一些人身上比较明显地体现了出来。而且，随着网络交际的发展，这种戾气还延伸到网络空间，比如，"网络暴力"。

不仅是人与人之间的关系少了些"温情脉脉"，民族与民族之间、国家与国家之间的关系也容易"风云突变"，而且，在某些地区，民族与民族、国家与国家之间的旧仇新恨甚至还愈演愈烈。经常发生的自杀式爆炸、恐怖袭击、人质劫持、定点清除等事件，让身处这些地区的人们的生命安全得不到保障。康德在《永久和平论》一文的开篇展示了一幅讽刺画面：写着"永久和平"字样的招牌上画有"一片坟场"。这幅画面让人们注意到如下事实：在人类追求团结、实现和平的过程中，各类杀戮现象总是如影随形、禁而不绝。有俄国学者即指出："人类关键的目标是人类的团结。在历史发展过程中，人类自我毁灭的历史也相伴相生：长久以来人们出于各种私人利益和小团体利益相互残杀，发明和实践了从原始到精密的伤害、暴力、谋杀和自杀途径。其中包括侵略性和宗教战争、种族灭绝和清洗、奴隶制、政治迫害、传染疾病、邪教团体和极端教派活动。"③ 今日世界的和平只能说是暂时的、整体的和平，因为世界大战、东西冷战、核战争的阴云还未完全散去，恐怖主义、分离主义的行径时有发生，一些地区战乱和冲突不断。

身处和平环境的人们或许对"动荡""战乱"少了些感同身受，但是

① 齐格蒙特·鲍曼. 流动的现代性［M］. 欧阳景根，译. 上海：上海三联书店，2002：255.
② 齐格蒙特·鲍曼. 流动的现代性［M］. 欧阳景根，译. 上海：上海三联书店，2002：256.
③ 亚历山大·别兹戈多夫. 地球合作计划：从可持续发展转向受控和谐［M］. 上海：上海交通大学出版社，2016：20.

对生态环境的恶化仍会有切身体会。在消费社会，消费被不断激发，永不停歇，大量消费让人们向自然大量索取，自然负荷运转、伤痕累累，生态危机日趋明显。有数据显示，20世纪50年代以来，由于人类的过度开发，全球森林资源已减少了一大半，荒漠化程度增加，土地退化等一系列问题加剧，自然界破坏严重，生态系统功能减弱，影响人类生存。据联合国粮农组织统计，地球上每分钟有2500平方米森林被毁掉。近30年来，每年森林被砍伐的面积为800万公顷，全球森林正在以平均每年4000平方公里的速度消失。全球大气污染加剧，悬浮颗粒物、一氧化碳、臭氧、二氧化碳、氮氧化物、铅等污染物质增加。人类过度消耗各种矿产资源，按照传统的消耗量计算，世界石油仅够维持50年，煤、天然气仅够开采200~300年。近年来，全球极端气候灾害频发，今后一段时间，全人类或将面临更大的生态灾难，包括极寒天气、极热天气，一些国家频发水灾、火灾、旱灾、风灾、雪灾、蝗灾，气候问题已成为困扰国际社会的难题。

　　身心健康问题、人际关系问题、社会安定问题、生态环境问题，等等这些，都在不同程度影响着现代人的生命质量，影响着现代人的幸福感、获得感。人们的幸福感并没有随着科学技术、财富积累的发展而增长，很多人反而对世界、对人生还生出一些倦怠感，这是值得关注的问题。楼宇烈先生于此看得尤为深刻。他说："人们的物质生活越来越富裕、舒适。然而，这只是事情的一方面。与此同时，由人类创造的现代高科技，也正在滋长出一种异己的力量，而给人类带来越来越多的困扰和烦恼。例如，众所周知的地球生态环境严重破坏和污染的问题，就是令人万分不安的烦恼之一。而尤其令人烦恼的是，人类自己创造的现代高科技的广泛开发和应用，不单是一种征服自然界的力量，同时也成了控制和支配人类自身的一种强大力量。它的精密、高速、自动，强制地把人们的生活变得紧张、机械和单调乏味，以至于使人类失去越来越多的个体自我本有的种种主动和自由。许多人的物质生活是不断地富裕和舒适了，然而在精神生活方面却十分贫乏和空虚，以至找不到人生真实价值之所在。因此，现代人精神上最大的痛苦和不幸可归结到一点：自我的失落。自我的失落有来自客观原因者，如上所说，现代高度机械化、自动化的生产方式，使人们沦为机器的奴隶等。此类由外力加身所造成的表层的自我失落感是比较容易调整和弥补的。但是，大量的自我失落却是来自主观的原因，如在当今物质文明高度发展的环境下，许多人沉溺于物欲的追求而不能自拔，甘愿使自己沦为物质的奴隶，这种由价值取向所造成的深层的自我失落感是很难找回的。"① 楼宇烈先生的这段话深刻揭示了现代人的生存境况，值得我们深思。

第二节　被遗忘的"理法界"

　　人是复杂的存在。有经济、政治、文化、宗教等多维度的需求要满足，亦有灵与肉、己与他、天与人等多方面的关系要处理。但是在现代社会，很多人如马克思、恩格斯所说"淹没在利己主义打算的冰水中"，生活只有自我一面、物欲一层，成为马尔库塞所谓的"单向度的人"。可以说，正是生命需求平衡被打破，各种关系处理失当，这才引发了上一节中诸多的生存境遇问题。

　　上一节我们讲到了现代人生命发展所遭遇的诸多困扰与阻碍。那么，造成这一局面的原因是什么呢？可以讲，是现代人物质与精神、自我与他人、人类与自然等关系的失调。或者说，是现代人对精神、对他人、对自然的关怀不够所致。这一点在西方——准确地说是在资本主义时代——表现得尤为明显。走过"黑暗的中世纪"之后，西方人创造了人类历史上前所未有的物质文明和科技进步："资产阶级在它的不到一百年的阶级统治中所创造的生产力，比过去一切世代创造的全部生产力还要多，还要大。自然力的征服，机器的采用，化学在工农业中的应用，轮船的行驶，铁路的通行，电报的往返，整个大陆的开垦，河川的通航，仿佛用法术从地底

---

① 楼宇烈. 中国佛教与人文精神［M］. 北京：宗教文化出版社，2003：163-164.

下呼唤出来的大量人口——过去哪一个世纪能够料想到竟有这样大的生产力呢?"① 但上述物质文明和科技进步并没有给人类带来普遍的、长足的幸福,发展到现今时代,问题反而越发凸显出来。

一般来说,西方人物质文明的一切成就,全赖其理智理性的普遍确立及其架构运用——用牟宗三先生的话讲,是"理性的架构表现"结出的硕果,但也正是对"理性的架构表现"迷信般的普遍运用,西方文化渐入物质一层论、科学一层论之歧途。这里说的"一层"是相对"多层"而言的。人是多重关系交织而成的存在,源于存在的复杂性,人的生命原本是立体的、多层的——比如,有物质层/精神层之分、有科学层/艺术层之分、有自我层/他人层之分、有社会层/自然层之分。但是,在资本主义制度下,人们"淹没在利己主义打算的冰水中"(马克思、恩格斯语),满眼所及,只有物质、科学、自我的东西,价值、艺术、他人的存在空间被严重挤压乃至是根本遗忘,而自然,也只被看到"开发利用"的一面而没有被看到"至善至美"的一面。这样,原本是立体多层的生命就被压缩成为物质一层、科技一层。它给我们带来什么问题呢? 牟宗三说:"科学一层论,理智一元论的态度,最大的害处就是抹杀意义与价值。盖就整个人生说,科学一层论,理智一元论的态度,只知物,不知人……你可以看出这个时代风气的败坏是不为无因的。没有人性、人伦、人品、人格的尊严。"② 牟宗三举例说,人有精神需求层的生活,而关于"孝"的各种观念就照应了这一层的需求,但是,一些人认为,讲孝既没有科学的根据,也不能带来物质上的利益,它属于封建的东西,应该被抛弃。按照物质一层、科学一层的活法,人只有自然生命、生物生命而没有道德生命、文化生命。得不到道德理想、文化理想滋养的生命只得如机械般运转,机械总有停息的时候,随着身体的耗损衰老,人的心灵也麻木迟钝,这样的人生,不算是大悲哀吗?

事实上,在资本主义生产方式普遍确立的前现代社会,人类的生活在

---

① 马克思,恩格斯. 共产党宣言 [M]. 北京:人民出版社,2018:32.
② 牟宗三. 道德的理想主义 [M]. 长春:吉林出版集团,2010:216.

物质、精神两方面有一个大致的平衡。美国城市研究专家芒福德指出："在19世纪以前，城镇上的各种活动大致是平衡的。虽然工作和做生意一直是重要活动，但是，城镇居民同样也费许多精力从事宗教、艺术、戏剧等活动。但是人们逐渐倾向于集中精力在经济活动，同时认为，把精力花在其他活动上（至少花在家庭以外的地方），是浪费时间，这种倾向自16世纪起稳步高涨。如果说资本主义加速扩大了市场的活动范围，并把城市中每一个地段都变成可以讨价还价的商品，那么，把有组织的城市手工业转变为大规模的工厂生产，就是把工业城镇改造成有如黑暗的蜂房，叮叮哨哨，喧闹不休，漫天烟雾，乌烟瘴气，一天有12小时甚至14小时都是这样，有时整天整夜都如此……这些城镇，没有一个人注意到这样一句古老的谚语：'整天工作，没有玩儿，使得杰克变成傻笨蛋。'"① 芒福德的这段话就指出了人类是如何打破各种活动的平衡而只聚焦于经济活动，从而产生精神问题、环境问题的。马克思、恩格斯说："（资产阶级）使人和人之间除了赤裸裸的利害关系，除了冷酷无情的'现金交易'，就再也没有任何别的联系了。它把宗教虔诚、骑士热忱、小市民伤感这些情感的神圣发作，淹没在利己主义打算的冰水之中。它把人的尊严变成了交换价值，用一种没有良心的贸易自由代替了无数特许的和自力挣得的自由。"② 这段话也揭示了人类过于聚焦自身的利益，从而使人际关系变冷漠、变紧张的事实。

以上两段话可以引发我们很好地反思现实生活。比如，法国作家莫泊桑的名篇《我的叔叔于勒》中的菲利普一家，以及很多人都熟悉的"吝啬鬼"葛朗台、严监生，他们的世界里只有钱，连亲情都没有，哪还有温情脉脉的人际关系呢？现代的很多人，赚钱是"24小时无休""节假日无休""全年无休"，这样的忙碌状态，怎么有时间安顿灵魂的需求，怎么能调节得好生命所需求的经济、政治、文化、宗教等各种活动之间的关系呢？中华民族的清明节，这里面有追思、继承先人美德及踏青亲近、融入

---

① 刘易斯·芒福德. 城市发展史：起源、演变和前景 [M]. 倪文彦，宋俊岭，译. 北京：中国建筑工业出版社，2005：461.
② 马克思，恩格斯. 共产党宣言 [M]. 北京：人民出版社，2018：30.

自然等深层次内涵，是沟通古今、生死、人我、天人等关系的重要时机，通过祭祖等活动，能够唤醒人们的感恩、反省、惜福、上进等意识。但是在一些忙忙碌碌以赚钱为唯一快乐或唯一目的的人看来，像祭祖这样的活动，是"封建迷信"，没有"科学道理"，没有"实际好处"，还"耽误工夫"。这样想，生命只有自己、只有眼下，如何才能撑得开呢？撑不开的生命最终只能在狭隘的空间自我窒息。

在农业社会，我们的祖辈，不会一年四季或一天二十四小时都只想着忙于谋利生财——况且种田种地是季节性的劳动，也不必天天忙，因此，农闲的时候，人们会有祭祀拜神、看戏听曲、走亲访友、烧荒备耕等活动，这些活动对精神生活、人际关系、自然生态等都有一个较好的安顿和照应。当然，这么说，并不是说要倒退着回到农业社会的"田园牧歌"，而是要反思资本主义生产方式的普遍确立对人与自身、与他人、与自然等平衡关系的打破，如何造成对人性完美的戕害。

可以借用佛教话语进一步思考这种失衡。华严宗有"事法界"和"理法界"的概念。所谓"事法界"，指我们的感觉器官所能感知的这个现象世界，它森罗万象、变化无常；所谓"理法界"，指要凭借佛的般若智慧才能观照的实相世界，即世界的本质世界，它是真如法界，圆满不动，清净无染。"《华严经》法界的概念，简单说来包括了四种含义：事法界、理法界、事理无碍法界、事事无碍法界。一般文字排列习惯先排理法界；照先后次序，应该先有事法界，因为事代表物理世界、可见不可见的，乃至人等一切存在。理法界包括观念、概念、思想范围。有其事必有其理；有其理必有其事，理事本来相应无碍。事事无碍就是把理事融会贯通后，发现一切事的作用一气呵成，没有障碍。"①

华严宗讲"理事无碍""事事无碍"，追求"无碍圆融"。简而言之，就是说本体与现象之间、事物与事物之间互相融通、互相摄入、不相妨碍。但是在资本主义生产关系下，在消费社会，人们总是搞不好这个"圆融"，总是有"偏颇"。比如，很多人认为，为精神自然物质上就穷困，为

---

① 南怀瑾. 宗镜录略讲：第1卷［M］. 上海：复旦大学出版社，2018：84.

他人自然就少了为己、保护环境自然就没有了经济发展。物质穷困、自己吃亏、经济不能发展，这是现代人最不能忍受的。

牟宗三借助佛教"四法界"的概念认为，人所生活的世界应该是多层的，有"事法界"，亦有"理法界"，前者是自然、科学的世界，后者是价值、意义的世界，这些都要照顾到。对"事法界"的把握和探求，可以增加我们的知识、财富，这是好事，但是也要知道"它只知平铺的事实，只以平铺事实为对象，这其中并没有'意义'与'价值'。这就显出了科学的限度与范围。是以在科学的'事实世界'以外，必须有一个'价值世界''意义世界'，这不是科学的对象。这就是道德宗教的根源，事实世界以上或以外的真美善之根源。"① 问题是，现代人的功利之心太强，只注重于"事法界"的探求，而遗忘了"理法界"的存在——一些人甚至还主动去批判"理法界"的存在，认为这里充满着各种神秘、各种高调、各种胡说，比如，西方分析哲学所谓的"拒斥形而上学"，认为依赖"理法界"而存在的一些概念话语，像人生价值、人生意义、人生境界、人生理想等，都是虚妄不实、不切实际、难有定论、讨论无益的东西，都应该被排斥掉。

因此，这些概念话语通通被现代人放到了利益、好处、赚头、自我之后，甚至于在很多人的人生字典里根本找不到这些词语。牟先生认为，这种认识是轻浮误己的。因为，只有进入到"理法界"，我们才能意识到人生价值、意义的存在，才能透出伦理道德的话语来，才能启发着我们的生命不断地向内转、向上翻，生命才能"致广大而尽精微，极高明而道中庸"，变得立体、多彩、辽阔、悠远，而不像现代人这样干瘪、狭隘、迷失。牟先生说："对于这种向上翻所成的理法界的认识，若根本予以截断，予以抹杀，而不予以理会，则终堵塞慧根，窒息生命。因为若只停驻于事法界而不进，则理法界必日就荒凉阴暗，必不能畅达生生之机，开辟价值之源。所谓'天地闭，贤人隐'是也。"②

①　牟宗三. 道德的理想主义［M］. 长春：吉林出版集团，2010：215.
②　牟宗三. 道德的理想主义［M］. 长春：吉林出版集团，2010：152.

　　人作为动物世界的一员，寄居于"事法界"中，而对人之本质、人之价值、人之意义的言说，要在"理法界"中进行。或者说，人之为人，需要"理法界"中的概念话语才能得以证成。这两者本如华严宗所言，是圆融无碍的。但是现代人却将其分为两截，更为严重的是，还厚此薄彼、以此代彼。这样，现代人困于"事法界"中出不来，围绕着"自我"转，找事、寻事、滋事，到处是劳累，到处是冲突，到处是紧张，从而引起各种不适应、不自在。一个人，假如没有意义世界、价值世界可言，假如没有道德理想，那么他的生活就只有物欲、只有自我，他就不会看到精神境界的东西、奉献他人的东西、社会贡献的东西、自然美善的东西。可以说，对"理法界"的拒绝或遗忘使现代人在灵肉关系上、己我关系上、天人关系上、生死关系上难以圆融无碍，相反还矛盾重重，这才是现代人感到困扰和阻碍的根本原因。

第三节　佛教道德话语的贡献与启示

　　佛教道德话语以引导众生"离苦得乐"为旨归，围绕灵肉、己他关系的和谐而展开，在破除"我执"方面有独到的智慧。面对现代人的生存难题和生命困扰，佛教道德话语在促进身心健康、人际和谐、社会安定、世界和平、生态平衡等方面具有十分重要的贡献和启示。

　　人不是一个孤立的原子式的存在，而是一种关系式的存在，他要很好地调节到灵与肉、己与他、天与人等各种关系。这些关系和谐无碍，人之生命才有畅达畅通的幸福感，否则的话，就到处是冲突和矛盾。资本主义生产方式放大了"个人中心主义"的价值观念，让现代人偏于肉欲、偏于自我，这才有席美尔所谓的"精神的倦怠"、萨特所谓的"他人即是地狱"、恩格斯所谓的"自然界的报复"等各种问题。

　　佛教认为，现代人一切心理问题、身体问题乃至社会问题、生态问题"病症"之"病因"就在于"心态"出了问题：自我放纵、自私自利、自以为是、自负自大等。还认为这些背后有一个总"病根"，那就是"我执"——以自我中心为念，常起"有一个跟他人他物隔离甚至对立的自己"之心念，并且一切行为、生活都围绕着这个心态在转。总是执于"我身"，又哪里有精神空间、他人空间呢？

佛教道德话语以引导众生"离苦得乐"为旨归。是故，其对现代人身心健康具有特别重要的启示价值。《维摩诘经·文殊师利问疾品》明确说人之身心病起"皆由著我"。佛教讲要知病、要识药、要晓授药方法。"知病谓见思两病，知我为诸见之本，从此我惑，起无量见，我见若空，枝条自去，次知思病，以痴为本。次识药有三：一世间法药，二出世法药，三出世上上法药。世间法药，如仁义礼智，及诸善法。出世法药，一行三昧，二定慧，三解脱，四念，五力，六广，七觉，八正道，九想，十智。出世上上法药，即为止观。次授药则因众生根器。"① 这里讲得很清楚：为什么有身心两病？是因为众生不识得"缘起性空"，执空为实，有"我见"，有"分别心"，有贪、嗔、痴，最终失去了身心内部各元素及身心之间的平衡。那么，又该如何对治身心疾病呢？佛教讲了三个层次的法药：第一是仁义礼智，这是世间常用疗法，但是不能"去根"；第二就是佛教的出世疗法，即行戒定慧；第三还有上上用药法，如天台宗所提倡的"止观双修"。当然，具体的授药，要依据病人的病情和根器而定。关于"止观双修"治病，天台宗的智者大师在写给他俗家哥哥陈针看的《童蒙止观》中有详细的说明：

> 治病之法乃有多途，举要言之，不出止观二种方便。云何用止治病相。有师言："但安心止在病处，即能治病。"所以者何？心是一期果报之主，譬如王有所至处，群贼逆散。
>
> 次有师言："脐下一寸名忧陀那，此云丹田，若能止心守此不散，经久即多有所治。"
>
> 有师言："常止心足下，莫问行住寝卧，即能治病。"所以者何？人以四大不调，故多诸疾患，此由心识上缘，故令四大不调；若安心

---

① 谢无量. 佛学大纲［M］. 北京：商务印书馆，2018：243.

在下，四大自然调适，众病除矣。

有师言："但知诸法空无所有，不取病相，寂然止住，多有所治。"所以者何？由心忆想鼓作四大，故有病生；息心和悦，众病即瘥。故《净名经》云："何为病本？所谓攀缘。云何断攀缘？谓心无所得。"如是种种说，用止治病之相非一，故知善修止法，能治众病。

次明观治病者。有师言，但观心想，用六种气治病者，即是观能治病。何等六种气？一吹、二呼、三嘻、四呵、五嘘、六呬。此六种息，皆于唇口之中，想心方便，转侧而作，绵微而用。颂曰：心配属呵肾属吹，脾呼肺呬圣皆知，肝藏热来嘘字至，三焦壅处但言嘻。

有师言："若能善用观想运作十二种息，能治众患。"一上息、二下息、三满息、四焦息、五增长息、六灭坏息、七暖息、八冷息、九冲息、十持息、十一和息、十二补息。此十二息，皆从观想心生。今略明十二息对治之相。上息治沉重，下息治虚悬，满息治枯瘠，焦息治肿满，增长息治羸损，灭坏息治增盛，暖息治冷，冷息治热，冲息治壅塞不通，持息治战动，和息通治四大不和，补息资补四大衰。善用此息可以遍治众患，推之可知。有师言，善用假想观能治众病，如人患冷，想身中火气起，即能治冷。此如《杂阿含经》治病秘法七十二种法中广说。有师言，但用止观检析身中四大病不可得，心中病不可得，众病自瘥。①

这里讲得很详细。身心疾病的原因在于心攀缘我、人等相，到处被诱，到处驰骋，最终难免心累身疲，疾病丛生。对治之法在止在观。所谓止，不是心死，而是内心专注而宁静，要坚信"精神内守，病安从来？"的道理，而心安的关键在于认识到"诸法空相"；所谓观，主要指在心定后用佛教的见解进行思维思考，佛教认为地、水、火、风"四大不调"（彼此之间不平衡）则病生，因而提倡用气治病、用息治病，关键在于调和四大，使身心中正平和。

佛教在认识疾病方面很有特点：不认为疾病是某某病菌感染引发，也

---

① 李安. 童蒙止观校释［M］. 北京：中华书局，1988：53-54.

不认为可以通过某某药物消炎而根本治愈，而是认为，疾病主要由众生自身愚见和恶习而引起，比如，执空为实，放纵了身体欲望，做了坏事而遭受果报。佛教在治病上更多的是采用"智慧疗法""道德疗法"，而非"药物疗法""手术疗法"。这种"智慧疗法""道德疗法"的关键就是要认识到缘起性空并做到众善奉行、诸恶莫作。在佛教看来，人是自己身体的第一责任人，身心健康的关键在于知见健康、道德健康，而智慧与道德的获取最主要的还是靠自己。现代人把疾病交给了科学、交给了专家、交给了药物、交给了手术，对治疗疾病持有一种乐观的态度，认为吃吃药、打打针、消消炎、杀杀菌即可，这对小病、常见病确有效果；但是，今日之时代，还有许多的大病、怪病、疑难病让我们束手无策。佛教的疾病观以及对疾病的智慧疗法、道德疗法，对于我们具有一定的启示价值。最少，让现代人意识到，对治身心疾病，更重要的是事先之"防"而不是事后之"治"，即要在日常生活中尤其是在日常道德生活中"调""养"好身体。

佛教道德话语及其指导的道德修行实践对身心健康所具有的一定的保护和促进作用得到了一些专家的深入分析："禅定可以使人体的呼吸、新陈代谢、血液循环、微循环、免疫功能、体温、消化系统等生理指针发生良性变化，大脑额区阿尔法波大幅度增加，精神上的紧张和压力得到缓解，从而发生健身、美容、提高智商情商、开发潜能等效应。大量研究证明：不酗酒、不吸烟、不偷盗、不淫乱纵欲，心情开朗，热心助人，能使心理健康，疾病较少，寿命较长；反之，贪官、盗贼、罪犯、人格卑劣者，及心情不开朗、长期紧张、焦虑、有酗酒吸烟赌博等不良习惯的人，罹患心理、生理疾病的比例高，寿命较短。礼佛、诵经、祈祷，也被证明有心理治疗之效，日本池见西次郎的《自我分析》中说：'如果大声反复地朗诵祈祷文句和佛经等，可以将长久积郁于心，即刻就要爆发的怒火、怨气以及其他激烈的情绪和感情，以平安的方式发散出去，起到净化心灵的巨大作用。'"①

身心疾病常交织在一起，但佛教更关注人的精神世界、心理世界——事实上，儒佛道在这一点上都一样。现代人心理问题丛生，心理学、心理医学等学科也随之得到不断发展。佛教道德话语及其指导的道德修行实践对上述学科发展有多方面的启示。"佛教的修持方法被看作心理治疗技术，其中有些与心理学的治疗方法相通，或被心理学所吸收，如双思维法相当于心理学常用的'理情法'，观息法等属心理学的'转移法'，忏悔相当于心理学的'宣泄法'等。有第四心理学之称的超个人心理学，更以禅定为两大研究方法之一，以整合现在科学成果和精神传统（主要指宗教的智慧）为使命，对佛教之学多所吸收。佛教修持之道治疗心理精神疾病、锻炼心智的效果，不断被心理学的观察、试验、统计等科学方法所证明。"②

除了在调适身心关系、维持身心健康方面对现代人具有切实贡献并颇多启示外，佛教道德话语在促进人际关系和谐、社会安定团结方面亦让现代人获得许多的好处和教导。佛教道德话语传递的是一种破除私我、扫荡执见的特殊智慧，它能够指导众生打开心胸与眼界，走出利己主义、自我中心主义的泥淖束缚，以一种平等态度、慈悲心肠而待人。这种指导在一定程度上舒缓了人与人之间赤裸的利益竞争，从而为人际关系的和谐和社会安定团结创造了条件。

佛教道德话语讲"菩萨心肠""大慈大悲""普度众生"，这都是要求多为他人考虑；另外，依佛教转世思想，他人在某世或许是我们的父母、妻儿、师友，这是我们与他们的一种因缘；还有，人人皆有佛性，说不定他人会先于我而成佛，所以应该以一种平等友善的心态去看待他人并以一种谦卑友好的态度去向他人学习，就像"常不轻菩萨"一样；此外，佛教所宣扬的"五戒十善""善恶报应"等观念也在一定程度上约束了人们在人际交往中的不当行为。

---

① 陈兵. 佛法在世间：人间佛教与现代社会 [M]. 北京：中国时代经济出版社，2008：274-275.

② 陈兵. 佛法在世间：人间佛教与现代社会 [M]. 北京：中国时代经济出版社，2008：274.

佛教的上述观念和要求能够启示现代人跳出自我中心而将自我与他人紧密地联系在一起，并且这种联系还不是一种平等的利益交换上的联系——你为我做一件好事，我就还报一件事的好处，而是一种类似于列维纳斯所言的"为他者而在"联系。列维纳斯认为，"我"与"他者"之间存在着道德义务，但我们的道德义务是"非对称"的。因为，不管是"他者"之"弱于我"（像孤儿寡母）还是"他者"之"强于我"（像我的主人），"我"总是承担着对"他者"比"他者"对"我"更多的义务，总要"为他者而在"，总要说："您先请！"佛教亦认为，在修行的过程中，"我"总是觉得自己为他人做得还不够多、不够好。"佛教是上求菩提，下化众生。觉悟人生就是上求菩提，奉献人生就是下化众生。那么这两个是分不开的。由觉悟而积极地奉献，由奉献而不断地提升觉悟。"①

慈悲待人、广益群生是佛教启示人们处理人际关系、贡献社会的伦理智慧，因为只有这样，才能成就菩萨境界，得大逍遥大快乐。"何谓慈？愍伤众生，等一物我，推己恕彼，愿令普安，爱及昆虫，情同无异。何谓悲？博爱兼拯，雨泪恻心，要令实功潜著，不直有心而已。何谓喜？欢悦柔软，施而无悔。何谓爱护？随其方便，触类善救，津梁会通，务存弘济。能行四等，三界极尊。"②

"普代众生受苦德者，谓菩萨修诸行法，不为自身，但欲广益群生，怨亲平等，普令断恶，备修万行，速证菩提；又，是菩萨本行菩萨道时，大悲大愿，以身为质，于三恶趣救赎一切受苦众生，要令得乐，尽未来际，心无退屈，不于众生希望毛发报恩之心也。"③

佛教上面所讲，要慈悲为怀，要愍伤众生、博爱兼拯，并且，不仅只是有这样的心思，也要有这方面的行动，而且不能带着"求报答""得好处"的想法。简而言之，佛教要求人们多为人想、多尊重人、多礼敬人——最起码的，就像前面"话语道德"一章所讲的，要在言语行为上多体现出尊重人、敬重人的礼貌样态来。

---

① 王桂山，简承渊. 世纪大讲堂［M］. 沈阳：辽宁人民出版社，2007：185.
② 石峻，等. 中国佛教思想资料选编：第1卷［M］. 北京：中华书局，1981：20-21.
③ 延寿. 永明延寿禅师全书：下［M］. 北京：宗教文化出版社，2008：1403.

一个少了些利益争执，人人相互尊重、相互奉献的社会，自然是一个安定、团结的社会。佛教首先在佛门里面营造了这样的一个存在：互谦互爱、团结互助、和平共处，为世人作了表率。在看到丛林生活的平等互爱、彬彬有礼后，宋代大儒程明道感叹道"礼乐尽在"。"中国传统文化，素来是以儒家为主流。儒家高悬大同天下的目的，是以礼乐为主道政治的中心。由于礼乐的至治，就可以实现《礼运》篇的天下为公的目的。但是经过数千年的传习，一直到了唐代，才只有在佛教禅宗的丛林制度里，实现了 个天下为公的社会。它在形式上，固然是 种佛教僧众的集团，然而，在精神上，它是融合礼乐的真义和佛教戒律的典型。'礼失而求诸野'，如果讲到一个真善美的社会风规，恐怕只有求之于丛林制度了。"①尽管社会上的集体生活、公共生活比佛教这种志同道合的小群体要复杂得多，但不可否认，佛教的这种集体生活的道德实践对于我们公共生活的治理仍然有着十分重要的启示借鉴意义。

人际关系的和谐、社会的安定团结是实现世界和平的基础。佛教道德话语在维系世界和平方面亦颇多贡献：它将全世界的佛教信众紧密联系在一起，不仅促进了世界各地区人们之间的联系和交流，而且向世界传递了和平、友爱的声音。佛教讲"缘起性空"，这启示我们，世间之物只有为我所用，不能为我所有，而且其用还是因缘而成、缘尽而灭，要以一种惜福感恩的心态善用好用，不能弱肉强食、强占强用。太虚大师说："如果把佛教传到世界各国，能够从做人立国的思想根本改造，使他们知道万有皆从众缘所成，没有孤立存在的个体，想得到个人的利益，要从大众的利益做起，大家得到利益则个人自然亦得利益；人与人间要相资相成，阶级与阶级、国家与国家、民族与民族间，也要相助相益，不应有你死我活的争斗。要是以这种真理去感化世界人心，感化有思想学问的领袖，改变他们做人立国之道路，从这做人立国的思想，解除了世界纷乱的因素，取得真正的世界和平。"②威胁世界和平的霸权主义就是赤裸裸的强占强用。佛

---

① 南怀瑾. 中国佛教发展史略 [M] 上海：复旦大学出版社，1996：184，212.
② 本书编委会. 太虚大师全书：第31卷 [M]. 北京：宗教文化出版社，2005：90.

教要消除"我执",消除"分别心",消除"贪嗔痴",讲究"众生平等",讲究"慈悲利他",这与自我中心主义、民粹主义、霸权主义、恐怖主义等理念大相径庭,而后者恰恰是当今世界利益对抗、动荡纷争的思想根源。佛教道德话语志在构建"人间净土",这有利于实现世界和平。

事实上,佛教对世界和平的启示还可以从历届世界佛教论坛的主题中看出来——第一届是"和谐世界,从心开始",第二届是"和谐世界,众缘和合",第三届是"和谐世界,同愿同行",第四届是"同愿同行,交流互鉴",第五届是"交流互鉴,中道圆融"。佛教治心,重视心灵的安顿、滋润。首先,它反对的是心灵带着仇恨、走向极端;其次,它呼唤心灵间的对话、互鉴;再次,它以同心同德、同愿同行、互相成就为目标。佛教道德话语启示现代人:"心灵是自我与外界关系的转换枢纽,心净则国土净,心安则众生安,心平则天下平,进而实现'新六和'的愿景——人心和善、家庭和乐、人际和顺、社会和睦、文明和谐、世界和平……人类唯有同心,才能和善;唯有尊重,才能和平。人类必须共同期待与行动:愿善缘广结,求同存异,以包容解怨仇;愿亲缘珍惜,平等互谅,以协商化对抗;愿法缘殊胜,相互赞叹,以尊重断斗争;愿顺缘具足,增进希望,以勇气担责任;愿助缘相资,共克时艰,以和合聚力量;愿良缘成就,转危为安,以信心度危机。"①

生态环境恶化是今日世界的难题。佛教道德话语对建设生态文明具有重大启示。佛教"缘起性空""万物皆有佛性""众生平等"的理念、"不杀生"的戒律、惜生护生的道德实践以及所倡导的慈悲为怀、佛国净土等,都蕴含着十分明显的生态伦理智慧:缘起性空学说认为宇宙的一切都并非具有自性的独立存在的个体,而是彼此间都互为条件、互相依存,因而不应以自我为中心;众生平等、慈悲护生强调世间万物佛性平等,因而每种生命都值得尊重,不应杀生,反而还要慈悲为怀,护生放生;佛国净土引导众生追求真正的"常乐我净",强调心灵环境、人居环境的干净整洁。以上智慧启示人们摒弃以自我为中心的生活态度,自觉地与他人、与

---

① 圣凯. 佛教现代化与化现代 [M]. 北京:金城出版社,2014:187-188.

万物结成"命运共同体",自觉树立尊重自然、顺应自然、保护自然的理念,惜福护生,俭以养德。"佛教的心灵环保思想强调人的精神高洁,反对个人贪欲,主张净化人心,有利于人们树立崇尚节俭的生活方式,进而推动整个社会形成追求节约、环保、低碳的社会理念,有利于解决环境污染和资源紧缺的问题。"①

最早受生态问题困扰的西方人努力从东方佛教这里汲取智慧。"解决当今生态困境,只能建立一个不同的世界观、价值观和责任感。于是,他们纷纷向东方宗教,尤其是佛教,寻求答案。当环保运动开始后,曾受佛教影响的环保人士中,影响最大的当属美国诗人斯尼德(Gary Snyder),他广读铃木的著作,并且在日本习禅十年。他说:'草木和动物都是人(people)',这其实就是中国佛教所说的'无情有性'。斯尼德提倡自然界的一切万物也有其基本权利,如动物有'动物权',草木有'草木权',他也相信草木有'解脱的潜力'。与斯尼德相似,艾肯(Robert Aitken)也是一个习禅的生态学家,他认为'人类和非人类(non-human)的万物之间不应有隔阂,一切众生,包括草木皆处于开悟的过程中'。在他的环保伦理观中'瓦石和云都有其生命权',人类只有'无我'与'忘我',才能与万物建立亲密的关系。"② 2020年新冠疫情后,有关动物伦理建设的话题不断被提起。佛教讲,若佛子以慈心故,行放生业,应作是念:"一切男子是我父,一切女人是我母,我生生无不从之受生,故六道众生皆是我父母,而杀而食者即杀我父母,亦杀我故身……故常行放生,生生受生常住之法,教人放生。若见世人杀畜生时,应方便救护,解其苦难。"③ 在长期的发展中,佛教推动中国人形成了"护生""放生"的道德理念和实践,它成为现代动物伦理建设和动物保护法规立法最重要的思想资源和实践基础。

我们认为,今日生态问题的产生,从某种程度上看,乃是人类生活方式、生活理念出了问题导致的。生态保护要从"我"做起、从"心"做起。在中国台湾,圣严法师提倡"心灵环保"。认为"心病地球病,人心

---

① 兰俊丽,刘利民.中国佛教助力新时代生态文明建设浅议 [J].中国宗教,2021(11).

② 圣凯.佛教现代化与化现代 [M].北京:金城出版社,2014:80.

③ 吴信如.大乘诸经述要:下 [M].北京:中国藏学出版社,2008:400.

应该净化，而我们要做好地球环保，首先必须净化我们的内心。人心有贪、嗔、痴、慢、疑五种毛病，如果能去除五种，人心就会很健康，家庭就幸福，社会就祥和，自然人人就会知福、惜福。人人知福惜福，地球的资源就可以减少消耗".①

今日诸多社会问题的解决需要人们有创新意识。佛教道德话语在增进人们的创新意识上亦有启示。佛教道德话语传入中国，历经发展、壮大、衰落、转型等一系列过程，迄今仍显活力，离不开它依据中国的社会状况、时代发展、伦理风俗等创新创造、与时俱进。"佛教从佛陀创教以来，一直充满着平实活泼、开启智慧、激发想象力和创新意识的宗教。禅宗的创新是把印度佛教这种异质文化与中国固有的文化相结合。创新的过程，就是这种相结合、相适应、应时契机的过程，应随民众渴望解脱之'时'，契合中国文化喜求简易之'机'，创造出契合于中国人根机和心性的新的宗教文化。"② 佛教的创新精神不仅体现在教理上也体现在实践中。比如，原始佛教是"乞食"的，但是"乞食"与中国人勤于稼穑的道德认知是相悖的；而且，对于一个毁发弃亲、出家为僧的人，讲究家庭责任、孝亲养亲的中国人未必能够很主动、很乐意地予以施舍。故而后来，百丈怀海等创立丛林制度，以禅农并重改变托钵乞食的规制，这在当时是破了大戒，受到了很多人的抵制。"在他当时，一般人之所以责骂他是破戒比丘，只因大家抵死执着于印度原始佛教的戒律，认为出家为僧，便不应该耕种谋生。站在我们千秋后世的立场来看，如果他当时不毅然改制，还让僧众们保持印度原来的乞食制度，佛教岂能保存其规模，流传到现在?"③ 佛教的创新精神不仅是佛教传统的一部分，也成为中华优秀传统文化的基因之一。在进行社会主义现代化建设过程中，我们可以很好地吸收、继承、利用佛教所蕴含的创新精神，不断地对优秀传统文化进行创造性转化和创新性发展，从而不断加快建设社会主义文化强国的步伐。

佛教道德话语的时代启示还体现在其他的诸多方面。比如，在道德教

---

① 圣凯. 佛教现代化与化现代 [M]. 北京：金城出版社，2014：90.
② 圣凯. 佛教现代化与化现代 [M]. 北京：金城出版社，2014：序 3-4.
③ 南怀瑾. 中国佛教发展史略 [M]. 上海：复旦大学出版社，1996：214.

育的话语艺术上，佛教注重针对不同的人使用不同的话语内容和不同的话语形式，在"异法"中宣示"一理"。"救过去之众生，与救现在之众生，救现在之众生，与救将来之众生，其法异而不异；救此土之众生，与救彼土之众生，其法异而不异；救全世界之众生，与救一国之众生，救一人之众生，其法异而不异：此相宗之唯识也。因众生根器各各不同，故说法不同，而实法无不同也。"① 仅从道德教育的形式上看，有口头话语形式（如说法），有书面话语形式（如阅经），有动作话语形式（如禅宗的棒喝），还有其他种种艺术话语形式（如佛教壁画），它们直指人心、不拘一格。让被教育者在听法、阅经、参禅、顿悟中认识到自身佛性的涌动，从而主动地、自觉地增进德行修养。

　　在今日之"消费社会""风险社会"，人心外逐，常患不安。促进个体自身心灵充实、快乐是佛教道德话语在现代最显著的功用。此外，通过与慈善、教育、环保、政治等人类的诸多社会实践活动联系起来，佛教道德话语在推进社会公平、生态和谐、世界和平等方面做出了巨大贡献。星云法师说："历届的佛光会世界会员大会，我们相继提出'欢喜与融和''同体与共生''尊重与包容''平等与和平''圆满与自在''自然与生命''公是公非'等主题演说，目的就是希望发展一个和乐爱敬的社会人间。"② 上述主题可谓佛教道德话语的精髓。作为时代不可或缺的声音，它的贡献和启示就在于通过自他开发、内外开发、事理开发从而促进个人和社会的更好发展。

---

① 梁启超. 梁启超爱国诗文选［M］. 北京：北京时代华文书局，2016：133.
② 星云大师. 当代人心：国际佛光会主题演说［M］. 北京：东方出版社，2014：111.

结　语

　　人会语言，这一度被视为人与动物、机器的根本区别。随着认识的加深，人们发现动物其实也具备一定的沟通技能。但是在我们看来，人与后两者还是不能同日而语，因为他的语言是蕴含道德色彩的。也就是说，人的语言不仅仅是传递信息、表达真假，而且表达价值立场、好恶选择。从黑尔在《道德语言》一书中可看出，人的语言不但是"自然"的，而且蕴含"意义""评价""赞许""选择""应当"等诸多的意味，不但是"陈述的"，而且是"祈使的"。一些哲学家希望将人的语言仅限于对科学、真理、事实的揭示，其实是大大地缩小了人的语言的弹性特征和作用空间，在某种程度上也抹杀了人的道德生活及意义世界的建构。黑尔说："实际情况是——这一点已经产生了逻辑上的混乱——在我们的语言中，差不多每一个词都可以偶尔被用作价值词（这即是说，用作赞扬或赞扬的反面），而通常只有通过盘问某一说话者，我们才能知道他是不是这样来使用某个词的。"①

　　正如我们在导言中所说，儒释道的语言尤重价值信息的传递和意义世界的建构。这是一种很鲜明的语言特色。按照牟宗三先生的区分，人有自然生命，也有德行生命，西方用现代"科学"的语言建构"生命科学""生命医学"等，主要对治人的自然生命的问题，而儒释道坚持"德行生命的价值优先性"，用"伦理"的语言建构"生命的学问"，集中对治人

---

　　① 黑尔. 道德语言［M］. 万俊人，译. 北京：商务印书馆，1999：77.

的德行生命的问题。当然，这是对中西文化的一种看其重心、察其长处、大而概之的区分，并不是说西方人不讲伦理道德，但是至少，这不是他们历史文化的重点所在、精彩所在。（基督教文化似有这方面的精彩，但走出中世纪后，基督教整体又让位于科学文化的发展）西方人尤其是西方哲学自然也"讲道德"，但这里面更多的是"讲"（思维逻辑之美）在放光，而不是"道德"（德行境界之美）在放光。这种区分是很好理解的。比如，西方的很多伦理学著作，当然是讲道德，但是读起来，我们首先所叹服的是其在考虑道德问题时逻辑的严谨而非对德行生命痛痒的触摸。而读儒释道的一些经典则不然，它们直卜是修行，直卜是对德行生命痛痒的辨决。

在"生命的学问"的视野下，人不仅仅是由血肉骨骼挺立的，更是由价值意义挺立的。是故，在儒释道的话语体系里，苦其心志劳其筋骨饿其体肤不是问题，甚而还是一定程度所必需的，因为这有助于人之价值意义的挺立，或有助于人成圣成仙成佛。但是在很多现代人看来，成圣成仙成佛是前现代的执着乃至迷信，是高蹈飘远、不切实际的追求，因此，他们紧盯现实、紧盯自身、紧盯眼下不放，这就在生命里溢出许多问题。现代人习惯了傍依"科学""民主""权利""个人"等话语而活，日渐远离"道德理想""人生意义"等话语表达与践行，由此造成了严重的精神危机。

下面一段话大体说出了现代性精神危机、信仰危机产生的过程和原因："站在科学的立场，价值特性是中立的，与科学知识不相干。如以物理、化学之立场，人与动物皆由原子粒子构成。人开刀时，即把人当作机器看，不当作人格看，此固与是非善恶无相干性。故价值特性，由其开始是中立的，进而因其不是科学之对象，所以也不认其是学问之对象。科学一层论造成价值世界之荒芜，亦造成价值意识之薄弱。可是人天天生活在价值意识中，时时在表现价值意识，由于既不认为是学问之对象，而认为无意义的情感满足（或者说是闹情绪），则其所表现的价值意识只是不在话下的情感表现、气质表现而已，这里并无'理'可言。此近人之所以无肯定、无信仰、生命无可交代安顿处之故。"①

纵使赢得了整个世界，却失去了自己，这还有什么意义？这对消费时代的人们而言是一个问题。生命的虚无、疲软、无力使得人们注意倾听来自东方文化中"生命的学问"的启示。因为它们不仅讲肉体生命的安顿，还讲德行生命的安顿；不仅讲生命的眼前暂时，还讲生命的永恒长远；不仅讲生命中的自我小我，还讲生命中的他人大我。它们将灵肉、己他、天人等融合起来，追求生命的圆融之美、圆善之乐。

佛教道德话语之重心、之精彩就是引导众生追求生命的圆融圆善。丁福保《佛学大辞典》这样解释"圆融"："圆者周遍之义，融者融通融和之义，若就分别妄执之见言之，则万差之诸法尽事事差别，就诸法本具之理性言之，则事理之万法遍为融通无碍，无二无别，犹如水波，谓为圆融。"简而言之，圆融即圆满融通，无所障碍，即各事各物皆能保持其原有立场，圆满无缺，而又为完整一体，且能交互融摄，毫无矛盾、冲突。依牟宗三先生的理解，圆融的根本含义有二：一是"俱足"，即一个也不能少；二是"无碍"，即不处处起冲突。

我们可以从日常生活中对"圆满"及"其乐融融"的感受来理解"圆融"。比如，很多人把儿女双全、才貌双全、富贵双全、福德双全叫圆满，由此观之，儿女都有才"圆"，少一个就不圆。还有，很多人把一群人快乐和谐共处叫其乐融融，由此观之，不起矛盾才"融"，经常为鸡毛蒜皮的事大吵大闹就不融。

天台宗讲"三谛圆融"。"三谛"者，指空谛、假谛、中谛。空谛又云真谛，指诸法本空；假谛又云俗谛，指诸法虽本空，然因缘和合而在；中谛又云中道第一义谛，指以中观观之，诸法非真非俗、即真即俗。三谛圆融指空假中三谛，互具互融，空即假中，假即空中，中即空假，举一即三，全三即一。由天台宗讲法，三谛都保住，不以此害彼并且彼中有此，这才是圆融。

"一切法都保住"是圆融的本质要义。牟宗三说："（天台宗）使一切

---

① 牟宗三. 人文讲习录［M］. 台北：联经出版社，2003：180.

法通畅；如此，每一法都得以保住，没有一法可以去掉，所以说一低头一举手，都是佛法。""若能决了畅通，即知当下就是佛法。这小乘法也是成佛的一个法门，所以佛教才有'一切法皆是佛法'的说法。所有的法，如数学、医学、科学等，皆可以通达于佛。每一法皆是通于佛的一个门，所以叫作法门。这是'决了'以后的理境，若不'决了'，那么数学只是一种形式科学，与成佛何关？物理学只是一种自然科学，与成佛何关？所以，'决了'为的是化除众生的执着与封闭，执着一除，小乘法就是佛法，而且是'低头举手皆成佛道'。""即九法界而成佛，也就是即着地狱、饿鬼、畜生等而成佛，甚至即着一低头、一举手而成佛，在此种境界中，所有的法都是一体平铺，而佛也就在此呈现。"①

牟宗三认为，佛教的圆融体现在一种"非分别说"或"诡谲的即"的思维模式和话语表达中。所谓"非分别"与"诡谲"者，就是将原本必须在逻辑上区分开或者在逻辑上有矛盾的两者放在一起言说，比如，"烦恼即菩提""生死即涅槃""众生性即如来性"。"依天台，成立圆教所依据之基本原则即是由'即'字所示者，如说菩提，必须说'烦恼即菩提'，才是圆说。如说涅槃，必须说'生死即涅槃'，才是圆说。如依烦恼字之本义而分解地解说其是如何如何，进而复分解地说'断烦恼证菩提，或'迷即烦恼，悟即菩提'，或'本无烦恼，元是菩提'，这皆非圆说。"②

一般的人是一种"分别说"或"分解的即"的思维。烦恼就是烦恼，地狱就是地狱，在烦恼、地狱这里，怎么会有菩提、会有佛呢？只有断了烦恼才会证得菩提，出了地狱才能求得佛道。佛教不是这样看问题，不是以"分别说""分解的即"看问题，而是以"非分别说""诡谲的即"看问题。佛教讲"即九法界而成佛"，也就是说，我们可以即着地狱、饿鬼、畜生等而成佛。这以一般思维很难理解。有学者对此阐释说："佛道'即'于非道而见，解脱'即'于贪嗔痴而得解脱，佛之'即'于众生而成佛。众生世界本是秽恶之淤泥，但成佛不是高蹈事，必即于这淤泥处而成佛。

---

① 牟宗三. 中国哲学十九讲［M］. 台北：联经出版社，2003：363-364.
② 牟宗三. 圆善论［M］长春：吉林出版集团，2010：211.

所以，成佛必即于凡夫、二乘、菩萨之任一行而成佛，扩大之，必即于九法界（六道众生、声闻、缘觉、菩萨）之任一法界而成佛，这就是佛之'即'众生而成佛。"①

你是你我是我、利是利义是义、天堂是天堂地狱是地狱，推而言之，A 即是 A 而 B 即是 B，A 和 B 一定要分开讲清楚，这是科学发展的思维前提。不过庄子笔下有"七窍出，混沌死"的故事，意思是帮混沌把七窍凿开分清楚后，他却流血而死。在日常生活中，我们亦能体验到，有些事难以分得清楚，并且分得太清楚也不好。现代人通过这种"分解的即"，把灵肉、己他、天人的界限分得清清楚楚，进一步地，陷入有肉无灵、有己无他、有人无天的困境，从而到处起冲突、到处出毛病。佛教道德话语就是要帮助人们破除这种分解的执着。牟宗三说："融是融化，通是通达，融通不是代表统一，而是要化除执着、封限。因为，凡是分别说所建立的概念，都有所限（limitation），一有所限，人就顺此限制而有所执着，此即是封限，这就好比《庄子·齐物论》篇中所说的'夫道未始有封，言未始有常'之封。淘汰即去掉执着。所以融通淘汰即是化除封限，去掉执着。而去掉执着，即是去掉众生之病。所以融通淘汰的目的，是要归于诸法实相，而不是综合起来成一个大系统。"②

"每一法都得以保住""一切法皆是佛法""即九法界而成佛"，佛教的这些说法及"非分别说""诡谲的即"的思维方式对现代人很有启示：不要认为你的幸福是你的幸福、我的幸福是我的幸福，更不要认为只有你的幸福的减少才能确保我的幸福的增进；在佛教看，你的幸福与我的幸福是圆融无碍的，甚至于，只有即着你的幸福才能成就我的幸福，我的幸福并不是什么高蹈事、玄远事，就是体现在扎扎实实地为你谋幸福中，所以我要为你的幸福而多费心多劳神。以上，以"分解的即"来看，或许是傻，但是以"诡谲的即"来看，是识得真如的智慧和快乐。

可以说，佛教"诡谲的即"的言说，其实体现的是一种深层次的世界

① 徐嘉. 现代新儒家与佛学 [M]. 北京：宗教文化出版社，2007：254.
② 牟宗三. 中国哲学十九讲 [M]. 台北：联经出版社，2003：356.

观和伦理观。正是依靠"诡谲的即",佛教把空与有、度己与度人、烦恼与佛性、彼岸世界与此岸世界等这些原本异体的组合变为同体的组合,实现了空假中、现象与本质、现实与理想的最为圆满的融合统一。(这种融合统一是识空悟空、三谛圆融的统一,是所有的法都一体平铺的统一,而不是黑格尔式经过正—反—合走向更高层次,平地起土堆的辩证统一)在佛教看来,世界本应就是这样紧密联系、圆融无碍的和谐一体。倘若太分清、太执着你是你、我是我,这是"浅薄的理智主义"乃至是"精致的利己主义"。佛是"大德"亦是"大智",此德此智即在于识得"真谛"但又保住"俗谛",从而实现真俗不二、圆满无碍。

因为蕴含"大德""大智",佛教道德话语生机勃勃走来并不断地在中国社会上下渗透。自上看,它嵌入很多知识分子的精神世界里。在中国知识分子中,存在着"拒禅"与"逃禅"的现象:前者指对佛教的拒斥批判,有如韩愈;后者指对佛教的向往追求,有如方以智。但不管是何者,最少,可见佛教道德话语在知识分子中的传播。这种传播还可自下看,即佛教道德话语渗透到百姓的日常生活中。人们不仅在节日庙会、祭祀祈祷、婚丧嫁娶等生活场景中见到、听到佛教道德话语,即便是在日常的交际交往中,也离不开佛教道德话语及其背后的道德理念的支撑。比如,中国人对"修行""平等""弘扬""忏悔""随缘""慈悲""惭愧""圆满"等佛教道德语汇的高频词运用以及普遍树立的"积德行善,以求福报"的道德信仰。

因为走入了中国人的日常生活,佛教文化已经成为中国文化的重要组成部分。佛教道德话语对中国人的道德生活产生了不容忽视的影响,这种影响是多方面的,包括道德认知、道德行为、道德教育、道德评价等。可以说,是儒释道的道德话语的精华精粹共同塑造了中华优秀传统道德文化,共同塑造了中国人的精神风貌。儒释道道德话语的互动交流,使得中国传统伦理文化保持着开放性和活力,保持着包容气象和宽容向度,呈现出中正平和、圆融圆善的气质特征。比如长沙岳麓山,里面儒释道平安相处在一起,这是一个很有代表性的中国文化景观。"元、明以后,佛道两家好像各有宗教信仰的不同,在某些方面,又如一家,例如道士,到了没有道观的地方，可以跑到和尚寺里去挂褡，和尚也是如此，必要时可以跑到道观里去挂褡。每遇上殿念经的时候，也须随众照例上殿，不过各念各的经，只要守规矩，便不会对他歧视的……唐、宋时代，许多出身贫寒的读书人，大都是寄居僧寺读书，例如邺侯李泌等辈，为数确也不少。"① 从以上事例可以见儒释道三教道德话语在相处上关系之和谐。事实上，"独尊儒术"的伦理道德的建构模式是不可取的。赵朴初先生认为："到汉武帝，特别把孔子提得很高，'定于一尊'。这样一来，尊是尊了，也害了儒教。至高无上，后来就没法发展了，所以汉儒就只能搞训诂之学。搞考据，搞解释。一个东西没有发展，它就会衰落下来……佛教一来，确实在中国的学术思想上增加了一个活力……中国这一点好，就是能吸收，很大胆地吸收外来的东西，一点都不关门，这倒是好的。"② 中国传统伦理文化之所以不独断不僵化，之所以蕴含生命力，佛教道德话语的参与构建功不可没。

当然，一些人对佛教道德话语也有不少的误解。比如，流行的"佛系"这个网络热词，意思是指无欲无求、不悲不喜、云淡风轻而追求内心平和的生活态度。但是在实际的使用中，却略带贬义和嘲笑的意味，人们往往指责"佛系青年"消极无为、逃避现实、不负责任。佛教讲戒定慧、讲自度度他、讲四宏愿、讲勇猛精进，怎么会是自私不负责、消极不上进呢？有学者即明确指出："佛系人生观"倡导"不争不抢、不求输赢、有无均可"，表面上与佛教中的修行修为相似，但其与佛教的精义相去甚远，它实则受到的是西方存在主义人生观的影响，与存在主义的基本精神诸如向死而生、消极遁世、生命悲观主义、绝对自由、快乐至上等更为贴近。它表面上强调洒脱修为、乐观遁世，实则是一种消极的遁世主义和生存悲观主义，最终不可避免会走向价值虚无主义。③

明末社会出现了"狂禅"运动。流风所及，一大批知识分子走向禅

---

① 南怀瑾. 中国佛教发展史略 [M]. 上海：复旦大学出版社，1996：188-189.
② 张雪扬. 印象与领悟：当代中国文化名人访谈记 [M]. 上海：学林出版社，1994：143-144.
③ 宋德孝. 青年"佛系人生"的存在主义之殇 [J]. 中国青年研究，2018 (3).

学，打破一切成规戒律施展自由个性，一时间，社会上流行"事事无碍"的"率性"说，流行"无所不为""随类现身"的"方便"说。王夫之对此批评说："王畿、李贽之流，益横而无忌……退而托于虚玄以逃咎责……叛弃君亲之说以自便。"① 王夫之事实上看出了问题。我们认为，晚明的"狂禅"运动之重点或特点在"狂"上而不是在"禅"上。事实上，它已经偏离了禅宗真正的道德话语。正如有学者所言，晚明的"狂禅运动"恰可以成为佛教发展的一个警醒："重新审视、反省佛教修学与经世教化的双重担当，痛砭狂禅踔行之害，整治伪禅流荡之弊，澄清既狂且伪之习，注重'返经以明教'，强调对佛教元典本源精神的回归，关注佛教现世的社会教化功能。"②

对佛教道德话语的一些误解很多是因并没有耐心、认真地去听其言说、扎实去践行其言说所致，很多的误解则来自一种固执的偏见。赵朴初先生就批评过这种偏见，说："现在还有不少人对佛教有误会，随便戴个帽子，说是'封建迷信'，或者'精神污染'，这是一个很大的误会。毛主席在延安的时候，有一次对他的警卫员说：'我们去看看庙好不好？'警卫员说：'那有什么看头，都是些迷信。'毛主席说：'片面，片面。那是文化。'现在有不少人还处于当年那位警卫员的认识水平。不久前，有人对我说：'建庙。给人拜财神菩萨吗？广东人家家门口都拜财神菩萨。'其实，他不了解，财神不是佛教的神，佛教里面是找不出财神来的。"③ 很多人看佛教的态度就是如此，认为那是失意者、失败者的寄托，是人求子求升官求发财的寄托，这样看佛教是很粗糙、浅薄的，并没有抓住佛教道德话语教化生命、提振生命的精髓和本质。

无可否认，佛教道德话语也确实存在一些非理性的成分或神秘主义的成分，比如，六道轮回、祸福报应等。它的某些道德话语还被封建统治者用作麻痹人思想的工具，此即马克思所谓的"宗教是人民的鸦片"。但是，这些杂糅进佛教道德话语里面的落后腐朽的东西更多的是"人病"而非

① 王夫之. 船山遗书：第 5 卷［M］. 北京. 北京出版社，1999：3094.
② 赖永海. 中国佛教通史：第 12 卷［M］. 南京：江苏人民出版社，2010：522-523.
③ 张雪扬. 印象与领悟：当代中国文化名人访谈记［M］. 上海：学林出版社，1994：140.

"法病"。对于这些，相信现代人会有自己的鉴别和判定。

　　我们对佛教的道德话语应该有一个实事求是的整体把握。"历经两千余年，传承一贯的佛教，在过去，对于中国和印度的学术思想、政治、教育，都有过辉煌的功绩。到了中国以后的佛教，自魏、晋、南北朝，历隋、唐以后，一直成为中国学术思想的一大主流，而且领导学术，贡献哲学思想，维系世道人心，辅助政教之不足，其功不可泯灭。推开后世佛教徒偏误的流弊而不言，仅从大处着眼，可以赞许它是哲学的哲学，宗教的宗教，一点也不为过。至于它的流弊所及，有许多地方可以被社会所指谪，都是积非成是的佛教末流，对于真正佛教的教义和它的伟大精神，并不相涉。"① 当然，我们期待对佛教的一些积重难返的流弊进行大力整治，但是，我们也不能被这些乱花迷了眼，从而失去了对佛教真精神的察知。

　　毛泽东说："人是要有一点精神的。"一个社会要健康发展，总要有人做"提振精神"或使"精神向上"的工作。佛教道德话语在引入"超越"上有自身独到的智慧和功用。尤其是"消费社会"，人心外逐，精神生活干涸日益成为一个时代问题。"生活在现代社会中的人们，由于生存竞争的压力和生活节奏的加快，整日忙碌不堪，常常在追求发展自我的过程中失去了真正的'自我'，沦为物欲和外部环境的奴隶。这就是我所处的这个时代的基本矛盾所在。就此而言，科学技术的日益昌明和物质财富的空前丰富，带给现代人的往往不是精神的满足感和舒适感，相反的，却是道德的滑坡和精神的空虚，是痛苦和烦恼的不断增加。"② 在这样的时代问题中，佛教道德话语最能显其功用价值，即让人之心灵丰富、丰满起来。星云大师说，现代人要像开发太空、海洋、都市、潜能一样开发我们的精神世界。他提到"四句偈"——"慈悲喜舍遍法界，惜福结缘利人天。禅净戒行平等忍，惭愧感恩大愿心。"他希望"大众能开发自己的慈悲心，开发自己的喜舍心，开发自己惜福结缘、惭愧感恩的心，甚至开发自心本性

　　① 南怀瑾. 中国佛教发展史略 [M]. 上海：复旦大学出版社，1996：116.
　　② 刘立夫. 佛教与中国伦理文化的冲突与融合 [M]. 北京：中国社会科学出版社，2009：239.

里大愿、大力的禅心佛性，以期自利利他，自度度人"。① 佛教道德话语强调的就是"在身心上做功夫"。

人世间的一切事都连着人心，心正则事正。熊十力先生是新唯识论的创立者，其名号"十力"亦来自佛教，意为佛所具有的十种智力。他曾自述如下："吾年十六七，便以革命从戎，狂野不学。三十左右，因奔走西南，念党人竞权争利，革命终无善果，又目击万里朱殷，时或独自登高，苍茫望天，泪盈盈雨下，以为祸乱起于众昏无知，欲专力于学术，导人群以正见，自是不做革命行动，而虚心探中印两方之学。"② 熊十力早年参加反清革命，但推翻清朝后，他发现主宰中国社会和政治的那些革命党人仍在钩心斗角、争权夺利，以使中国社会动荡不已。"党人绝无在身心上做功夫者，如何拨乱反正？"成为熊十力关心的问题。他于是由革命活动转向佛学研究，希望从佛教那里寻得人心正的奥秘，再以人心正推动事情正、社会正。

熊十力在20世纪中国思想史上占有重要地位。他以佛学正人心的工作亦起到积极作用，尤其是对社会精英及知识分子群体产生发人深省的作用。至少，他的声音让后者意识到不能满脑海只有自私自利而堕落到禽兽境地，要有"大人物之精神"，要远离横流物欲，"力求向上，不甘暴弃"，以身作则进而改变社会上"禽兽横行，民无死所"的状况。蔡元培高度评价熊十力的"志行""心书""语要"及其影响。他说："熊子之所得者至深且远，而非时流之逐于物欲者比也……熊子之学，贯通百家，融会儒佛，其究也，乃欲以老氏清净寡欲之旨，养其至大至刚之气，富哉言乎！遵斯道也以行，本淡泊明志之操，收宁静致远之效，庶几横流可挽，而大道亦无事乎他求矣。"③

心事一体，万事归心。佛教讲寂照真心、圆觉妙心、唯心净土。"随说法净，则智慧净；随智慧净，则其心净；随其心净，则一切功德净。是

---

① 星云法师. 当代人心：国际佛光会主题演说 [M]. 北京：东方出版社，2014：98.
② 熊十力. 十力语要 [M]. 上海：上海古籍出版社，2019：395-396.
③ 高平叔. 蔡元培年谱长编（中）[M]. 北京：人民教育出版社，1996：138.

故，宝积！若菩萨欲得净土，当净其心；随其心净，则佛土净。"① 在不断悟空识空的过程中，佛教道德话语给人无穷的道德智慧和进步动力，引导人认识到什么是值得真正追求的，从而心无旁骛、不乱攀缘，只做有益处事、有价值事。当社会上的人谈事行事乃至生事滋事的时候，佛教净心净性以使事正事顺，这就是其道德话语魅力所在、贡献所在。

---

① 赖永海. 佛教十三经：维摩诘经［M］. 北京：中华书局，2013：19.

主要参考书目

[1] 中共中央文献研究室. 习近平关于社会主义文化建设论述摘编 [M]. 北京：中央文献出版社，2017.

[2] 国家宗教事务局宗教研究中心. 马克思恩格斯列宁论宗教 [M]. 北京：宗教文化出版社，2008.

[3] 赖永海. 佛教十三经 [M]. 北京：中华书局，2010.

[4] 康僧会. 六度集经 [M]. 蒲正信，注. 成都：巴蜀书社，2012.

[5] 周绍良. 百喻经译注 [M]. 北京：中华书局，1993.

[6] 张培锋. 佛语禅心 [M]. 天津：天津人民出版社，2017.

[7] 浦正信. 佛教道德经典 [M]. 成都：巴蜀书社，2002.

[8] 石峻，等. 中国佛教思想史资料选编 [M]. 北京：中华书局，2014.

[9] 丁小平. 人间佛教经典导读 [M]. 北京：宗教文化出版社，2017.

[10] 慈庄，等. 佛经故事 [M]. 郑州：河南人民出版社，1999.

[11] 赖永海. 中国佛教通史 [M]. 南京：江苏人民出版社，2010.

[12] 南怀瑾. 中国佛教发展史略 [M]. 上海：复旦大学出版社，2016.

[13] 潘桂明. 中国居士佛教史 [M]. 北京：中国社会科学出版社，2000.

[14] 印顺. 佛法概论 [M]. 上海：上海古籍出版社，1998.

［15］方立天. 中国佛教哲学要义 ［M］. 北京：中国人民大学出版社，2002.

［16］陈兵. 新编佛教辞典 ［M］. 北京. 中国世界语出版社，1994.

［17］赵朴初. 佛教常识答问 ［M］. 西安：陕西师范大学出版社，2006.

［18］张怀承. 无我与涅槃：佛家伦理道德精粹 ［M］. 长沙：湖南大学出版社，1999.

［19］王月清. 中国佛教伦理研究 ［M］. 南京：南京大学出版社，1999.

［20］业露华. 中国佛教伦理思想 ［M］. 上海：上海社会科学院出版社，2000.

［21］董群. 禅宗伦理 ［M］. 杭州：浙江人民出版社，2000.

［22］圆持. 佛教伦理 ［M］. 北京：东方出版社，2009.

［23］傅映兰. 佛教善恶思想研究 ［M］. 新北：花木兰文化事业有限公司，2017.

［24］哈玛拉瓦·萨达提沙. 佛教伦理学 ［M］. 姚治华，译. 上海：上海译文出版社，2007.

［25］释昭慧. 佛教规范伦理学：从佛教伦理学到戒律学思想体系之建构 ［M］. 北京：宗教文化出版社，2013.

［26］周裕锴. 禅宗语言 ［M］. 上海：复旦大学出版社，1999.

［27］李艳琴. 禅宗语言话语体系研究 ［M］. 成都：巴蜀书社，2020.

［28］星云大师. 释迦牟尼佛传 ［M］. 北京：东方出版社，2016.

［29］杨仁山. 杨仁山大德文汇 ［M］. 北京：华夏出版社，2012：175.

［30］太虚. 太虚大师全书 ［M］. 北京：宗教文化出版社，2005.

［31］印光. 印光法师文钞 ［M］. 成都：巴蜀书社，2015：261.

［32］楼宇烈. 人间佛教思想文库 ［M］. 北京：宗教文化出版社，2017.

［33］赵朴初. 赵朴初文集 ［M］. 北京：华文出版社，2007.

［34］黄夏年. 佛教三百题 ［M］. 上海：上海古籍出版社，2000.

[35] 中国佛教文化研究所. 俗语佛源 [M]. 上海：上海人民出版社, 1993.

[36] 刘立夫. 佛教与中国伦理文化的冲突和融合 [M]. 北京：中国社会科学出版社, 2009.

[37] 久保田量远. 中国儒道佛交涉史 [M]. 胡恩厚, 译. 兰州：金城书屋, 1986.

[38] 胡同庆, 安忠义：佛教艺术 [M]. 兰州：敦煌文艺出版社, 2004.

[39] 陈兵, 邓子美. 20 世纪中国佛教 [M]. 北京：民族出版社, 2000.

[40] 陈兵. 佛法真实论 [M]. 北京：宗教文化出版社, 2007.

[41] 陈兵. 佛教心理学 [M]. 西安：陕西师范大学出版社, 2015.

[42] 佛源. 大乘佛教与当代社会 [M]. 北京. 东方出版社, 2003.

[43] 中国佛教协会. 中国佛教协会新修订规章制度汇编 [M]. 北京：宗教文化出版社, 2021.

[44] 熊十力. 十力语要 [M]. 上海：上海古籍出版社, 2019.

[45] 李维武. 徐复观文集 [M]. 武汉：湖北人民出版社, 2002.

[46] 牟宗三. 牟宗三先生全集 [M]. 台北：联经出版社, 2003.

[47] 徐嘉. 现代新儒家与佛学 [M]. 北京：宗教文化出版社, 2007.

[48] 黑尔. 道德语言 [M]. 北京：商务印书馆, 1999.

[49] 郭立东. 从道德语言到道德思考 [M]. 成都：四川大学出版社, 2010.

[50] 伍茂国. 从叙事走向伦理：叙事伦理理论与实践 [M]. 北京：新华出版社, 2013.

后　记

　　本书是"中国道德话语研究丛书"中的一本。"中国道德话语研究丛书"旨在为建构中国特色社会主义道德话语体系做些探索，是湖南师范大学道德文化研究院"有组织科研"的重要成果。两年前，当院长向玉乔教授将研究佛教道德话语的任务交给我的时候，我是欣然接受的。我想这对我而言是一个很好的学习和锻炼的机会。

　　两年时间下来，研究过程的艰辛远超我的想象。不仅佛教义理深奥难懂，而且一些资料的查阅校对也甚是烦琐，教学与家庭事务的缠绕也影响了我的研究进度，好在我最终仍坚持了下来。这也算是勇猛精进。

　　佛教文化源远流长，博大精深，"不得其门而入，不见宗庙之美，百官之富"。以道德话语为切入点，进而窥见佛教道德智慧，增进人生正信，得到人生指引，这是一件特别幸福的事情。本书是我的一孔之见，但是我不揣浅陋，愿意将其分享出来，既是想传递自己研究佛教道德话语的快乐，也是想抛砖引玉以聆听更多的慧见。

　　学，然后知不足。我期待自己能够有机会更加深入地研究佛教道德话语。宋代法常法师曰："此事楞严尝露布，梅花雪月交光处。一笑寥寥空万古。风瓯语，迥然银汉横天宇。蝶梦南华方栩栩，斑斑谁跨丰干虎？而今忘却来时路，江山暮，天涯目送鸿飞去。"这里有生命的宁谧、从容、明净、祥和，它是令人向往的。

　　在研究过程中，本书汲取了很多学者的思想成果，同时得到了湖南师范大学王泽应、张怀承、向玉乔、丁小平等专家的指导，在此表示真诚感谢！

黄泰轲

2022 年 10 月 10 日于岳麓山下景德楼